U0541336

中国养老金体系改革：
驱动机制与实现路径

China's Pension System Reform:
Driving Mechanism and Implementation Path

张 栋 著

导师 董克用

中国社会科学出版社

图书在版编目（CIP）数据

中国养老金体系改革：驱动机制与实现路径 / 张栋著 . —北京：中国社会科学出版社，2022.12

（中国社会科学博士论文文库）

ISBN 978 - 7 - 5227 - 1395 - 3

Ⅰ.①中… Ⅱ.①张… Ⅲ.①退休金—劳动制度改革—研究—中国 Ⅳ.①F249.213.4

中国国家版本馆 CIP 数据核字（2023）第 026165 号

出 版 人	赵剑英
责任编辑	黄 晗
责任校对	李 莉
责任印制	李寡寡
出　　版	中国社会科学出版社
社　　址	北京鼓楼西大街甲 158 号
邮　　编	100720
网　　址	http://www.csspw.cn
发 行 部	010 - 84083685
门 市 部	010 - 84029450
经　　销	新华书店及其他书店
印　　刷	北京君升印刷有限公司
装　　订	廊坊市广阳区广增装订厂
版　　次	2022 年 12 月第 1 版
印　　次	2022 年 12 月第 1 次印刷
开　　本	710×1000　1/16
印　　张	22
插　　页	2
字　　数	372 千字
定　　价	118.00 元

凡购买中国社会科学出版社图书，如有质量问题请与本社营销中心联系调换
电话：010 - 84083683
版权所有　侵权必究

《中国社会科学博士论文文库》
编辑委员会

主　　任：李铁映
副 主 任：汝　信　江蓝生　陈佳贵
委　　员：(按姓氏笔画为序)

　　　　　王洛林　王家福　王辑思
　　　　　冯广裕　任继愈　江蓝生
　　　　　汝　信　刘庆柱　刘树成
　　　　　李茂生　李铁映　杨　义
　　　　　何秉孟　邹东涛　余永定
　　　　　沈家煊　张树相　陈佳贵
　　　　　陈祖武　武　寅　郝时远
　　　　　信春鹰　黄宝生　黄浩涛
总 编 辑：赵剑英
学术秘书：冯广裕

总　　序

在胡绳同志倡导和主持下，中国社会科学院组成编委会，从全国每年毕业并通过答辩的社会科学博士论文中遴选优秀者纳入《中国社会科学博士论文文库》，由中国社会科学出版社正式出版，这项工作已持续了12年。这12年所出版的论文，代表了这一时期中国社会科学各学科博士学位论文水平，较好地实现了本文库编辑出版的初衷。

编辑出版博士文库，既是培养社会科学各学科学术带头人的有效举措，又是一种重要的文化积累，很有意义。在到中国社会科学院之前，我就曾饶有兴趣地看过文库中的部分论文，到社科院以后，也一直关注和支持文库的出版。新旧世纪之交，原编委会主任胡绳同志仙逝，社科院希望我主持文库编委会的工作，我同意了。社会科学博士都是青年社会科学研究人员，青年是国家的未来，青年社科学者是我们社会科学的未来，我们有责任支持他们更快地成长。

每一个时代总有属于它们自己的问题，"问题就是时代的声音"（马克思语）。坚持理论联系实际，注意研究带全局性的战略问题，是我们党的优良传统。我希望包括博士在内的青年社会科学工作者继承和发扬这一优良传统，密切关注、深入研究21世纪初中国面临的重大时代问题。离开了时代性，脱离了社会潮流，社会科学研究的价值就要受到影响。我是鼓励青年人成名成家的，这是党的需要，国家的需要，人民的需要。但问题在于，什么是名呢？名，就是他的价值得到了社会的承认。如果没有得到社会、人民的承认，他的价值又表现在哪里呢？所以说，价值就在于对社会重大问题的回答和解决。一旦回答了时代性的重大问题，就必然会对社会产生巨大而深刻的影响，你也因此而实现了你的价值。在这方面年轻的博士有很大的优势：精力旺盛，思维敏捷，勤于学习，勇于创新。但青年学者要多向老一辈学者学习，博士尤其要很好地向导师学习，在导师的指导下，发挥自己的优势，研究重大问题，就有可能出好的成果，实现自己的价值。过去 12 年入选文库的论文，也说明了这一点。

什么是当前时代的重大问题呢？综观当今世界，无外乎两种社会制度，一种是资本主义制度，另一种是社会主义制度。所有的世界观问题、政治问题、理论问题都离不开对这两大制度的基本看法。对于社会主义，马克思主义者和资本主义世界的学者都有很多的研究和论述；对于资本主义，马克思主义者和资本主义世界的学者也有过很多研究和论述。面对这些众说纷纭的思潮和学说，我们应该如何认识？从基本倾向看，资本主义国家的学者、政治家论证的是资本主义的合理性和长期存在的"必然性"；中国的马克思主义者，中国的社会科学工作者，当然要向世界、向社会讲清楚，中国坚持走自己的路一定能实现现代化，中华民族一定能通过社会主义来实现全面的振兴。中国的问题只能由中国人用自己的理论来解决，让外国人来解决中国的问题，是行不通的。也许有的同志会说，马克思主义也是外来的。但是，要知道，马克思主义只是在中国化了以后才解决中国的问题的。如果没有马克思主义的普遍原理与中国革命和建设的实际相结合而形成的毛泽东思想、邓小平理论，马克思主义同样不能解决中国的问题。教条主义是不行的，东教条不行，西教条也不行，什么教条都不行。把学问、理论当教条，本身就是反科学的。

在 21 世纪，人类所面对的最重大的问题仍然是两大制度问题：这两大制度的前途、命运如何？资本主义会如何变化？社会主义怎么发展？中国特色的社会主义怎么发展？中国学者无论是研究资本主义，还是研究社会主义，最终总是要落脚到解决中国的现实与未来问题。我看中国的未来就是如何保持长期的稳定和发展。只要能长期稳定，就能长期发展；只要能长期发展，中国的社会主义现代化就能实现。

什么是21世纪的重大理论问题？我看还是马克思主义的发展问题。我们的理论是为中国的发展服务的，决不是相反。解决中国问题的关键，取决于我们能否更好地坚持和发展马克思主义，特别是发展马克思主义。不能发展马克思主义也就不能坚持马克思主义。一切不发展的、僵化的东西都是坚持不住的，也不可能坚持住。坚持马克思主义，就是要随着实践，随着社会、经济各方面的发展，不断地发展马克思主义。马克思主义没有穷尽真理，也没有包揽一切答案。它所提供给我们的，更多的是认识世界、改造世界的世界观、方法论、价值观，是立场，是方法。我们必须学会运用科学的世界观来认识社会的发展，在实践中不断地丰富和发展马克思主义，只有发展马克思主义才能真正坚持马克思主义。我们年轻的社会科学博士们要以坚持和发展马克思主义为己任，在这方面多出精品力作。我们将优先出版这种成果。

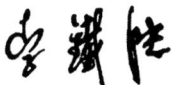

2001年8月8日于北戴河

前　言

人口老龄化是当今世界人口发展的重要趋势，这种人口年龄结构的变化正在广泛而深刻地影响着人类社会生活的各个方面，已经日益成为世界各国关注的重大人口问题。养老金制度安排的目标是为无力通过经济活动获取相应报酬的老年人口提供相应的收入保障，是世界各国应对和管理老龄化风险的一种重要方式。

自20世纪70年代逐步进入老龄化社会以来，欧美、日本等发达国家率先进行了一系列养老金制度改革以应对老龄化挑战。近年来，随着人口老龄化在全世界范围内席卷，养老金制度改革的压力也开始在全球范围凸显，许多国家正在考虑或正在实施重大的养老金改革。从世界范围来看，养老金体系建设的目标是在实现广泛覆盖的基础上，致力于为全体国民提供水平充足、可持续的退休生活保障待遇。但各国的实践经验表明，无论政府还是市场主导的单一养老金制度都会带来巨大的不可持续风险，难以实现养老金体系的目标，需要在划分政府和市场在养老金体系中的职责边界的基础上，厘清公共和私人养老金的制度定位，即要重构与市场经济相适应的养老金体系，许多国际组织经过研究纷纷提出了建立多支柱养老金体系的改革方案，其核心就是通过政府、单位和个人责任分担实现责任共担，运用多元化的弹性结构分散养老风险。

相比于发达国家养老金体系已经有上百年历史而言，中国改革开放和市场经济建立才40年，与之相适应的养老金制度建立也才20年时间。但是在这20年里中国也基本建立了符合世界趋势的三支柱养老金体系：1997年出台第一支柱的基本养老金政策，2004年和2015年分别出台第二支柱的企业年金和职业年金政策，2018年税延商业养老保险试点政策出台则标志着第三支柱个人养老金政策的初步探索开始落地。然而，在老龄化加速以及经济进入新常态的转型期，第一支柱公共养老金保基本的目标和机制逐步确立，政府无限责任正在"移位"，私人养老金尚未形成"补位"，在提升公众养老金水平方面的功能极其有限，中国养老金制度体系仍在完整性、充足性和可持续性方面面临着巨大的挑战。在这一矛盾加剧的背景下，反思中国养老金制度的结构性功能显得尤为重要，亟待从制度建立的逻辑起点出发，正本清源，挖掘中国养老金结构性改革的必要性及其发展方向。

本书以中国养老金体系为研究对象，以养老金体系结构性改革的驱动机制和实现路径为研究范畴。从理论分析、实践反思到中国现有制度评估，再到中国多支柱养老金制度发展空间与未来养老金体系结构性改革发展路径，以理论研究—现状评估—国际经验—改革路径为主体思路构建写作框架，主要通过构建中国多支柱养老金体系改革的逻辑关系回答四个问题：

第一，为什么要进行多支柱养老金体系改革？本书主要从理论驱动、经验驱动两个方面系统阐述中国多支柱养老金体系改革在理论和实践领域的驱动机制。在理论驱动方面，一是通过对现收现付制与基金积累制这两种基本的养老金模式的运作机制进行推导，分析各自的理论前提及其适用条件，结合经济社会发展的现实条件论证现收现付或基金积累制无法独立应对养老金体系的诸多挑战；二是分析了养老金体系改革"全覆盖、充足性和可持续"这三个目标的"不可能三角"悖论，并提出通过多支柱养老金体系组合破解悖论的基本构想。在经验驱动方面，一是从养老金制度产生和发展的历程出发，介绍了公共养老金和私人养老金产生的历史原因及其功能，并结合国际组织改革方案和不同国家实践，总结出全球养老金体系改革由单一支柱走向多支柱的总体趋势；二是从希腊和智利这两个长期坚持现收现付制和基金积累制的国家实践及其教训出发，反思养老金体系过度公共化和过度市场化的风险。

第二，中国养老金体系现状和问题是什么？这个问题的回答既是对中国养老金体系全貌的深入认识，也是对中国多支柱养老金体系改革现实驱动因素的阐释。这部分内容主要从历程与现状、转型新节点和问题与挑战全景式展现中国养老金体系的历史、现实和未来。在中国养老金历程与现状方面，重点阐述了中国养老金体系的结构框架及不同支柱养老金制度的发展状况，并对中国养老金体系改革成效进行了总体判断；在中国养老金转型新节点方面，重点从中国经济进入新常态影响养老金积累、全面建成小康社会加速养老金需求和老龄化进入高速发展阶段影响养老金供需平衡的新节点出发分析了中国养老金的新环境；在中国养老金问题与挑战方面，通过对中国养老金体系的整体评估，找出中国养老金体系发展的结构性问题以及不同支柱养老金制度发展过程中的问题与挑战，并分析其背后反映的待遇充足性、制度可持续性等问题背后的原因。

第三，中国目前是否具备养老金体系结构性改革的条件和空间？在明确了中国多支柱养老金体系改革的基本方向后，本书重点对多支柱养老金体系的功能定位及养老金制度结构性改革空间进行了系统分析。在多支柱养老金体系的功能定位方面，一是从中国养老金体系由"强政府+弱市场"走向平衡的必然性出发，分析了公共养老金和私人养老金在老年人收入保障中的功能及其不同的责任架构；二是在分析不同支柱养老金制度的缴费率对应的养老金制度替代率水平，结合国际经验对中国三支柱养老金体系的目标结构进行阐释。在养老金制度结构性改革空间方面，一方面，基于世代交叠模型对私人养老金制度的约束条件进行模拟，并从居民的短视行为、资本市场的有效回报以及公共养老金的基础性目标定位方面分析了中国养老金结构性改革的巨量空间；另一方面，从第二、第三支柱私人养老金的需求和供给方面进行定量分析，明确了第二、第三支柱需求明显的前提下，从单位的缴费空间、个人的缴费能力方面对第二、第三支柱私人养老金的发展潜力进行了明确。

第四，中国多支柱养老金体系改革发展路径应该如何选择？明确了中国多支柱养老金体系结构性改革存在必要性和可行性之后，需要探究为何中国多支柱养老金体系经过多年发展仍未有起色以及未来改革路径应如何选择。在多支柱养老金体系多年发展不足方面，本书通过借鉴发达国家多支柱养老金体系改革的经验，明确了经济发展阶段与多支柱养老金体系改革之间的循序渐进关系，结合中国在过去数十年间经济发展阶段与公民需求，明确了公共养老金发展挤占私人养老金空间等缘由。在中国多支柱养老金体系改革发展路径方面，结合国际多支柱养老金体系改革经验，提出中国养老金体系"参量改革＋结构性改革"的综合改革路径。

摘　　要

老有所养是人类社会自古以来追求的永恒目标之一。从历史发展脉络来看，养老安排也经历了自我养老—家庭养老—社会养老的历史变迁。自工业革命后社会保障替代家庭保障以来，社会化的养老金制度已经历经了百余年的改革和完善，形成了一个由国家、社会和个人的多主体参与，财政、单位、个人的多渠道筹资，包括政府主导的公共养老金制度和市场主导的私人养老金制度的多样化模式。

中国自20世纪90年代就提出建立基本养老保险、企业补充养老保险和个人储蓄型养老保险相结合的养老金体系目标。随后中国政府在不断完善公共养老金制度的同时，也不断鼓励发展私人养老金制度。然而，在老龄化加速以及经济进入新常态的转型期，第一支柱公共养老金保基本的目标和机制逐步确立，政府无限责任正在"移位"，私人养老金尚未形成"补位"，在提升公众养老金水平方面的功能极其有限。在这一矛盾加剧的背景下，反思中国养老金制度的结构性功能显得尤为重要，亟待从制度建立的逻辑起点出发，正本清源，挖掘中国养老金结构性改革的必要性及其发展方向。

本书以中国养老金体系为研究对象，以养老金体系结构性改革的驱动机制和实现路径为研究范畴。从理论分析、实践反思到中国现有制度评估，再到中国多支柱养老金制度发展空间与未来养老金体系结构性改革发展路径，以理论研究—现状评估—国际经验—改革路径为主体思路构建写作框架，主要通过构建中国多支柱养老金

体系改革的逻辑关系回答以下四个问题:

第一,为什么要进行多支柱养老金体系改革?本书主要从理论驱动、经验驱动两个方面系统阐述中国多支柱养老金体系改革的驱动机制。在理论驱动方面,一是通过对现收现付制与基金积累制这两种基本的养老金模式的运作机制进行推导,分析各自的理论前提及其适用条件,结合经济社会发展的现实条件论证现收现付或基金积累制无法独立应对养老金体系的诸多挑战;二是分析了养老金体系改革"全覆盖、充足性和可持续"这三个目标的"不可能三角"悖论,并提出通过多支柱养老金体系组合破解悖论的基本构想。在经验驱动方面,一是从养老金制度产生和发展的历程出发,介绍了公共养老金和私人养老金产生的历史原因及其功能,并结合国际组织改革方案和不同国家实践,总结出全球养老金体系改革由单一支柱走向多支柱的总体趋势;二是从希腊和智利这两个长期坚持现收现付制和基金积累制的国家实践及其教训出发,反思养老金体系过度公共化和过度市场化的风险。

第二,中国养老金体系现状和问题是什么?这个问题的回答既是对中国养老金体系全貌的深入认识,也是对中国多支柱养老金体系改革现实驱动因素的阐释。这部分内容主要从历程与现状、转型新节点和问题与挑战全景式展现中国养老金体系的历史、现实和未来。在中国养老金历程与现状方面,重点阐述了中国养老金体系的结构框架及不同支柱养老金制度的发展状况,并对中国养老金体系改革成效进行了总体判断;在中国养老金转型新节点方面,重点从中国经济进入新常态影响养老金积累、全面建成小康社会加速养老金需求和老龄化进入高速发展阶段影响养老金供需平衡的新节点出发分析了中国养老金的新环境;在中国养老金问题与挑战方面,通过对中国养老金体系的整体评估,找出中国养老金体系发展的结构性问题以及不同支柱养老金制度发展过程中的问题与挑战,并分析其背后反映的待遇充足性、制度可持续性等问题背后的原因。

第三,中国目前是否具备养老金体系结构性改革的条件和空间？在明确了中国多支柱养老金体系改革的基本方向后，本书重点对多支柱养老金体系的功能定位及养老金制度结构性改革空间进行了系统分析。在多支柱养老金体系的功能定位方面，一是从中国养老金体系由"强政府＋弱市场"走向平衡的必然性出发，分析了公共养老金和私人养老金在老年人收入保障中的功能及其不同的责任架构；二是在分析不同支柱养老金制度的缴费率对应的养老金制度替代率水平，结合国际经验对中国三支柱养老金体系的目标结构进行阐释。在养老金制度结构性改革空间方面，一方面，基于世代交叠模型对私人养老金制度的约束条件进行模拟，并从居民的短视行为、资本市场的有效回报以及公共养老金的基础性目标定位方面分析了中国养老金结构性改革的巨量空间；另一方面，从第二、第三支柱私人养老金的需求和供给方面进行定量分析，明确了第二、第三支柱需求明显的前提下，从单位的缴费空间、个人的缴费能力方面对第二、第三支柱私人养老金的发展潜力进行了明确。

第四，中国多支柱养老金体系改革发展路径应该如何选择？明确了中国多支柱养老金体系结构性改革存在必要性和可行性之后，需要探究为何中国多支柱养老金体系经过多年发展仍未有起色以及未来改革路径应如何选择。在多支柱养老金体系多年发展不足方面，本书通过借鉴发达国家多支柱养老金体系改革的经验，明确了经济发展阶段与多支柱养老金体系改革之间的循序渐进关系，结合中国在过去数十年间经济发展阶段与公民需求，明确了公共养老金发展挤占私人养老金空间的缘由。在中国多支柱养老金体系改革发展路径方面，结合国际多支柱养老金体系改革经验，提出中国养老金体系"参量改革＋结构性改革"的综合改革路径。

关键词：公共养老金；职业养老金；个人养老金；参量改革；结构性改革

Abstract

Providing for the elderly is one of the eternal goals that human society has been pursuing since ancient times. From the perspective of historical development, the elderly service arrangement has also experienced the historical changes of self-supporting-family supporting-social supporting. Since social security replaced the family supporting after the industrial revolution, the pension system has experienced more than hundred years of reform, and a pension system was created, consisting of a government-led public pension system and a market-led private pension system. This pension system includes multi-subject participation of the state, society and individuals, and multi-channel financing of finance, units and individuals.

Since the 1990s, China has put forward the goal of establishing a pension system that combines basic old-age insurance, enterprise supplementary old-age insurance and individual savings old-age insurance. Subsequently, while improving the public pension system, the Chinese government also encouraged the development of the private pension system. However, in the transition period of accelerating aging and the economy entering the new normal period, the basic goal and mechanism of the first pillar public pension are gradually established, the unlimited responsibility of the government is "shifting", and the private pension has not yet formed a "supplement", and its function in improving the level of public pension is extremely limited. Under the background of this contradiction, it is particularly important to reflect on the structural function of China's pension system, and it is urgent to start from the logical starting point of system establishment, correct the source, and explore the necessity and development direction of China's pension structural reform.

This book takes China's pension system as the research object and the driving mechanism and realization path of the structural reform of the pension system as the research category. The logical thinking of this book includes theoretical analysis, practical reflection, evaluation of China's existing system, and development space of China's multi-pillar pension system and the path of future pension system structural reform. The framework of this book includes four parts: theoretical research, current situation assessment, international experience and reform path. By sorting out the logical relationship of China's multi-pillar pension system reform, this book hopes to answer the following four questions:

First, why reform the multi-pillar pension system? This book systematically expounds the driving mechanismof China's multi-pillar pension system reform from two aspects: theory driven and experience driven. in terms of theory driven, on the one hand, it analyzes the theoretical premise and applicable conditions of PAY-as-you-go system and fund accumulation system respectively, and proves that Pay-As-You-Go system or fund accumulation system can not independently meet many challenges of pension system. on the other hand, The "Impossible Triangle" paradox exists in the three goals of "full coverage, adequacy and sustainability" of the pension system, and the basic idea of solving the paradox through the combination of multi-pillar pension system is put forward theoretically. in the aspect of experience-driven, firstly, starting from the process of the emergence and development of pension system, this paper introduces the historical reasons and functions of public pension and private pension, and summarizes the overall trend of global pension system reform from single pillar to multi-pillar based on the reform plans of international organizations and the practices of different countries. The second is to reflect on the risks of over-public and over-market pension systems from the practices and lessons of Greece and Chile, which have long adhered to the Pay-As-You-Go system and the full-funded accumulation system.

Second, what are the current status and problemsof China's pension system? The answer to this question is not only an in-depth understanding of the overall picture of China's pension system, but also an explanation of the realistic driving factors of China's multi-pillar pension system reform. This part mainly shows the history, reality and future of China's pension system from the course and current situation, new nodes of transformation, problems and challenges. in terms of the history and current situation of China's pension system, this paper focuses on the structural framework of China's pension system and the development of pension systems with different pillars, and makes a general judgment on the achievements of China's pension system reform. in terms of the new nodes of China's pension transformation, this paper analyzes the new environment of China's pension from the perspective of China's economy entering the new normal affecting pension accumulation, accelerating pension demand to build a moderately prosperous society in all respects and aging entering the high-speed development stage affecting the balance of pension supply and demand. in terms of China's pension problems and challenges, through the overall assessment of China's pension system, this paper finds out the structural problems in the development of China's pension system and the problems and challenges in the development of different pillar pension systems, and analyzes the reasons behind the adequacy of treatment and system sustainability.

Third, does China have the conditions and space for structural reformof its pension system? After clarifying the basic direction of China's multi-pillar pension system reform, this study focuses on a systematic analysis of the functional positioning of the multi-pillar pension system and the space for structural reform of the pension system. in terms of the functional positioning of the multi-pillar pension system, starting from the inevitability of China's pension system moving from "strong government & weak market" to balance, this paper analyzes the functions of public pension and private pension in the income security of the elderly and their different responsibility structures. Besides, it analyzes the replacement rate of pension system corresponding to the contribution rate of different pillar pension systems, and explains the target structure of China's three-pillar pension system in combination with international experience. in terms of structural reform of pension system space, on the one hand, based on the overlapping generation model, this paper simulates the constraints of the private pension system, and analyzes the huge space of China's pension structural reform from the perspectives of the residents' short-sighted behavior, the effective return of the capital market and the basic target positioning of the public pension; on the other hand, it makes a quantitative analysis from the demand and supply of the second and third pillar private pension, and makes clear the development potential of the second and third pillar private pension from the aspects of the contribution space of the department and the contribution ability of individuals under the premise of obvious demand for the second and third pillar private pension.

Fourth, how to choose the reform and development pathof China's multi-pillar pension system? After clarifying the necessity and feasibility of the structural reform of China's multi-pillar pension system, it is necessary to explore why China's multi-pillar pension system has not improved after years of development and how to choose the future reform path. Lacking in multi-pillar pension system for many years development, the book has been clear about the stage of economic development between the multi-pillar pension system reform and gradual relationship by using the experience of developed countries multi-pillar pension system reform. Besides, this book has been clear about why the development of public pensions is crowding out private pensions combined with China's economic development over the past decades and the citizen demand. in terms of the reform and development path of China's multi-pillar pension system, this paper puts forward a comprehensive reform path of "parametric reform + structural reform" for China's pension system based on the international multi-pillar pension system reform experience.

Key words: Public Pension; Occupational Pension; Individual Pension; Parameter Reform; Structural Reform

目　录

第一章　绪论 …………………………………………………… (1)
　第一节　选题背景和研究意义 ………………………………… (1)
　　一　研究问题的提出 ………………………………………… (1)
　　二　研究的理论和实践意义 ………………………………… (3)
　第二节　相关概念界定与国内外相关研究综述 ……………… (3)
　　一　相关基本概念的界定 …………………………………… (3)
　　二　养老金结构性改革和多支柱养老金体系的国外
　　　　文献综述 ………………………………………………… (8)
　　三　养老金结构性改革和多支柱养老金体系的国内
　　　　文献综述 ………………………………………………… (11)
　　四　养老金结构性改革和私人养老金制度的国内外
　　　　研究述评 ………………………………………………… (13)
　第三节　研究内容与研究方法 ………………………………… (14)
　　一　研究内容和思路 ………………………………………… (14)
　　二　研究方法 ………………………………………………… (16)

第二章　理论驱动：养老金制度改革相关理论分析 ………… (18)
　第一节　养老金制度运行模式、适用条件与多支柱
　　　　　改革 …………………………………………………… (18)
　　一　现收现付制养老金制度的运行机理 …………………… (19)
　　二　基金积累制养老金制度的运行机理 …………………… (20)

三　现收现付制与基金积累制各自的理论前提及其适用
　　　　条件 …………………………………………………… (21)
第二节　养老金制度改革目标确定及其实现路径 …………… (22)
　　一　养老金制度目标确定及其含义 …………………………… (22)
　　二　"不可能三角"理论及其在养老金领域的应用 …… (27)
　　三　养老金目标组合与权衡 …………………………………… (31)
第三节　多支柱养老金体系改革的理论基础 ………………… (32)
　　一　生命周期理论 …………………………………………… (32)
　　二　社会风险管理理论 ……………………………………… (33)
　　三　福利多元主义理论 ……………………………………… (35)
第四节　本章小结 …………………………………………… (39)

第三章　经验驱动：全球养老金结构性改革与反思 ………… (40)
第一节　全球养老金改革趋势——走出单一制度 ………… (40)
　　一　养老金制度产生及其构成 …………………………… (40)
　　二　公共养老金制度面临的危机 ………………………… (42)
　　三　由单一支柱走向多支柱体系 ………………………… (43)
第二节　养老金改革国际教训——过度公共化和过度
　　　　市场化 …………………………………………………… (47)
　　一　希腊养老金改革——单一公共养老金制度面临巨大
　　　　财务风险 ……………………………………………… (47)
　　二　智利养老金改革——完全私有化的养老金制度
　　　　独木难支 ……………………………………………… (49)
第三节　养老金改革反思——重视政府与市场责任
　　　　分担 ……………………………………………………… (51)
　　一　政府与市场责任分担是养老金体系改革的核心 …… (51)
　　二　私人养老金制度是养老金体系的重要支柱 ………… (52)
第四节　本章小结 …………………………………………… (57)

第四章 现实驱动：中国养老金体系现状与挑战评估 ……… (59)
  第一节 中国养老金体系结构框架与发展现状 …………… (59)
    一 中国养老金体系现行结构框架 ……………………… (59)
    二 第一支柱公共养老金制度发展状况 ………………… (61)
    三 第二支柱职业养老金制度发展状况 ………………… (62)
    四 第三支柱个人养老金制度发展状况 ………………… (72)
    五 中国养老金体系改革成效的总体判断 ……………… (81)
  第二节 转型背景下中国养老金体系面临的新节点 ……… (83)
    一 经济转型：经济发展进入新常态——影响养老金
      积累 ……………………………………………………… (83)
    二 社会转型：全面建成小康社会——影响养老金
      需求 ……………………………………………………… (87)
    三 人口转型：老龄化进入新阶段——影响养老金
      供需平衡 ………………………………………………… (91)
  第三节 中国养老金体系面临的问题与挑战评估 ………… (97)
    一 中国养老金体系的总体结构性问题与挑战 ………… (97)
    二 第一支柱公共养老金制度面临的问题与挑战 ……… (100)
    三 第二支柱职业养老金制度面临的问题与挑战 ……… (112)
    四 第三支柱个人养老金制度面临的问题与挑战 ……… (117)
  第四节 本章小结 ……………………………………………… (120)

第五章 他山之石：典型国家养老金结构性改革路径 …… (123)
  第一节 美国多支柱养老金体系改革实践探索 …………… (123)
    一 美国养老金体系构成多支柱养老金制度的功能
      定位 ……………………………………………………… (123)
    二 美国第一支柱公共养老金计划改革优化方案 ……… (125)
    三 美国第二支柱职业养老金计划实践探索与发展
      经验 ……………………………………………………… (130)

四　美国第三支柱个人养老金计划实践探索与发展
　　　　经验………………………………………………………（145）
第二节　加拿大多支柱养老金体系改革实践探索…………（155）
　　一　加拿大养老金体系构成多支柱养老金制度的功能
　　　　定位………………………………………………………（155）
　　二　加拿大第一支柱公共养老金计划改革优化方案……（157）
　　三　加拿大第二支柱职业养老金计划实践探索与发展
　　　　经验………………………………………………………（159）
　　四　加拿大第三支柱个人养老金计划实践探索与发展
　　　　经验………………………………………………………（161）
第三节　典型国家养老金结构性改革对中国的启示………（166）
　　一　明确不同支柱养老金制度在整个养老金体系中的
　　　　定位………………………………………………………（166）
　　二　关注多支柱养老金制度与资本市场的协调发展……（167）
　　三　重视私人养老金制度参与者内生动力培育和政府
　　　　激励机制建设……………………………………………（168）
　　四　强调私人养老金制度设计的灵活性和循序渐进……（171）
第四节　本章小结……………………………………………（172）

第六章　改革框架：中国多支柱养老金功能定位与发展
　　　　空间………………………………………………………（173）
第一节　中国多支柱养老金体系功能定位与养老金体系目标
　　　　模式………………………………………………………（174）
　　一　中国多支柱养老金体系责任架构……………………（174）
　　二　中国多支柱养老金体系功能定位……………………（177）
　　三　中国多支柱养老金体系目标模式……………………（181）
第二节　中国私人养老金制度的发展空间——基于世代
　　　　交叠模型…………………………………………………（183）

  一 基于世代交叠模型的私人养老金制度的约束条件
    分析……………………………………………………（183）
  二 不同约束条件下中国私人养老金制度发展空间
    分析……………………………………………………（187）
第三节 中国第二支柱职业养老金供需关系测度…………（189）
  一 中国第二支柱职业养老金市场需求和参与意愿
    测量……………………………………………………（189）
  二 中国第二支柱职业养老金供给和参与能力测量……（191）
  三 中国第二支柱职业养老金市场发展空间判断………（196）
第四节 中国第三支柱个人养老金市场需求与发展
    前景测度……………………………………………（197）
  一 中国第三支柱个人养老金市场需求和参与意愿
    测量……………………………………………………（198）
  二 中国居民第三支柱个人养老金参与能力测量………（200）
第五节 本章小结…………………………………………（202）

**第七章 夯实基础：第一支柱公共养老金改革与完善
    路径**………………………………………………（204）
第一节 中国第一支柱公共养老金制度发展的总体
    判定…………………………………………………（204）
  一 第一支柱公共养老金是再分配的核心，旨在防范
    老年贫困………………………………………………（204）
  二 第一支柱公共养老金面临可持续挑战，亟须强化
    参量改革………………………………………………（205）
第二节 中国第一支柱公共养老金缴费端改革措施与
    路径…………………………………………………（206）
  一 加强征缴管理，实现缴费基数真实化足额化………（206）
  二 优化缴费年限，增强公共养老金可持续性…………（207）
  三 推进全国统筹，解决养老保险收支不平衡…………（208）

第三节 中国第一支柱公共养老金待遇端改革措施与
　　　路径……………………………………………………（209）
　　一 改革公共养老金计发办法，实现激励与再分配
　　　融合……………………………………………………（209）
　　二 适时延迟全额领取养老金年龄，缓解养老金
　　　支付压力………………………………………………（211）
　　三 完善养老金待遇科学调整机制，平衡养老金
　　　待遇……………………………………………………（213）
第四节 本章小结……………………………………………（215）

第八章 补齐短板：第二支柱职业养老金改革与完善
　　　路径……………………………………………………（216）
第一节 中国第二支柱职业养老金制度发展的总体
　　　判定……………………………………………………（216）
　　一 中国职业养老金肩负社会使命，应进一步深化
　　　发展……………………………………………………（216）
　　二 中国职业养老金发展面临瓶颈，需多渠道综合
　　　发力……………………………………………………（217）
第二节 中国第二支柱职业养老金制度改革方向与运作
　　　管理……………………………………………………（218）
　　一 中国职业养老金税收优惠激励机制完善思路………（218）
　　二 中国职业养老金扩面选择——适时探索自动加入
　　　机制……………………………………………………（225）
　　三 中国职业养老金扩面选择——加强中小企业集合
　　　年金制度建设…………………………………………（228）
　　四 中国职业养老金投资运营模式完善与优化…………（235）
　　五 中国职业养老金监管体制设计………………………（239）
第三节 中国第二支柱职业养老金制度完善的配套
　　　建设……………………………………………………（242）

一 加强第二支柱职业养老金立法，创造良好的外部
环境……………………………………………………（242）
二 健全现代企业制度，营造制度发展的内部环境……（243）
三 降低"五险一金"缴费成本，释放市场发展
空间………………………………………………………（244）

第四节 将职业年金和企业年金统一为职业养老金制度的
初步思考…………………………………………………（244）
一 职业年金和企业年金具有共同的筹资结构与制度
属性………………………………………………………（245）
二 职业年金和企业年金并轨有利于制度公平性的
实现………………………………………………………（245）
三 职业年金和企业年金统一为职业养老金的路径
选择………………………………………………………（246）

第五节 本章小结……………………………………………（246）

**第九章 拓展渠道：第三支柱个人养老金改革与完善
路径……………………………………………………（248）**

第一节 中国第三支柱个人养老金制度发展的总体
判定………………………………………………………（248）
一 第三支柱个人养老金是形成养老金体系责任共担
机制关键环节……………………………………………（248）
二 第三支柱个人养老金是为国民提供更高水平养老金
待遇的重要补充…………………………………………（249）
三 第三支柱个人养老金制度是促进资本市场完善的
压舱石……………………………………………………（251）

第二节 中国第三支柱个人养老金的制度模式选择………（251）
一 第三支柱个人养老金产品制与账户制：两种模式的
比较………………………………………………………（251）
二 中国第三支柱个人养老金采取账户制的必要性……（253）

三　中国第三支柱个人养老金账户制的初步构想……………(254)
第三节　中国第三支柱个人养老金制度财税激励机制……(255)
　　一　探索和建立 EET 和 TEE 相结合的税收优惠激励
　　　　机制………………………………………………………(256)
　　二　对符合条件的低收入人群可探索直接财政补贴的
　　　　机制………………………………………………………(260)
第四节　中国第三支柱个人养老金制度的产品供给………(263)
　　一　第三支柱个人养老金融产品概述……………………(263)
　　二　第三支柱个人养老金融产品发展思路………………(265)
第五节　中国第三支柱个人养老金制度实施路径与运作
　　　　框架………………………………………………………(271)
　　一　试点先行推进，允许符合条件的产品及机构积
　　　　极参与建设………………………………………………(271)
　　二　以账户制为核心，完善账户设立、运作和领取三阶段
　　　　制度架构…………………………………………………(272)
　　三　强化第三支柱个人养老金制度的配套机制建设……(273)
第六节　本章小结………………………………………………(277)

第十章　结语…………………………………………………(279)

　　一　新时期中国多支柱养老金体系面临着一系列
　　　　挑战………………………………………………………(279)
　　二　中国多支柱养老金体系需要进一步
　　　　深化参量改革……………………………………………(281)
　　三　中国多支柱养老金体系结构性改革具有理论和实践
　　　　必然性……………………………………………………(282)
　　四　中国多支柱养老金体系结构性改革应
　　　　具备综合视野……………………………………………(283)

参考文献 ·· (285)

索　引 ·· (304)

致　谢 ·· (307)

Contents

Chapter One   Introduction ··· (1)
  Section1   Background and Research Significance ·········· (1)
    First Research Question ··· (1)
    Second The Theoretical and Practical Significance of The
      Study ·· (3)
  Section2   Definition of Relevant Concepts and Review of
            Relevant Research at Home and Abroad ·········· (3)
    First Definition of Relevant Concepts ······························ (3)
    Second Foreign Literature Review on Pension Structural
      Reform and Multi-Pillar Pension System ···················· (8)
    Third Domestic Literature Review on Pension Structural
      Reform and Multi-Pillar Pension System ···················· (11)
    Forth Review of Domestic and Foreign Research on Pension
      Structural Reform and Private Pension System ············· (13)
  Section3   Research Contents and Methods ················· (14)
    First Research Contents and Ideas ······························ (14)
    Second Research Methods ·· (16)

Chapter Two   Theoretical Driven: Theoretical Analysis of
             Pension System Reform ··························· (18)
  Section1   Operation Mode, Application Conditions and
            Multi-Pillar Reform of Pension System ·········· (18)

  First Operation Mechanism of The Pay-As-You-Go Pension System ……………………………………………………………… (19)
  Second Operation Mechanism of The Full-Funded Pension System ……………………………………………………………… (20)
  Third The Respective Theoretical Premises and Applicable Conditions of the Pay-As-You-Go System and the Full-Funded System ………………………………………… (21)
 Section2 The Target of the Pension System Reform and Its Realization Path ……………………………………… (22)
  First The Target of the Pension System Reform and Its Implication …………………………………………………………… (22)
  Second The "Impossible Triangle" Theory and Its Application in the Field of Pension ……………………………………… (27)
  Third Pension Target Combination and Tradeoff …………… (31)
 Section3 Theoretical Basis of Multi-Pillar Pension System Reform ………………………………………………… (32)
  First Life Cycle Theory …………………………………………… (32)
  Second Social Risk Management Theory ……………………… (33)
  Third The Theory of Welfare Pluralism ………………………… (35)
 Section4 Summary of This Chapter …………………………… (39)

Chapter Three Experience Driven: Global Pension Structural Reform and Reflections ……………………… (40)

 Section1 Trends in Global Pension Reform-Moving Away from the Single System ……………………………… (40)
  First The Formation and Composition of the Pension System ……………………………………………………………… (40)
  Second The Crisis Facing the Public Pension System ……… (42)
  Third Moving from A Single-Pillar System to A Multi-Pillar System ……………………………………………………………… (43)

Section2　international Lessons of Pension
　　　　　　Reform—Over-Public and Over-Market ……… (47)
　First Greek's Pension Reform—A Single Public Pension
　　System Faces Significant Financial Risks ………………… (47)
　Second Chile's Pension Reform—A Fully Privatized Pension
　　System Cannot Go It Alone ……………………………… (49)
Section3　Reflections on Pension Reform—Attaching
　　　　　　Importance to the Sharing of Responsibilities
　　　　　　Between Government and Market …………… (51)
　First Responsibility Sharing Between Government and Market
　　Is the Core of Pension System Reform ………………… (51)
　Second The Private Pension System Is an Important Pillar of the
　　Pension System …………………………………………… (52)
Section4　Summary of This Chapter ……………………… (57)

Chapter Four　Reality Driven: Assessment of
　　　　　　Current Status and Challenges of China's
　　　　　　Pension System ……………………………… (59)
　Section1　Structural Framework and Development Status
　　　　　　of China's Pension System …………………… (59)
　　First Current Structural Framework of China's Pension
　　　System ……………………………………………………… (59)
　　Second The Development of the Public Pension
　　　System ……………………………………………………… (61)
　　Third Development Status of the Occupational Pension
　　　System ……………………………………………………… (62)
　　Forth The individual Pension System Development
　　　Status ………………………………………………………… (72)
　　Fifth Overall Assessment of the Effectiveness of China's
　　　Pension System Reform ………………………………… (81)

Section2　New Nodes Facing China's Pension System Under the Background of Transformation ……………（83）
　　First Economic Transformation: Economic Development Has Entered a New Normal— Affecting Pension Accumulation ……………………………………………（83）
　　Second Social Transformation: Building A Moderately Prosperous Society in All Respects—Affecting the Demand for Pensions ……………………………………………………（87）
　　Third Demographic Transition: Aging Enters a New Stage—Affecting the Balance of Pension Supply and Demand ……………（91）
Section3　Assessment of Problems and Challenges Facing China's Pension System ………………………………（97）
　　First Overall Structural Problems and Challenges of China's Pension System ………………………………………（97）
　　Second Problems and Challenges Facing the Public Pension System ……………………………………………………（100）
　　Third Problems and Challenges Facing the Occupational Pension System ……………………………………………………（112）
　　Forth The Problems and Challenges of the individual Pension System ……………………………………………………（117）
Section4　Summary of This Chapter ……………………（120）

Chapter Five　international Experiences: The Path of Structural Reform of Typical National Pension ………………………………………………（123）
　Section1　The Practice of American Multi-Pillar Pension System Reform …………………………………（123）
　　First The Functional Orientation of the American Pension System as A Multi-Pillar Pension System ……………（123）

Second ThePublic Pension Plan Reform and Optimization
Plan in the United States ……………………………… (125)
Third The Experience of the Occupational Pension Plan in
the United States …………………………………… (130)
Forth The Experience of the individual Pension Plan in the
United States ………………………………………… (145)
Section2 The Practice of Canada's Multi-Pillar Pension
System Reform ……………………………… (155)
First The Functional Orientation of the American Pension System
as a Multi-Pillar Pension System …………………… (155)
Second Canada's Public Pension Plan Reform and
Optimization …………………………………………… (157)
Third Canada's Occupational Pension Plan Practice Exploration
and Development Experience ……………………… (159)
Forth Canada's individual Pension Plan Practice Exploration and
Development Experience …………………………… (161)
Section3 Enlightenments of Typical State Pension
Structural Reform to China …………………… (166)
First Define the Positioning of Different Pillar Pension Systems
in the Entire Pension System ……………………… (166)
Second Pay Attention to the Coordinated Development of
Multi-Pillar Pension System and Capital Market ……… (167)
Third Attach Importance to the Cultivation of Endogenous
Power of Private Pension System Participants and the
Construction of Government incentive Mechanism ……… (168)
Forth Emphasize the Flexibility and Gradual Design of
Private Pension Systems …………………………… (171)
Section4 Summary of This Chapter …………………… (172)

Chapter Six　Pension in China ……………………………（173）

Section1　Functional Orientation and Target Model of China's Multi-Pillar Pension System …………（174）

First Liability Framework of China's Multi-Pillar Pension System …………………………………………（174）

Second Functional Orientation of China's Multi-Pillar Pension System ……………………………………（177）

Third Target Model of China's Multi-Pillar Pension System …………………………………………………（181）

Section2　The Development Space of China's Private Pension System Based on the Overlapping Generations Model ………………………………（183）

First Analysis of Constraints of Private Pension System Based on Overlapping Generations Model ……………（183）

Second Spatial Analysis of China's Private Pension System Under Different Constraints …………………………（187）

Section3　Measurement of Supply-Demand Relationship of China's Occupational Pension ……………（189）

First Measurement of Demand and Willingness to Participate in China's Occupational Pension Market …………（189）

Second Measurement of China's Occupational Pension Supply and Participation Ability ………………………（191）

Third Judgment on the Development Space of China's Occupational Pension Market ……………………（196）

Section4　Measurement of the Demand and Development Prospect of China's individual Pension Market ……………………………………（197）

First Measurement of Demand and Willingness to Participate in China's individual Pension Market ………………（198）

Second Measurement of the Individual Pension Participation Ability
　　　of Chinese Residents ……………………………………… (200)
　Section5　Summary of This Chapter …………………… (202)

Chapter Seven　Laying a Solid Foundation: The Public Pension
　　　　　　　Reform and Improvement Path …………… (204)
　Section1　General Judgment on the Development of
　　　　　　China's Public Pension System ……………… (204)
　　First ThePublic Pension Is the Core of Redistribution and Is
　　　Designed to Guard Against Poverty in Old Age ………… (204)
　　Second The Public Pension Faces Sustainable Challenges and
　　　It Is Urgent to Strengthen the Parameter Reform ……… (205)
　Section2　The Reform Measures and Paths of China's
　　　　　　Public Pension Contribution ………………… (206)
　　First Strengthen the Collection and Payment Management to
　　　Realize the Payment Base Is Real and Full …………… (206)
　　Second Optimize the Contribution Period to Enhance the
　　　Sustainability of Public Pension …………………………… (207)
　　Third Promote National Pooling to Solve the Imbalance of
　　　Pension insurance …………………………………………… (208)
　Section3　The Reform Measures and Paths of China's
　　　　　　Public Pension Benefit ………………………… (209)
　　First Reform the Payment Method of the Public Pension
　　　Plan to Realize the integration of incentives and
　　　Redistribution ………………………………………………… (209)
　　Second Timely Delay the Full Pension Age to Ease the Pressure
　　　of Pension Payment ………………………………………… (211)
　　Third Improve the Mechanism of Scientific Adjustment of Pension
　　　Benefits to Balance Pension Benefits ………………… (213)
　Section4　Summary of This Chapter …………………… (215)

Chapter Eight Improve Weak Links: the Occupational Pension Reform and Improvement Path (216)

Section1 General Judgment on the Development of China's Occupational Pension System (216)

First China's Occupational Pension Bears the Social Mission and Should Be Further Developed (216)

Second The Development of China's Occupational Pension Is Facing a Bottleneck and Needs Comprehensive Efforts Through Multiple Channels (217)

Section2 Reform Direction and Operation Management of China's Occupational Pension System (218)

First Thoughts on Improving China's Occupational Pension Tax Incentive Mechanism (218)

Second The Choice of Expanding the Scope of China's Occupational Pension—Exploring the Automatic Enrollment Mechanism in Due Course (225)

Third The Choice of Expanding the Scope of China's Occupational Pension—Strengthening the Construction of the Collective Annuity System of Small and Medium-Sized Enterprises (228)

Forth Improvement and Optimization of China's Occupational Pension Investment Operation Model (235)

Fifth Design of China's Occupational Pension Supervision System (239)

Section3 Supporting Construction of China's Occupational Pension System (242)

First Strengthen the Occupational Pension Legislation to Create A Good External Environment (242)

Second Improve the Modern Enterprise System and Create
　　　the internal Environment for System
　　　Development ·· (243)
　　Third Reduce the Cost of Paying the "Five Social
　　　insurances and Housing Fund" and Release Market
　　　Development Space ·· (244)
　Section4　The Preliminary Thinking of Unifying
　　　　　　Occupational Annuity and Enterprise Annuity into
　　　　　　Occupational Pension System ·················· (244)
　　First Occupational Annuity and Enterprise Annuity Share
　　　the Same Financing Structure and institutional
　　　Attributes ·· (245)
　　Second The integration of Occupational Pension and Enterprise
　　　Pension Is Conducive to the Realization of institutional
　　　Fairness ·· (245)
　　Third The Pathof Unifying the Occupational Annuity and
　　　Enterprise Annuity ··· (246)
　Section5　Summary of This Chapter ······················· (246)
Chapter Nine　Expand Channel: the individual Pension
　　　　　　　Reform and Improvement Path ············· (248)
　Section1　General Judgment on the Development of
　　　　　　China's individual Pension System ············ (248)
　　First The individual Pension Is the Key Link to Form the Pension
　　　System Responsibility Sharing Mechanism ················· (248)
　　Second Theindividual Pension Is an Important Supplement to
　　　Provide Citizens with A Higher Level of Pension
　　　Treatment ··· (249)
　　Third The individual Pension System Is the Ballast Stone to
　　　Promote the Perfection of the Capital Market ············· (251)

Section2　The institutional Model Selection of China's individual Pension ……………… (251)
 First The individual Pension Product System and Account System: A Comparison of the Two Models ……………… (251)
 Second The Necessity of China's individual Pension Account System ……………… (253)
 Third The Preliminary Conception of China's individual Pension Account System ……………… (254)
Section3　Fiscal and Tax incentive Mechanism of China's individual Pension System ………… (255)
 First Explore and Establish a Tax incentive Mechanism Combining EET and TEE ……………… (256)
 Second The Mechanism of Direct Financial Subsidies May Be Explored for Eligible Low-income Groups ………… (260)
Section4　Product Supply of China's individual Pension System ……………… (263)
 First Overview of the individual Pension Financial Products ……………… (263)
 Second The individual Pension Financial Products Development Ideas ……………… (265)
Section5　The Implementation Path and Operational Framework of China's individual Pension System ……………… (271)
 First The Pilot Will Be Advanced First, and Eligible Products and institutions Will Be Allowed to Actively Participate in The Construction ……………… (271)
 Second Improve the Three-Stage institutional Structure of Account Establishment, Operation and Collection ……………… (272)

Third Strengthening the Supporting Mechanism Construction of
　　　　the individual Pension System ……………………… (273)
　　Section6　Summary of This Chapter …………………… (277)
Chapter Ten　Conclusion ……………………………… (279)
　　First China's Multi-Pillar Pension System Faces a Series of
　　　Challenges in the New Era ……………………………… (279)
　　Second China's Multi-Pillar Pension System Needs to Further
　　　Deepen Parameter Reform ……………………………… (281)
　　Third The Structural Reform of China's Multi-Pillar Pension System
　　　Has Theoretical and Practical inevitability ……………… (282)
　　Forth The Structural Reform of China's Multi-Pillar Pension System
　　　Should Have a Comprehensive Vision ………………… (283)
References ……………………………………………… (285)
Index ……………………………………………………… (304)
Acknowledgement ……………………………………… (307)

第一章

绪　论

第一节　选题背景和研究意义

一　研究问题的提出

老有所养是人类社会自古以来追求的永恒目标之一。从历史发展脉络来看，养老安排也经历了自我养老—家庭养老—社会养老的历史变迁。自工业革命后社会保障替代家庭保障以来，社会化的养老金制度已历经百余年的改革和完善，形成了一个由国家、社会和个人的多主体参与，财政、单位、个人的多渠道筹资，公共管理、私人管理以及企业与个人决策相结合的多元化管理，包括政府主导的公共养老金制度和市场主导的私人养老金制度的多样化模式。

从世界范围来看，私人养老金制度之所以出现并发展壮大，最主要是由于公共养老金制度保障水平的有限性和不同人群对养老金需求多元化之间的矛盾。一般而言，政府主导的公共养老金制度的目标是维持人们退休后的基本生活水平，并不是为了保持退休生活水平不下降。政府主导的公共养老金制度建立是由于一些人在工作期间收入水平相对较低，无力通过储蓄维持退休后的基本生活水平；或者有些人因为短视或道德风险没有在年轻时进行储蓄，因此，政府通过强制性的公共养老金制度保障人们退休后的基本生活水平。但是，由于不同人群存在收入、偏好等方面的差异导致其不同的效用函数，而政府又很难对每个人的养老金需求水平加以确定，如果公共养老金规模太大，会对个人消费带来扭曲，同时要求的缴费率也越高，可能会对整个社会的福利水平带来负面影响（崔绍敏、文武等，2003）。因此，对于基本生活水平以外的更高的养老需求就需要通过公共养老金制度之外的制度安排来实现，这就为私人养老金制度的发展提供了空间。

就中国而言，早在20世纪90年代国务院就明确了"基本养老保险+补充养老保险制度"相结合的养老金体系改革方向。随后，在中央历次代表大会报告及其他重要文件中都将补充保险作为社会保障制度建设的重要内容。近年来，在摆脱贫困、进入全面建成小康社会的阶段之后，人们有了更高水平的养老金需求。特别是在人口老龄化、高龄化和家庭小型化趋势日益加剧的背景下，更强化了人们的这一愿望。他们希望有更多的养老金，以保障年老之后有幸福的晚年。近30年来，政府在不断完善公共养老金制度的同时，鼓励发展私人养老金制度，出台了一系列支持政策，但总体上看，中国私人养老金发展依然缓慢。

一方面，随着全面建成小康社会的不断推进，广大公众的养老金需求水平也在日益提升；另一方面，在人口老龄化速度急剧加快以及经济增速下降的新的转型期，第一支柱公共养老金制度保基本的目标和机制逐步确立和完善，政府的无限责任正在"移位"，而私人养老金制度尚未形成"补位"，在提升公众养老金水平方面的功能极其有限，进展缓慢。在这一矛盾逐渐加剧的背景下，反思中国养老金制度的结构性功能显得尤为重要，亟待从制度建立的逻辑起点出发，正本清源，挖掘中国养老金结构性改革的必要性及其发展方向。本书尝试以转型期中国养老金制度结构为研究对象，希望回答以下问题：

第一，中国为什么要进行多支柱养老金体系结构性改革？其理论与实践的逻辑起点在哪里？

第二，中国养老金体系发展现状如何评估？其所反映的待遇充足性、制度可持续性等问题背后的原因在哪里？

第三，中国多支柱养老金体系结构性改革定位？多支柱的养老金制度市场需求和发展空间究竟有多大？如何测算？不同主体是否有能力参与或支持私人养老金制度的发展？

第四，如何借鉴国际上多支柱养老金体系的改革经验，以明确中国多支柱养老金体系改革的关键点和实施路径？

二 研究的理论和实践意义

本书尝试从养老金制度改革的理论基础出发，结合国际经验和教训，重新审视中国的养老金体系的总体发展问题，探索中国养老金制度结构性改革的驱动机制以及中国多支柱养老金体系的改革路径。

理论意义：通过逻辑推理和总结归纳，对中国养老金体系进行整体把握，将公共养老金制度和私人养老金制度的边界和定位做出明确区分，并在此基础上明确政府、单位和个人等不同主体在养老金体系中的责任，同时，对公共养老金和私人养老金制度的发展原理、运营和管理进行系统分析，为中国养老金体系结构性改革和优化发展路径提供理论支撑。关系到中国养老金体系"为什么要改革"和"如何改革"的问题。

实践意义：在目前中国经济发展进入新常态、人口老龄化速度加快等宏观背景下，公共养老金制度替代率逐年下降而国民养老金需求水平逐步上升的情况下，探讨中国私人养老金制度的发展空间和发展路径，探讨明确界定政府责任的同时，探讨扩大单位、个人等市场主体责任共担的发展模式，对中国养老金体系的完善以及国民养老金水平的提升具有重要的实际应用价值。

第二节 相关概念界定与国内外相关研究综述

一 相关基本概念的界定

（一）养老保障、养老金与养老保险概念辨析

目前国内关于老年人养老安排的表述主要包括养老保障、养老

金和养老保险等,这三者的概念在一定程度上存在着界定不清甚至混淆等方面的问题,因此需要对这三个概念的内涵进行辨析,这也是制度设计和政策制定的基本前提。

养老保障,从字面意义上来看,是为满足老年人的各种养老需求而提供的各种保障安排,包括经济保障、服务保障和精神保障等。随着经济社会发展,养老保障方式和内容也发生了翻天覆地的变化。在工业化出现之前,养老保障的实现方式通常是家庭养老,辅之以慈善和互助救济,属于非制度化的安排;随着工业化的出现,人类社会开始进入社会化大生产阶段,家庭小型化和核心化使得非制度化的家庭保障受到挑战,建立制度化的养老保障体系则成为必然。

养老金是指为老年人在年老后获得的养老生活待遇,养老金制度则是一个国家为保障老年人养老生活需求提供的经济保障,是养老保障制度中经济保障的主体。从世界范围来看,制度化的养老金体系分缴费型养老金制度和非缴费型养老金制度,缴费型养老金制度通常采取现收现付和完全积累两种方式,现收现付的养老金制度指的是在职一代人缴费为退休一代人提供养老金待遇,其核心是代际养老;完全积累制的养老金制度则是个人在工作期进行养老金缴费积累,并通过市场化的方式进行运作,退休后根据自身缴费积累情况和投资收益领取相应的养老金待遇。

养老保险则指的是为了防范和应对老年风险,按照大数法则和风险分散的原理汇集各方资金,为社会成员在年老之后提供一定的经济补偿的制度安排,它是以保险方式提供经济保障的一种养老金实现形式。具体来看,现收现付制的养老金制度通常可以称为养老保险制度。

(二)养老金制度参量改革和结构性改革

现收现付制公共养老金制度是世界范围内最早出现的养老金制度化安排,在人口老龄化的影响下,现收现付制的公共养老金制度面临着一系列的挑战,因此各国开始探索进行养老金制度改革,改革方向主要包括参量改革（或称存量改革）和结构性改革（或称增量改革）。

参量改革通常是各国养老金改革的首选方案，原因在于其改革力度相对较小，带来的社会影响也较小。参量改革的本质是通过改革养老金制度在筹资和支出环节的参量实现基金的财务平衡，其两个主要方向就是增加养老金筹资和减少养老金支出。增加养老金筹资通常包括提高缴费率、提高缴费上限、扩大养老金制度覆盖面等；减少养老金支出的措施通常包括降低养老金待遇、提高领取退休金的年龄、改变养老金待遇调整方式等。

结构性改革则是国家为了保障制度的可持续性，减轻政府财政负担，在现收现付的公共养老金制度的基础上，进一步发挥单位和雇员作用，同时发挥市场在资源配置中的作用，建立单位主导和个人主导的私人养老金制度。同时通过结构性改革建立私人养老金制度的另外一个重要目标在于提高养老金待遇水平进而保障待遇的充足性。本书主要研究视角是养老金体系的结构性改革，集中于私人养老金制度的建立和完善，对于养老金制度参量改革不做研究。

（三）多支柱养老金体系与公共养老金、私人养老金

自工业革命后社会保障替代家庭保障以来，社会化的养老金制度已经历经了百余年的改革和完善，形成了一个由国家、社会和个人的多主体参与，财政、单位、个人的多渠道筹资，公共管理、私人管理以及企业与个人决策相结合的多元化管理，包括政府主导的公共养老金制度和市场主导的私人养老金制度的多样化模式。尽管在不同国家养老金制度选择不尽相同，但通过国家、社会、个人等诸多主体责任共担的多支柱养老金体系是共同的发展趋势。

作为当前全球养老金制度改革的总体趋势，世界银行多支柱的养老金体系模式也经历了不断的修正和完善，在世界上许多国家得到了推广和应用。虽然各国对不同支柱的定义不完全一致，但大体上可以分成三个支柱，第一支柱以政府为主导，通常采取现收现付制，称为公共养老金计划（Public Pension Plan），其目标是为广大

退休群体提供基本的生活保障,因此也被称为公共养老金计划;第二支柱以单位为主导,政府提供税收优惠等政策支持,通常被称为职业养老金计划(Occupational Pension Plan);第三支柱以个人为主导,属于个人自愿参与、国家提供税收优惠的个人养老金计划(Individual Pension Plan)。由于职业养老金和个人养老金大多以个人账户的形式存在,所以也称为私人养老金(Private Pension),同时,第二、第三支柱养老金计划均是在公共养老金计划为广大退休者提供基本养老保障待遇的基础上,为其提供更高水平的待遇,进而为其实现体面养老和更高水平的生活保障提供补充,因而也被称为私人养老金计划,如图1-1所示。

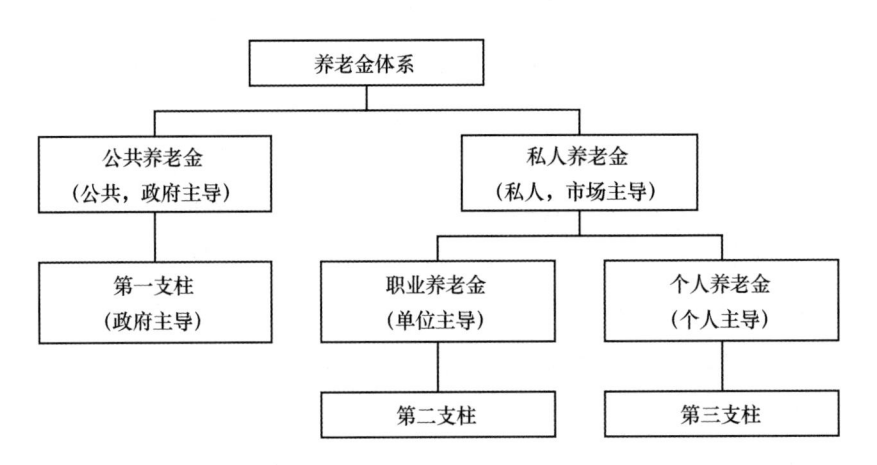

图1-1 多支柱养老金体系、公共养老金和私人养老金的关系构成

公共养老金(又称基本养老金),通常是由政府公共部门发起建立并进行管理的养老金计划,具有强制性,政府对公共养老金计划往往要承担直接的财政责任,是政府社会管理责任的重要体现。从理论上讲,公共养老金应该实现以下几个目标:一是通过收入再分配实现老年人的基本生活保障;二是通过一定的待遇调整机制保障为老年人规避通货膨胀等一系列风险;三是维护社会稳定。公共养老金通常采取的是现收现付制的融资方式,以工薪税(或费)为融资来源，以待遇确定的方式发放养老金。

私人养老金（又称补充养老金），是相对于公共养老金而言的。私人养老金的举办主体是单位或个人，包括企业个体、企业联盟、工会以及经政府批准的金融中介机构（包括银行、保险公司、养老金管理公司等），根据国际经验，私人养老金具有强制性、准强制性和自愿性等不同类别。通常来讲，政府对于私人养老金不承担直接的或最后的财政责任，但政府对私人养老金负有监管责任。私人养老金建立的目标是为个人提供更高水平的退休保障待遇，通常包括职业养老金制度和个人养老金制度。

职业养老金制度，是与职业挂钩的养老金制度，通常由单位和个人共同缴费，体现单位和个人养老责任共担，定位于第一支柱公共养老金制度的补充，从而提高职业劳动者的养老金待遇水平。从职业养老金发展历程来看，职业养老金既有待遇确定的DB型，也有缴费确定的DC型。但DB型职业养老金一方面会影响雇员的职业流动；另一方面，一个企业很难应对人口老龄化带来的挑战，且还面临着破产的风险，因此，从世界范围来看，职业养老金制度的发展趋势是缴费确定型（DC），本书也主要对DC型职业养老金进行探讨。

个人养老金制度是私人养老金计划的另一重要组成部分，从世界范围来看，个人养老金计划通常是个人自愿参与，由国家给予税收优惠，激励个人进行相应的养老金储蓄，采取完全积累的方式，并进行市场化投资与管理，针对个人积累的养老金赋予其自我投资选择权，当个人达到退休年龄之后可以选择不同的方案获得相应的养老金待遇。

由于中国城镇职工养老金制度与城乡居民养老金制度从资金来源、制度构成等方面存在相对较大的差异，为保证研究视角的聚焦，具体研究时主要以城镇职工为主，当条件成熟时，相关的制度探索可以进一步扩展到城乡居民等群体，这也是当前中国渐进式改革的必然要求。

二 养老金结构性改革和多支柱养老金体系的国外文献综述

目前关于养老金制度改革的研究内容多样，视角广泛，研究成果丰富，既产生了一些养老金改革的共识性认知，也存在着诸多的改革方向和路径的差异。总体来看，当前国内外养老金问题的核心研究主要集中于养老金模式选择、养老金参量改革研究、养老金结构性改革研究等方面。

在养老金模式选择方面，国际上进行了相当长时期的争论，主要集中于现收现付制和基金积累制在应对人口老龄化方面孰优孰劣的问题。20世纪70年代，在经济危机和人口老龄化的影响下，福利国家财政危机不断加剧，养老保险制度改革迫在眉睫，掀起了一场养老金私有化的改革浪潮。Feldstein（1973）从现收现付制会降低储蓄率的视角进行分析，指出基金积累制的养老金制度可以为资本市场提供更多的长期资金，从而可以有效地完善资本市场，进而提高产出，这样就可以更加有效地应对人口老龄化，并提出用基于投资的个人退休账户（PRA）替代传统的现收现付制（PAYG）计划，以期实现更高的预期退休收入（Feldstein，2005）。同样对基金积累制持支持态度的还有 Lassila ect（2001）等。而 Chand 和 Jaeger（1996）、Barr（2000）坚决反对激进的市场化，他们认为由现收现付制转向完全基金制会面临着巨大的转轨成本需要财政负担，这个成本的实际数额之大可能超过全面落实现收现付的成本。此外，Barr（1979、2002）、Brown（1997）、Thompson（1998）、Heller（1998）、Brooks（2000）等还通过理性证明，老龄化会导致市场利率的下降，进而影响积累制的收益，同样会带来财政问题，认为私有化不是针对财政问题的解决方案。

正是在现收现付和完全积累制的养老模式彼此针锋相对的背景下，世界银行于1994年发布了一份报告，建议各国建立多支柱的养老金制度。但世界银行多支柱养老金体系的观点一经提出，也受到了 R. Beattie（1995）和 W. McGillivray（1995）等从积累制的二重负担、投资风险角度提出的诸多批判。

经过多年的论战，ILO 等国际组织虽然对于制度的具体安排和设计与世界银行之间存在着一定差异，但对于通过多种方面入手，分散风险，以保障老年人更加稳定的收入的观点已经达成一致。仅仅依靠现收现付或者完全积累都无法应对各方面的风险，因此必须对制度进行灵活性运用（高山宪之，2003）。这种观点已逐渐被大多数学者支持和认同。Bodie 和 Merton（1988）、Davis（1995）、Holzman（2000）等都通过不同的分析视角，指出实行混合制或多支柱的养老金体系，通过责任分担等多种机制分散投资风险、偿付风险以及政策风险比完全的现收现付制或者基金积累制更能有效地减少风险的出现。

值得说明的是，多支柱或者混合型的养老金体系并不否认现收现付或完全积累制各自的优势，只是将二者进行合理的组合。现收现付制依然是大多数国家公共养老金的主要选择，且目前也没有转为积累制的计划（Takayama，2003；Holzmann，Orenstein &Rutkowski，2003），目标是通过待遇确定型的现收现付制公共养老金制度满足人们的基本生活保障，以缴费确定型的基金积累制私人养老金制度作为退休收入的补充（Davis，1995）。

在养老金体系结构性改革的理论基础方面，1957 年弗里德曼提出了"永久性收入假设"，他指出，个人在任何年龄阶段的消费都与其当期收入无关，最终起决定性作用的是其终身的永久性收入。一般来说，个人的消费水平具有一定的刚性特征，消费水平一旦降低，其经济福利感也必然降低。因此，一个理性的人通常会将其一生的收入平滑到各个阶段，这其实也是个人承担养老责任的基本依据。Diamond（1977）通过建立生命周期假说模型，以此论证了个人根据其一生的预期收入进行消费的行为，一个理性的人会在工作期间进行适量的储蓄，但人通常存在一些短视行为，从而可能会导致储蓄不足或储蓄过度，这奠定了制度化的私人养老金制度的理论基础之一。A. Roode（1913）的延期工资理论为单位建立企业年金、保护雇员（受益人）权益提供了理论支持。

在养老金结构性改革的具体实践方面，西方国家采用不同的政策激励措施和优惠推动了不同类型的私人养老金制度发展。Rein 和 Turner（1999）根据世界上不同国家公共养老金和私人养老金的不同份额情况的调研，指出养老金制度结构主要跟家庭收入相关，40%的较低收入群体养老金主要来自公共养老金，而其他60%相对较高收入群体的养老金则除了公共养老金，还有私人养老金。John Beshears、David Laibson（2006）指出美国除了政府主导的公共养老金外，401（K）等单位养老金计划和 IRA 等个人养老金计划等也是美国人退休收入的主要来源。Neil Gilbert（2003）对荷兰、丹麦、西班牙等国企业年金制度的实施、投资、税收等政策进行了系统比较和研究，并提出了部分政策措施对其他国家的借鉴意义。国外的研究认为政府的推动对私人养老金的发展起到很大的作用，20世纪70年代以来在税收优惠的推动下，英美等国企业年金制度有了相对快速的发展（Alicia Munnell，1982；Richard Ippolito，1986）。Walliser 和 Winter（1999）、Zhu（2003）等则从税收的激励作用以及税收对消费者私人养老金需求的影响等不同方面进行了实证分析。Jan Walliser 和 Jochim K、Winter（1999）利用德国数据进行实证分析，发现税收优惠对于德国个人购买商业养老保险具有巨大的激励作用。Francisco、Alexander and Valery（2009）利用生命周期理论模型进行分析，发现税收优惠可以增加家庭财富，从而可以增加老年期的收入水平。除此之外，Davis（1995、2000）、Blake（1997）则从资本市场与年金计划的互动关系的角度指出，资本市场的增值效应是年金发展的重要动力，而年金计划又反过来推动资本市场的繁荣。Feldstein（1996）和 Kotlikoff（1998）等则指出完全积累制的养老金制度可以有效提高整个社会的总储蓄，还可以通过有效的投资运作获得高于劳动力和工资增长的高额回报，从而避免现收现付制的危机，同时有利于个人通过合理的积累实现终身消费的最优化。

三 养老金结构性改革和多支柱养老金体系的国内文献综述

在养老金结构性改革方面，王燕、徐滇庆、王直、翟凡（2001）、赵耀辉、许建国（2001）、孙祁祥（2001）等认为中国现收现付的养老金体系不可持续，主张进行积累制改革，而袁志刚（2001）、朱青（2001）、封进（2004）、程永宏（2005）等认为积累制与现收现付制在应对人口结构变化的问题上没有本质区别，主张对现收现付的公共养老金制度进行优化。近年来，随着认识的不断深化，对现收现付和完全积累制的优势和缺陷也获得了更清晰的认知，孙静（2005）指出，20世纪70年代以来，世界范围内的养老金体系改革趋势表明，任何单一模式的养老金制度都难以保证实现其最优功能，研究逐步开始转向国际养老金改革发展趋势，重视现收现付与完全积累制的组合，主张完善中国现收现付的基础养老金和完全积累的私人养老金的多支柱体系（董克用、孙博，2011；李珍，2014；郑秉文，2016；高庆波，2016）。

在养老金市场化改革和私人养老金制度发展的必要性方面，学界日渐对市场主体参与养老金体系建设，通过私人养老金制度的完善提高养老金水平形成了较为统一的认知。李绍光（1998）从实证角度考察了资本市场中的养老金制度，指出现收现付制和完全积累制养老金制度在功能上可以实现互补，养老保险制度改革要点在于寻找两种基本制度安排的均衡点，主张大力发展职业年金与商业年金的私人养老金制度。郑功成（2003）认为，公共养老金制度的功能是保基本，目前来看由于老龄化等因素的影响，保障水平呈现下降趋势，应通过私人养老金制度进行配套保障。刘玮（2010）指出随着经济社会的不断发展，广大国民的需求不仅仅停留在保障基本的生存层面，公共养老金制度要实现的只是一个低层次目标保障，基本生活水平不是一个养老制度的全部目标，至多只是一个低层次的目标。此外，赵青、王晓军、米海杰（2015），胡彧（2010），杨华（2016）等都从不同角度证明了中国有必要发展私人养老金制度。

在养老金体系结构性改革的理论基础方面，现代公共品理论指出，政府的重要功能之一就是保障社会公平，公共养老金制度是政府通过收入再分配保障广大国民基本生活水平的重要手段之一，在很大程度上可以促进社会公平目标的实现；但通常情况下，非政府机构提供的私人养老金制度在一定程度上又可以提高制度的供给效率，包括管理效率和运作效率，多支柱养老金体系正是政府和非政府通过责任分担，在保障制度公平的同时提高制度的效率，通过对相对有限的养老金资源进行合理的优化配置，实现其功能最大化，从而提高个人和社会福利（孙静，2005）。辛本禄、蒲新微（2005）分别从自发性、强制性和诱致性三个角度出发从理论上证明中国必须在允许群体差异的情况下，建立多层次多元化的养老保险体系，争取实现不同群体老年人的诉求。

在养老金制度结构性改革和实践方面，就企业年金制度而言，邓大松、刘昌平（2003），杨燕绥（2016），殷俊（2008），单琰秋（2006），刘璟旖、姜向群（2007），罗振（2012）分别从企业年金的重要功能、必要性、可行性以及其实践和理论意义方面对企业年金制度进行了深入探讨。然而，经过十余年的发展，中国企业年金制度成效缓慢，覆盖面极其有限（郑秉文 2016），其中的重要原因包括：过于依赖第一支柱公共养老金制度，挤占了一部分第二支柱企业年金市场（胡彧，2010；于阳、王瑞梅，2013；古钺，2016）；企业年金制度门槛太高（邵亚萍 2016）；税收优惠等激励政策不足（杨华，2016；王莉春，2016），保值增值能力不足（唐金成、刘鸿卫、陆昱江，2014），居民养老保险意识不足（刘胜军，2012），基本养老保险的企业和个人的缴费率过高（宋鹏，2015；郭倚铭，2014）等。对于企业年金制度的未来发展，邹明洳（2011），朱俊生、庹国柱（2007）认为当前中国企业年金制度迫于第一支柱缴费压力，发展前景不容乐观，郑秉文（2016）则认为第二支柱职业养老金是中国当前三支柱养老金体系的短板，在未来主要应通过建立准强制性（建立自动加入机制）企业年金进行扩面，邵亚萍（2016）、唐金成等（2014）则认为应当采取不断完善税收优惠等激励政策、降低企业年金发展门槛等方式提高企业年金参与率。此外，李绍光（1998）、殷俊（2008）、郑秉文（2009）等均从资本市场与企业年金的互动关系的角度指出，完全积累的企业年金计划需要在资本市场保值增值进行支撑，而完全积累的企业年金制度的广泛建立又可以有效推动资本市场稳定发展。

就第三支柱个人养老金而言，因其个人主导的灵活性，更容易适应非正规就业者需求，具有广泛发展空间（孙守纪，2015；董克用，2016），但实际上由于第三支柱个人养老金政策迟迟未出台，中国第三支柱养老金发展仍是空白（郑秉文，2015；朱海扬，2016），在中国居民储蓄率居高不下的情况下，应大力发展第三支柱个人养老金制度（郑秉文，2016），对于中国第三支柱个人养老金的未来发展，不同学者借鉴国际发展经验，主要从完善税收优惠政策激励第三支柱个人养老金的发展，探讨了不同税收优惠模式的激励效果及中国应有的选择（郑秉文，2015；胡玉玮，2012；吴祥佑、许莉，2014；张晶、黄本笑，2014）。

四 养老金结构性改革和私人养老金制度的国内外研究述评

在国内外有关人口结构与养老金、养老金需求、养老金基金平衡和可持续以及老年福利等一系列与私人养老金需求研究相关的文献当中，大部分研究都是在现有养老保障体系框架下，为应对人口老龄化和经济转型借鉴国际经验，从某一个方面研究企业年金或个人养老金发展的必要性及其政策选择。

目前很多文献都证明了仅仅依靠国家的公共养老金难以满足国民多元化养老需求，但并未能真实捋顺公共养老金和私人养老金制度发展的逻辑关系，对中国"要不要""为什么要"发展私人养老金的研究尚有不足，且缺乏对私人养老金需求及其发展空间方面的深入分析，同时对公共养老金、私人养老金的责任如何分担，如何实现协同发展的研究也缺乏系统性视角。在人口老龄化和经济发展进入新常态的背景下，除了探讨公共养老金制度的改革和完善，还应进一步关注适应不同人群养老所需的保障水平多层次、资金来源多渠道的私人养老金计划和产品（如职业养老金计划和个人储蓄型养老金计划）的建设方案及配套政策（如税收优惠幅度、税收优惠方式、投资以及监管模式等），这也是当前中国转型时期养老金体系改革和完善过程中需要解决的重要问题。

总体来看，目前关于私人养老金制度的研究还主要停留在对国外私人养老金制度设立方式、获利水平等内容的比较和介绍阶段，以及对中国借鉴的政策性探讨阶段，还没有深入探讨中国当前的实际私人养老金需求水平、规模以及税收优惠让渡空间，以及不同人群缴费上限厘定等具体操作型问题的层面上。这种别人发展了我们就要发展的思维不是一种理性思维，正确认识中国当前面临的一系列经济和社会环境，从理论和实践的视角理性分析中国私人养老金市场的发展空间和发展思路是本书希望重点关注的内容。

第三节 研究内容与研究方法

一 研究内容和思路

本书以中国养老金体系为研究对象，以养老金体系结构性改革的驱动机制和实现路径为研究范畴。从理论分析、实践反思到中国现有制度评估，再到中国多支柱养老金制度发展空间与未来养老金体系结构性改革发展路径，以"为什么要进行养老金体系结构性改革"——"中国养老金体系现状和问题是什么"——"中国目前是否具备养老金体系结构性改革的条件和空间"——"中国养老金体系结构性改革发展路径应该如何选择"为主体思路构建写作框架，如图1-2所示，希望通过理论与实践的结合、宏观与微观相结合，为中国多支柱养老金体系改革的必要性、可行性以及发展路径进行系统分析。

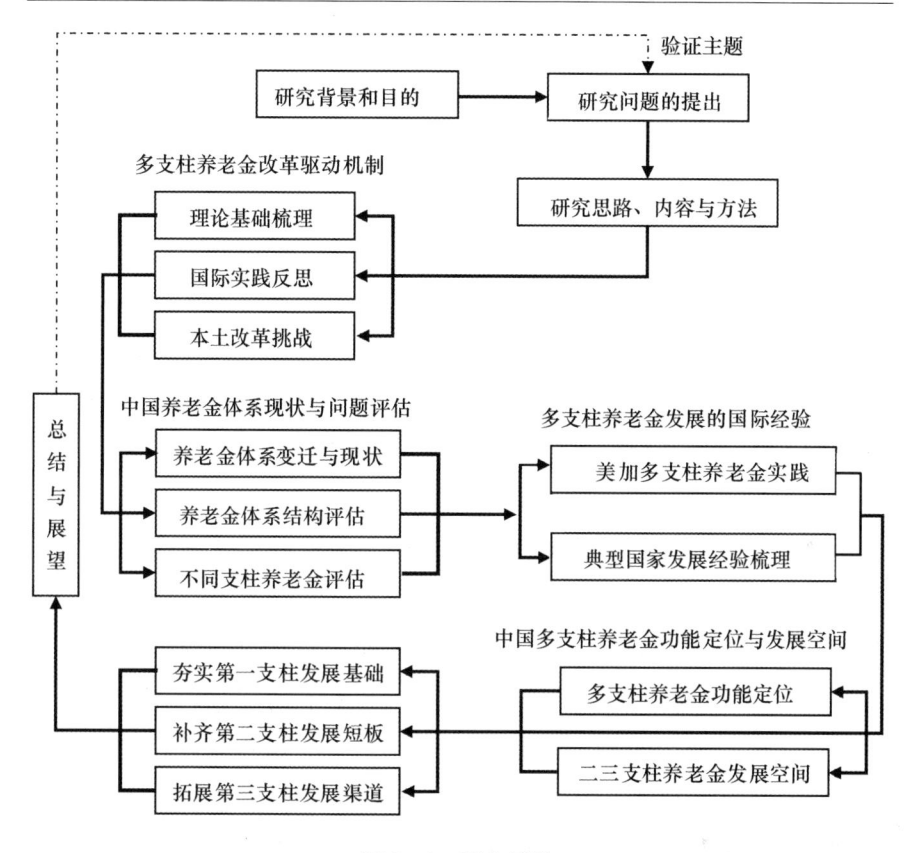

```
                    ┌─────────────────┐   验证主题   ┌─────────────────┐
                    │  研究背景和目的  │ ──────────→ │  研究问题的提出  │
                    └─────────────────┘              └─────────────────┘
                                                              │
                         多支柱养老金改革驱动机制                │
                    ┌─────────────────┐              ┌─────────────────┐
              ┌────→│   理论基础梳理   │←─────────── │研究思路、内容与方法│
              │     └─────────────────┘              └─────────────────┘
              │     ┌─────────────────┐
              ├────→│   国际实践反思   │
              │     └─────────────────┘
              │     ┌─────────────────┐
              ├────→│   本土改革挑战   │
              │     └─────────────────┘
        ┌───┐       中国养老金体系现状与问题评估        多支柱养老金发展的国际经验
        │总 │     ┌─────────────────┐              ┌─────────────────┐
        │结 │←────│  养老金体系变迁与现状 │←────────│  美加多支柱养老金实践│
        │与 │     └─────────────────┘              └─────────────────┘
        │展 │     ┌─────────────────┐              ┌─────────────────┐
        │望 │←────│  养老金体系结构评估 │←────────│  典型国家发展经验梳理│
        │   │     └─────────────────┘              └─────────────────┘
        │   │     ┌─────────────────┐
        │   │←────│  不同支柱养老金评估 │
        │   │     └─────────────────┘
        │   │         中国多支柱养老金功能定位与发展空间
        │   │     ┌─────────────────┐              ┌─────────────────┐
        │   │←────│ 夯实第一支柱发展基础│←────────│  多支柱养老金功能定位│
        │   │     └─────────────────┘              └─────────────────┘
        │   │     ┌─────────────────┐              ┌─────────────────┐
        │   │←────│ 补齐第二支柱发展短板│←────────│  二三支柱养老金发展空间│
        │   │     └─────────────────┘              └─────────────────┘
        │   │     ┌─────────────────┐
        │   │←────│ 拓展第三支柱发展渠道│
        └───┘     └─────────────────┘
```

图1-2 研究思路

第一，在明确研究背景、目的和意义的基础上，提出论文研究的背景、范畴和研究的具体问题，并明确论文的研究思路、研究方法和研究内容，从而为论文的展开提供系统的分析框架。第二，从理论基础论证和国际实践反思以及中国本土改革面临的挑战出发，充分论证中国为什么要进行多支柱养老金体系结构性改革，从而奠定本研究的基石。第三，在充分论证中国需要进行多支柱养老金体系改革的基础上，通过对中国养老金体系的整体评估，找出中国养老金体系发展的结构性问题以及不同支柱养老金制度发展过程中的问题与挑战。第四，从中国多支柱养老金体系功能定位及不同支柱养老金发展空间的角度探索中国是否有条件、有能力进行多支柱养老金体系结构性改革。第五，借鉴发达国家多支柱养老金体系改革的经验，提出中国养老金体系"参量改革+结构性改革"的养老金体系综合改革路径。

二 研究方法

本书主要基于养老金充足性的视角，运用养老金体系目标"不可能三角"理论、社会风险管理理论、经济学中的生命周期理论、福利多元主义理论以及供给—需求理论模型，通过实证分析与规范分析相结合、定性分析与定量分析相辅助的研究方法对私人养老金制度发展的基本原理、发展空间及制度优化进行全面而深入的分析。

文献分析和比较研究方法。本书在分析过程中涉及诸多的理论梳理和逻辑推演，这些都建立在相应的文献基础之上，同时，本书还运用了大量的国际养老金体系结构性改革的经验和教训，都需要通过诸多的文献进行支撑。除此之外，由于中国企业主导的职业养老金在诸多因素的影响下发展缓慢，而个人主导的个人养老金政策长期没有落地，导致中国私人养老金发展滞后，需要通过中外发展历程、激励措施、制度安排、配套政策等各方面的比较，找出中国私人养老金制度发展障碍的弊端所在，并探索一些值得借鉴的经验。

规范分析与实证分析相结合。对于中国私人养老金制度发展的理论基础和发展空间，本书采用逻辑推理和全球经验教训反思的规范分析方法进行系统描述，以求从逻辑起点出发，正本清源，找到私人养老金制度发展的系统性的理论依据。同时，制度发展的必要性往往受到现实发展的诸多因素制约，本书从多支柱养老金体系发展所需的主客观条件，以及单位、个人的需求与能力出发，通过实际调研数据，建立数学模型进行模拟，探讨中国私人养老金制度发展的有效空间。

系统论研究方法。多支柱养老金体系涉及政府、单位和个人等不同的责任主体，不同类别的养老金制度在制度模式设计、功能定位、责任分担等方面均存在着较大差异，若不进行系统与整体规划研究，势必造成顾此失彼或发展失衡的局面。只有通过公共养老金和私人养老金相互配合、协调发展才能满足不同人群多样化的养老需求。本书作为中国多支柱养老金体系改革与发展的系统性研究，旨在通过对中国养老金制度进行全方位立体描述，以促使中国多支柱养老金制度理论从分散走向系统，从微观走向宏观与微观相结合，从而推动中国多支柱养老金制度体系的系统性发展。

第二章

理论驱动：养老金制度改革相关理论分析

在传统的农业文明时代，绝大多数人都是以耕地或家庭手工为生，家庭生活可以自给自足，年老之后由家庭或者家族成员内部给予支持。然而，随着工业化和城镇化的出现，工业开始在国民经济中占据重要地位，大量人口从农村向城市迁移，自给自足的农村自然经济开始弱化。在此背景下，老年人养老保障问题开始出现危机：一方面，家庭失去了自给自足的土地和工具，只能依靠雇佣关系制度下的工资生活，而当年老时则很难再就业，无法获得生活来源；另一方面，工业化和城镇化使原有的家庭功能产生变化，大家庭、大家族共同生活的现象越来越少，家庭在地理位置上的分布越来越广、越来越分散，加之各代人之间的"代沟"，常常削弱了家庭成员之间的联系，单纯的家庭养老已经难以完全实现老年生活保障目标。这些因素导致家庭养老赖以生存的基础受到了严峻挑战，因此，随着18世纪工业革命的兴起，逐渐催生了社会化的养老方式——养老金制度走上历史舞台。

第一节 养老金制度运行模式、适用条件与多支柱改革

根据筹资方式不同，养老金制度通常可以分为现收现付制养老

金制度和基金积累制养老金制度。现收现付制养老金制度（Pay - As - You - Go，PAYG）指的是在职的一代人通过缴费/缴税支付当期已退休老年人养老金的一种制度安排，在职这代人退休后的养老金则由下一代缴费形成，以此逐代延续下去。基金积累制养老金制度（Fully - funded）则是指劳动者在职期间通过缴纳一定的养老保险费进入个人账户中形成养老保险基金，退休后从积累的资金中支付养老金的计划，个人养老金的多少取决于在职时缴费的积累情况和账户的投资收益等。

一 现收现付制养老金制度的运行机理

现收现付制最早出现于德国俾斯麦时期建立的养老金制度，但第一次利用系统的经济学理论框架对现收现付制进行阐释则产生于1858年萨缪尔森发表的一篇经典论文中。他在这篇论文中提出了世代交替模型，假设一个人的一生包括两个阶段：第一阶段参加工作并向养老金制度缴费，第二阶段退休从养老金制度中领取养老金。现收现付制养老金制度的运行机理如下：

假定 L_{t-1} 指的是 $t-1$ 时期正在工作的一代人的人口数量（即在职人数），L_t 指的是第 t 时期正在工作一代的人口数量（即在职人数），W_{t-1} 指的是第 $t-1$ 时期在职人员的工资情况，W_t 指的是第 t 时期在职人员的工资，f 指的是在职人员的养老金缴费率（养老金缴费额占工资的比重）；B_{t-1} 指的是 $t-1$ 时期退休人员获得的养老金待遇水平（其具体值应该与 $t-1$ 时期在职人员的缴费 C_{t-1} 等同），B_t 指的是 t 时期退休人员的养老金待遇。

当养老金制度模式选择现收现付制时，$t-1$ 时期退休人员的养老金待遇为：

$$B_{t-1} = W_{t-1} L_{t-1} f = C_{t-1} \qquad (2-1)$$

t 时期退休人员的养老金待遇为：

$$B_t = W_t L_t f \qquad (2-2)$$

假设人口增长率为 n，工资增长率为 g，则 $W_t = (1+g) W_{t-1}$，$L_t = (1+n) L_{t-1}$，将此式代入式（2-2）可得

$$B_t = (1+g) W_{t-1} (1+n) L_{t-1} f = (1+g)(1+n) B_{t-1}$$

$$(2-3)$$

由此可知，随着人口增长率和工资增长率的变化，当缴费率 f 保持不变时，t 代退休老年人口的养老金相比 $t-1$ 代退休老年人口的增长率为 $(1+g)(1+n) - 1 \approx n + g$，即每一代养老金的增长率为 $n + g$。

总体来讲，现收现付制的养老金制度存在以下经济关系：

第一，对于在制度建立时已经达到退休年龄的老人来说，现收现付制的养老金制度对其最为有利，这一代人没有给该养老金体系作贡献但享受到了养老金收益；

第二，对于制度建立后的中间的任何一代人而言，第一代人的额外收益不复存在，他们既是该养老金体系的受益者，也是该体系的贡献者；

第三，每一代参保者退休后的养老金收益同上一代相比的增长率为人口增长率和工资增长率之和，通常来说，每代人的养老金收益都会超过其贡献；

第四，如果现收现付制养老金制度在某一时刻终止，将对该时期所有在职缴费者带来损失，因为其缴纳的养老金费用已用于上一代退休者的养老金发放，却没有下一代人为之缴费；

第五，当人口年龄结构相对年轻时，设计得当的现收现付制养老金制度运转没有任何问题，当人口老龄化不断加深，制度赡养率上升的情况下，要保持该养老金制度的长期平衡，则需要降低退休者的待遇或提高在职者的缴费率。

二 基金积累制养老金制度的运行机理

当实行基金积累制时，参保者也会经历在职和退休两个时期，

与上文保持一致,假设 L_{t-1} 为第 $t-1$ 时期在职一代的人口数量,养老金缴费率为 f,W_{t-1} 为第 $t-1$ 时期在职人员的工资,那么,在 $t-1$ 时期在职人员缴纳的养老金总额为 C_{t-1}。

$$C_{t-1} = W_{t-1} L_{t-1} f \quad (2-4)$$

由于 $t-1$ 时期在职人员到 t 时期将进入退休年龄,需要领取退休金 B_t,而参保者在 $t-1$ 时期缴纳的所有养老金费用被积累并进行市场化投资运营,同时假定在此期间养老金投资运营的收益率为 r,那么 t 时期退休人员领取的养老金 B_t 则为:

$$B_t = (1+r) W_{t-1} L_{t-1} f = (1+r) C_{t-1} \quad (2-5)$$

也就是说,在基金积累制的情况下,如果养老金缴费率保持不变,退休人员的退休金主要取决于其缴纳的养老金的投资收益情况。

在基金积累制下,每一代人的养老金待遇都是与自己的缴费积累紧密相关,制度建立初的一代不会享受额外收益,制度终结的最后一代也不会有额外损失,各参保者之间没有调剂的成分,每个参保者的收益和其贡献完全匹配,唯一影响其最终收益的其他因素就是基金的投资收益率。

三 现收现付制与基金积累制各自的理论前提及其适用条件

从理论上来看,对比现收现付制与基金积累制两种模式,现收现付制的收益情况主要取决于人口增长率 n 和工资增长率 g 之和,基金积累制的收益率主要取决于养老基金的投资收益率 r,当 $n+g>r$ 时,现收现付制可以取得更高的收益,当 $n+g<r$ 时,基金积累制可以获得相对较高的收益。与此同时,$n+g$ 和 r 的权衡也不是最终决定现收现付制和基金积累制优劣的最终标准。现收现付制和基金积累制还存在着各自固有的优点和缺点,见表 2-1 所示。

表 2-1　　　　　　现收现付制和完全积累制的优点和缺点

	优点	缺点
现收现付制	1. 具有再分配功能； 2. 管理和运作费用相对较低； 3. 无须面对资本市场的高风险； 4. 有助于缩小老年人收入差距	1. 无法应对人口老龄化带来的财政危机； 2. 可能导致提前退休； 3. 缴费与待遇不能完全匹配，降低制度激励功能； 4. 便携性相对较差
基金积累制	1. 缴费与待遇匹配，激励功能良好； 2. 便携性好	1. 需承受资本市场高风险影响； 2. 管理和运作费用高昂； 3. 缺乏再分配功能； 4. 养老金待遇具有不确定性； 5. 存在二重负担和巨额转轨成本

资料来源：笔者根据现收现付制和完全积累制的特征整理。

不同学者从不同角度（对储蓄的影响、应对人口老龄化的能力等）对现收现付与基金积累制展开了长期的探讨，一直没有达成共识。在长期争议的情况下，不同国家进行了差异化的探索，部分国家如希腊选择完全的现收现付制的公共养老金制度；另一些国家如智利则选择完全市场化的基金积累制养老金制度；而从全世界的趋势来看，更多国家是吸收现收现付制和基金积累制的优势，通过多支柱养老金制度的组合，规避单一养老金制度的诸多风险。

第二节　养老金制度改革目标确定及其实现路径

一　养老金制度目标确定及其含义

20世纪70年代以来，在世界范围内的人口老龄化快速发展以及经济全球化的影响下，许多国家的养老金制度体系都受到了严重挑战，纷纷进行了养老金制度改革。尽管不同国家养老金制度改革路径不尽相同，但通过制度性安排，满足老年群体的退休收入需求的目标通常是一致的。

然而，目前关于养老金体系目标的界定并没有一致的认识，不同国家的政治、经济、文化和历史存在差异，采用的养老金制度也各不相同，因此在全球范围内界定养老金体系目标一直存在较大的争议。但近年来，不同的国际机构和专家学者都相继从养老金体系的核心目标出发，开发了一系列养老金体系的评价标准体系，从本质上来看，这些标准具有较大的同质性，在一定程度上可以较为清晰地反映世界各国养老金制度改革的共同目标。

2005年，世界银行出版的《21世纪的老年收入保障——养老金制度改革国际比较》一书提出了四个基本标准用于评价和衡量养老金体系改革成效：一是充足性，即养老金体系可以提供充足的收入替代以满足老年人相对充分的养老生活保障；二是可负担性，即个人和单位的养老金缴费负担应保持在一个合理的范围；三是可持续性，即养老金计划在长期内保持制度的稳定性和财务的平衡；四是稳健性，即养老金计划能够应对经济、人口、社会等外部风险（孙博、公淑玉，2014）。OECD通过定期出版的《养老金概览》（*Pensions at a Glance*）对世界各国的养老金体系进行描述、评价和建议，其设计的框架包括保障性（覆盖面）、充足性、可持续性、稳健性等核心指标。墨尔本美世全球养老金指数（Melbourne Mercer Global Pension Index）则从养老金的充足性、可持续性和全面性三个主要维度开发了全球养老金评价体系；德国安联集团建立的养老金可持续性指数中的衡量指标主要包括可持续性、充足性、公平性（包括覆盖面）等；里纳尔迪（2014）则以覆盖率、充足性、可持续性/可负担性作为养老金体系改革的关键目标，如表2-2所示。

表2-2 国际上关于养老金体系评价指标的不同观点

主体	充足性	可负担性	可持续性	稳健性	全面性	覆盖面
世界银行	√	√	√	√		
OECD	√		√	√		√
德国安联	√		√			√
墨尔本美世	√		√		√	
里纳尔迪	√		√			√

资料来源：根据各机构公开出版的报告和学者相关的研究整理。

从以上几家机构和学者对养老金体系的评价指标来看，可持续性和充足性是备受各家机构关注的重点，而其他部分指标，比如可负担性和稳健性在一定程度上可以作为可持续性的一个组成部分。从这个意义而言，可持续性和充足性应当是养老金体系的两个重要目标（杨华，2016）。除此之外，作为一项社会政策，养老金制度应体现个体的国民权，1942年贝弗里奇在其划时代意义的研究报告《社会保险和相关服务》中就明确提出社会保障制度的建设应该遵循普遍主义原则，即社会保障应该覆盖全体国民，也就是说养老金体系的目标评价还应包括覆盖面情况，不仅是制度的覆盖面，还应进一步追求人群覆盖面（黄匡时，2013）。意大利养老基金监管机构COVIP负责人、OECD私人养老金工作组主席Ambrogio Rinaldi在2014年世界银行于华盛顿举办的第六届全球养老金和储蓄会议上也明确指出，覆盖面也应作为衡量养老金体系改革成效的一个重要目标。因此，本书将评价和衡量养老金体系改革的目标分为覆盖面、充足性和可持续三个方面，见表2-3。

表 2-3　　　　　　　　养老金体系目标确定及其含义

核心指标	内容	依据
覆盖面	养老金体系所覆盖的人群范围，每个国民都有权被覆盖	社会保障覆盖面的核心是国民权的保障，即给予国民普遍的社会权利；体现在1942年《贝弗里奇报告》，1948年《世界人权宣言》，1966年《经济、社会及文化权利国际公约》，2002年《马德里老龄问题国际行动计划》
充足性	养老金制度应避免退休后消费的明显下降	满足国民多元化的养老需求，分享经济社会发展成果，保障退休生活水平不下降，实现良好的经济保障；体现在世界银行养老金评判指标和OECD养老金评判指标上
可持续	长期内养老金计划在制度和财务上能够保持平衡	制度长期发展需要应对人口结构、经济发展等各方面的挑战，养老金体系的可持续包括制度和财务的可持续；体现在世界银行养老金评判指标和OECD养老金评判指标上

资料来源：笔者根据世界银行、OECD等相关文献整理。

（1）覆盖面指标的含义及其重要意义。覆盖面的含义是养老金体系所覆盖的人群范围。由于每个国民都有权被制度化的养老金体系所覆盖而不应有所歧视，养老金体系作为现代社会制度化的社会保障安排，应体现的是全体国民普遍的社会权利，这是一个国家保障国民基本权利的重要体现。通常而言，国家为了实现全体国民的基本养老生活保障，会建立强制性的公共养老金制度，这部分养老金制度应是覆盖所有人群，保证人群全覆盖；同时，国家为了防止个人短视，发挥单位和个人责任，激励其进行退休储蓄，又为了避免对个人自由的侵犯，往往还会建立自愿性的养老金制度，这部分养老金制度也应保障其覆盖面，即全体国民均有机会参与到相应的制度中而不应被排斥。覆盖面作为公共制度公共功能的重要体现，其目标均是要实现全覆盖，这在不同国际组织通过的一系列公约和条约等均有相应的体现。其中，1948年《世界人权宣言》明确指出人人有权享受为维持他本人和家属的健康和福利所需的生活水准，在遭到疾病、衰老等不能控制的情况下丧失谋生能力时，有权享受保障；1966年《经济、社会及文化权利国际公约》第九条规定该公约缔约各国承认人人有权享受社会保障，包括社会保险；2002年《马德里老龄问题国际行动计划》也明确指出应该充分实现所有老年人的所有人权和基本自由，这些公约和计划在很大程度上表明覆盖面指标对于养老金体系目标的重要作用。

（2）充足性指标的含义及其重要意义。养老金充足性的含义在于养老金制度应避免退休后消费的明显下降，这是个体分享经济发展水平的重要体现，也是一个国家保障国民权利的应有之义。充足性的衡量主要体现在保障退休生活水平不下降，根据世界银行标准，在具体量化指标上则体现在退休养老金替代率在70%—80%。充足性指标作为养老金体系的目标表现在不同国际组织中有较为明确的体现，尤其是世界银行和OECD等均将养老金待遇充足性作为衡量养老金制度的重要标准。

（3）可持续性指标的含义及其重要意义。可持续的含义在于养老金制度在面临着人口结构、经济发展等一系列因素变化的背景下，通过合理的参数和结构设计可以保持长期财务和制度的可持续性。可持续性是保障养老金制度长期稳定和有效的重要体现，其中财务的可持续性是保持养老金体系运作的基础，而制度的可持续性则是保障个人养老金权益的关键。可持续指标作为养老金体系的目标在不同国际组织中有较为明确的体现，尤其是世界银行和OECD等均将养老金待遇充足性作为衡量养老金制度的重要标准。

（4）覆盖面、充足性和可持续性作为养老金体系目标衡量的科学性与有效性。在该目标的指导下，养老金体系的功能在于为全体国民提供长期可持续的、充足的养老金待遇，其中覆盖面体现的是制度的公平性，充足性和可持续则体现的是制度的效率，在公平和效率的综合平衡条件下，提供的养老金体系才是一个有效的制度体系。从实践来看，中国社会保障体系建立的核心目标是"全覆盖、保基本、多层次和可持续"，也是中国养老金体系的基本目标，其中全覆盖、可持续对应的就是本书提及的覆盖面和可持续性两个目标，而保基本和多层次对应的则是充足性的标准，其中基础层次的养老金制度的目标是保基本，通过多层次的设计则可以为广大国民提供更高水平的养老待遇水平，因此，从理论和实践来看，"覆盖面、充足性和可持续性"作为养老金体系建设的目标具有其科学性和有效性。

二 "不可能三角"理论及其在养老金领域的应用[①]

（1）养老金体系覆盖面、充足性和可持续性目标实现的必要前提。养老金制度模式通常可以分为现收现付制和完全积累制。现收现付制养老金制度的本质是工作一代人缴费供养退休一代人，完全积累制则是个人在工作期间缴费并通过市场化投资运营保值增值，到退休后根据积累情况领取相应的养老金待遇。

如果选择单一现收现付制的养老金制度，要实现养老金体系的三个目标，其基本前提应该是人口老龄化程度低且年龄结构稳定。因为只有当人口年龄结构年轻且稳定时，工作一代的赡养压力才相对较小，才能通过缴纳相对较低的养老保险费用为退休一代提供相对充足的养老金待遇水平，而正是缴费压力小、待遇充足，制度和财务的可持续性才有了保证，同时，提高覆盖面的目标可以通过强制性立法和加强监管的手段实现。因此，在人口老龄化程度相对较低且结构稳定的情况下，现收现付制的养老金制度可以实现覆盖面广、充足性好和可持续性强的目标。

---

① 本书关于"不可能三角"理论在养老金改革领域的应用受到中国人民大学公共管理学院李珍教授的启发，2016年10月15日，由中国社会科学院人口与劳动经济研究所《中国人口科学》杂志社主办，城乡社区社会管理湖北省协同创新中心和中南财经政法大学公共管理学院承办的"建立更加公平可持续社会保障制度"学术研讨会在武汉召开，李珍教授在该会上提出了一个制度不能同时实现全覆盖（广覆盖）、保基本、可持续三个目标的"不可能三角"理论。在此特表感谢。

如果选择单一完全积累制的养老金制度,要实现养老金体系的三个目标,其基本前提应该是经济发展相对稳定快速、资本市场相对完善。完全积累制养老金模式运作的有效性取决于积累的资金能够长期保值增值,只有经济发展相对快速、资本市场相对完善,才能实现相对较高的投资收益率,实现资金的保值增值,在这种情况下,完全积累制的养老金模式可以实现覆盖面、充足性和可持续性相协调的目标。

(2) 养老金体系目标面临的挑战及"不可能三角"理论的应用。无论现收现付制还是完全积累制,养老金体系目标的实现都需要依托于相应的前提条件,但从世界范围来看,一方面,人口老龄化程度逐步加深已成为世界范围内面临的现实情况,给现收现付制的养老金模式带来巨大挑战,同样,人口老龄化在很大程度上也会影响整个经济发展活力,影响完全积累制的运作效率;另一方面,任何经济体在经济总量达到一定程度之后都会面临增速下降等问题,同时资本市场还面临着风险,完全积累制模式也同样面临着诸多的挑战。在这些挑战下,任何单一养老金制度都难以同时实现全覆盖、充足性和可持续性的目标。

经济学中有一个著名的"不可能三角理论"(Impossible triangle theory),由美国麻省理工学院克鲁格曼教授于1999年在蒙代尔 - 弗莱明模型基础上提出的,其核心思想是在完全的资本自由流动、完全的货币独立性和完全的汇率稳定的前提下,一个国家不可能同时实现资本流动自由、货币政策的独立性和汇率的稳定性三个目标。在人口老龄化不断加深以及经济增速下降的背景下,养老金体系覆盖面、充足性和可持续三个目标也存在着"不可能三角"的相互制约关系。

具体而言,在任何一个养老金计划中,覆盖面、充足性和可持续三个目标之间存在着相互制约、此消彼长的关系,三个目标不可能在同一个养老金计划中同时得到满足,最多只能同时满足两个目标,而放弃另一个目标,即养老金领域的"不可能三角",其含义是不可能通过单一的养老金制度安排实现养老金体系覆盖面、充足性和可持续的三角目标功能,如图2-1所示。

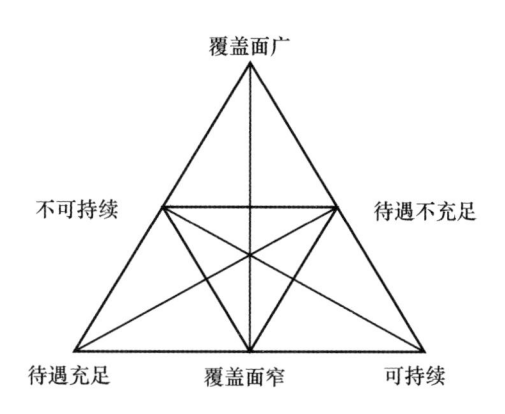

图2-1 人口老龄化背景下养老金体系"不可能三角"理论应用图示

假设养老金制度的覆盖率为100%,在不考虑通货膨胀和投资收益以及管理成本的情况下,一个养老金制度要实现财务的收支平衡必须满足等式:缴费职工人数×平均工资×缴费率=领取养老金人数×平均养老金,进一步推导得:赡养率×替代率=缴费率。

也就是说,在上述条件下,赡养率和替代率同缴费率之间存在着一定的正相关关系,即当替代率保持一定时,赡养率越高,缴费率越高,也就是说如果要实现充足性的养老金待遇水平,由于人口老龄化情况下赡养率不断提高,就不得不提高缴费率,从而影响可持续性,也就是说人口老龄化是影响养老金制度覆盖面、充足性和可持续同时实现的最大障碍。由于以上假设没有考虑通货膨胀、投资收益等问题,在实行完全积累制的养老金模式时,这些因素是不可忽略的,其实影响养老金体系三个目标的实现也会受到经济发展速度和资本市场发展等因素的影响。

具体而言,在人口老龄化不断加深以及经济发展速度下降的背景下,单一养老金制度"不可能三角"存在三种不同的情况政策组合。

第一，保障养老金制度的覆盖面和可持续性目标就不得不牺牲充足性目标。当选择现收现付制时，由于人口老龄化的加深，工作一代的赡养率相对提高，在保障制度的覆盖面和可持续性的情况下，如果要实现退休一代养老金待遇水平的充足性，就不得不提高工作一代的缴费率，但由于工作一代的缴费能力是有限的，提高缴费率又会反过来影响制度的可持续性，且高缴费率会导致参保者逃避缴费进而影响制度覆盖面。当选择完全积累时，覆盖面依托于制度的强制性或高效激励，而可持续性则依赖于基金的运营收益，运营收益又取决于经济发展速度和资本市场稳定程度，如果要同时实现充足性，则需要强制个人有相对较高的缴费，而强制性制度又不可能在不能保证收益的情况下强制个人进行高额的缴费，因而充足性的目标不可避免会受到挑战。

第二，保障养老金制度的覆盖面和充足性目标就不得不牺牲可持续性目标。当选择现收现付制时，由于人口老龄化导致的赡养率提高，且工作一代的缴费能力有限，在保障制度覆盖面时，如果想要同时实现充足性，就需要通过加大财政的补贴力度，但财政补贴同样具有有限性且在人口老龄化的影响下难以持续补贴，从而影响制度的可持续性。当选择完全积累时，覆盖面和充足性的同时满足需要提供相对较高的投资收益，且不能存在恶性通货膨胀，但由于经济发展速度限制，高收益无法得到长期保障，也就难以实现可持续目标。

第三，保障养老金制度的充足性和可持续性目标就不得不牺牲覆盖面目标。当选择现收现付制时，由于人口老龄化程度加深，制度赡养率会不断提高，而充足性和可持续的同时实现则需要相对较低的赡养率才能兼顾，这时就只能选择人口年龄结构相对稳定的群体才能实现，难以保障覆盖面广的目标。当选择完全积累模式时，充足性和可持续性的目标同时实现，则需要一方面个人有足够的缴费，另一方面资本市场可以提供长期高效的投资收益，即便这两者都能同时保证，由于不可能强制所有人都能有足够的缴费，就不得不牺牲全覆盖的目标。

总体而言，要实现养老金体系全覆盖、充足性和可持续三个目标的统一，选择现收现付或完全积累单一的养老金制度均面临着更大的风险，现收现付制受到人口老龄化的直接影响，而完全积累制则需要经济发展稳定、资本收益率大于工资增长率时才能保证其效率，这样，单一养老金制度会导致风险的增大。

三 养老金目标组合与权衡

对于整个养老金体系而言，覆盖面、充足性和可持续三个目标缺一不可，是实现老有所养的根本条件。以上分析表明，任何单一的养老金制度安排，都无法实现养老金体系覆盖面广、充足性好和可持续性强的三角目标。世界各国养老金制度改革的实践经验表明，建立多支柱的养老金体系，通过多种制度的组合是有效实现养老金体系三角目标的重要方向。

多支柱养老金体系通常包括政府主导的公共养老金制度以及单位、个人主导的私人养老金制度。政府主导的公共养老金制度是要通过收入再分配实现全体老年人的基本生活保障，往往具有强制性，政府承担兜底责任，其目标是全覆盖、保基本和可持续，难以兼顾充足性的目标；而单位、个人主导的私人养老金制度则是实现养老金体系充足性目标的关键环节。从近年来德国安联养老金指数和澳大利亚美世养老金指数排名来看，养老金体系排名靠前的国家无一不是通过多支柱的养老金制度组合实现养老金体系的三角功能。与此同时，仅仅依靠单一养老金制度的国家均被实践证明是不可行的。养老金体系仅仅依赖第一支柱的国家如希腊，近年来的财政危机与公共养老金入不敷出有很大的关系。曾经在20世纪80年代改革中只推行个人储蓄型养老金的智利，也遇到了问题，近年来不得不重建政府主导的第一支柱养老金。

第三节 多支柱养老金体系改革的理论基础

一 生命周期理论

作为消费行为的主流经济理论,生命周期假说是美国经济学家 F. 莫迪利安尼和 R. 布伦贝格（R. Brumberg）以及 A. 安东等人于1954年提出的,1986年,F. 莫迪利安尼进一步运用现代古典经济学关于理性预期的研究方法,从人的生命周期消费计划出发,对个人或家庭消费和储蓄行为进行系统分析,并提出了关于消费和储蓄的宏观经济理论,形成了生命周期理论的完整体系。

该理论认为,人们会根据一生的全部预期收入来安排相应时期的支出,每个人和家庭在任何时刻的消费和储蓄决策都能反映其生命周期阶段的理想消费分布,最终目标是实现消费效应的最大化。在理性人前提下,人们会根据其对预期寿命的判断来确定其一生的各个时段中的收入用于储蓄和消费的比例,从而将一生的收入做出最好的分配,使得最终的消费额度等于一生的收入,进而实现消费效用最大化。但是,由于人的一生中的消费和收入并不是同步的,在工作期,人们的收入通常会大于消费,产生正储蓄;在退休期,人们的消费则往往大于收入,产生负储蓄。因此,人们往往需要在工作期增加对养老的储蓄,进而平滑整个生命周期的消费,如图2-2所示。

根据生命周期理论,假设人的一生分为两段,第一个时期为参加工作到退休的工作期,第二个时期为退休到死亡之间的退休期。通常,在工作期,人们的劳动收入是大于消费的,人们在这一阶段将一部分收入用于消费,满足不同的消费需求,同时还有一部分剩余收入会用来储蓄供退休后消费;在退休期,人们的消费则是大于收入的,此时人们就开始消费工作期进行的退休储蓄,最终使得储蓄的财富在生命结束时消费完毕,在整个生命周期阶段,人们的消费水平处于一种平滑的状态。

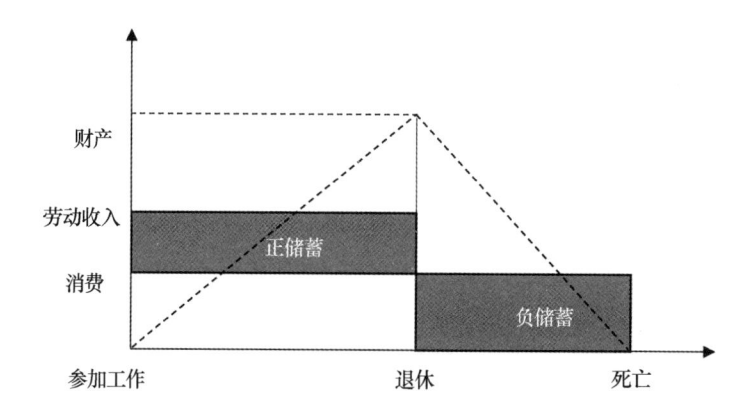

图 2-2　生命周期理论下收入、消费和储蓄之间的关系

生命周期理论对于分析一个国家的养老金政策和消费储蓄之间的关系有着重要的理论价值。首先，生命周期理论揭示的是人们追求生命周期内的收入和消费效用的最大化，在其生命周期内的所有收入和消费支出应当是平衡的，消费偏好是在一定的预期劳动收入的基础上选择的边际消费倾向，其目标是使得跨期消费实现平滑，进而满足不同生命周期阶段的需求。因此，预期收入对于劳动者的储蓄倾向具有重要影响：当一个人预期老年时可以领到特定的公共退休养老金并保障自己的消费水平保持在一定程度上时，其在工作期愿意用来进行退休储蓄的部分就会下降；反之，当一个人预期老年时领到的特定公共退休养老金难以保障自己的消费水平保持在一定程度上时，则会倾向于将更多的收入用于退休储蓄，从而为私人养老金制度的发展提供了基础理论支撑。

二　社会风险管理理论

（一）社会风险的管理架构

在信息不对称和政府与市场功能失灵或存在根本缺失的情况下，个人或家庭都会面临着诸多风险，而社会风险管理架构则可以为应对这些风险提供理论基础和基本原则。社会风险管理理论提出了三种应对自然风险或人为风险的策略,即预防风险、降低风险、克服风险,同时提出了三种应对风险的主要制度安排:非正规制度、市场制度和公共制度。社会风险管理理论指出,不同群体对于风险管理工具的需求存在一定差异,因此,要对不同群体进行有效区分。世界银行把对养老收入保障需求的主要人群分为终身贫困者、不太贫困的非正规部门劳动者和正规部门劳动者,这几类人群对于养老金具有不同的需求。社会风险管理理论应用于老龄化的风险管理有助于提升对老年人收入保障问题的思考。

养老金制度体系的设计不仅受到与年龄相关的残障、死亡和长寿等风险的影响,同时还会受到许多其他风险的影响。就养老金制度设计而言,非正规制度安排如家庭支持等提供的养老收入保障往往十分有限,尤其是对于贫困家庭而言,这种问题尤为重要,因此国家通过提供普遍的或选择性的社会养老金制度就变得尤为重要,社会养老金制度的产生则不仅包括依托政府力量建立的公共养老金制度,也包括依托市场建立的市场化的养老金制度。但任何正式的养老金制度也都会面临着诸如人口、经济和政治等方面的影响,无论是选择现收现付还是完全积累,这些风险的影响也都将存在。不同类别的养老金制度的成效与收益同期面临的风险是不确定的,在风险面前,养老金计划的稳健性也是不一样的,这些事实都倾向于建立一个多支柱的养老金结构,通过多支柱的组合,将储蓄放到不同的篮子里,从而实现基本的风险保障。

在社会风险管理架构的影响下,世界银行提出了三种应对老龄化多重风险的策略,一是基于家庭和社区支持的非正规制度仍然非常重要;二是建立一个普惠型的公共养老金制度安排;三是完善市场化的养老金制度。这样的策略安排主要是为了使得风险多元化,通过政府的有效监管和市场科学运转,依据不同群体的需求为其提供不同的风险管理工具,从而满足其多样化、多层次的需求。

(二)养老金多元化风险分散与提升效率的选择

在养老金制度中,多支柱的养老金体系正是由若干具有不同特征的要素构成,它们相互补充、相互促进,不仅可以实现风险分散,还能通过优化组合实现个人和社会收益的最大化。

具体而言,多支柱的养老金体系包括五个方面,一是非缴费型、由国家财政负担的、提供最低生活保障的零支柱,二是与工资收入相关联的、采用现收现付制度的缴费型第一支柱,三是单位主导的完全积累的第二支柱,四是个人自愿选择缴费和灵活支配的第三支柱,五是非正式的家庭或社区支持等。不同支柱相互组合应对不同类别的风险,零支柱应对贫困风险;第一支柱通过强制性现收现付制度安排可以防范个人短视的风险,但这会面临着老龄化的风险;第二、第三支柱则通过弥补其他支柱的僵化缺陷,解决个人退休的低收入的风险,但同时这种制度安排会面临着金融风险和财务风险。尽管不同制度均存在着相应的风险,且个人和每个国家的能力和风险偏好是不同的,但一种通过尽可能多的组合而形成的制度,可以通过分散风险来提供一个卓有成效和效率较高的退休制度安排。

三 福利多元主义理论

(一) 社会福利的路径抉择

从世界范围来看,任何一项社会福利或政策的产生和发展,无一不是在国家干预和自由市场之间进行选择,在不同的意识形态、政治体制、经济发展阶段以及社会结构变迁的背景下经历着复杂的转型。关于国家和市场在社会福利体系中所扮演的角色通常可以分为两种:一是以凯恩斯国家干预主义为代表的主张国家为主导,利用国家力量汇聚多样化的资源,承担社会福利的主要责任;二是以自由主义为代表的主张自由放任、尽力减少国家干预,个人应通过自身努力为获得自身福利而奋斗,国家不应通过牺牲一些人的利益满足其他人的福利需求。综观世界各国社会福利发展历程,对于国家与市场角色和责任的认知通常都在国家干预和自由市场之间徘徊,任何一种最终社会福利制度的选择都并非是对国家或市场的绝对排斥，而是在一定程度上体现了福利多元供给的思想。

（二）福利多元主义下的政府与市场角色

福利多元主义的概念最早是1978年英国《沃尔芬德志愿组织的未来报告》首先提出的，随后经过罗斯等人的研究不断确立和发展。这一理论主张福利是整个社会的产物，无论是国家、市场，还是家庭和志愿机构等都可以是福利的提供者，同时认为国家是最主要但并不唯一的福利生产者，不应该让国家承担完全的福利责任（陈赛权，2000）。这一理论主张多元化的社会福利来源，即在市场和国家等多主体的共同作用下实现福利的有效供给。

福利多元主义的代表人物之一罗斯认为，社会总福利就是政府、市场和家庭给社会提供的福利综合，用公式可以表示为：$TWS = HMS$。其中TWS指的是整个社会的总福利，H指的是由家庭内部实现福利供给，M指的是通过市场渠道获得的福利供给，S指的是由国家提供的福利。国家虽然是主要的福利供给者，但并不唯一，市场也提供福利，个人和家庭都要从市场购买福利；同时，从整个社会发展的历程来看，家庭也是非常重要的福利供给主体之一。此外，任何由国家、市场或家庭作为单一主体提供福利都难以完全满足个体需求，只有相互配合，相互补充，才能扬长避短，更好地发挥总体的效用。如国家为纠正"市场失灵"而提供社会福利，而国家垄断提供福利也会导致财政负担的加重从而招致批评；同时国家和市场参与提供社会福利是为了避免家庭福利的不足，同样家庭福利的供给又是为了弥补政府和市场的缺陷（彭华民、黄叶青，2006）。

（三）福利多元主义与养老金主体责任选择

总体来看，福利多元主义的供给主体主要是政府和市场，在不同的经济思想的影响下，政府和市场对于社会政策的影响具有天壤之别。

在自由主义思想的影响下，市场在福利供给方面承担主要责任，自由市场主义认为只有自由市场经济才是最有效的，市场调节比政府干预更有效,主张政府只承担"守夜人"角色,私人追求的福利可以带来整个社会的公共利益,主张减少国家对社会福利制度的干预。但自由主义带来经济效率提高的同时,无法对社会资源进行有效的分配,社会两极分化现象日趋严重。

在凯恩斯国家干预主义思想的影响下,政府在福利供给方面承担主要责任,国家干预主义认为,市场无法解决社会公正的问题,无法对社会资源进行合理且有效的分配,需要由政府介入,由此产生了福利国家制度,然而政府主导的福利国家制度也会面临一系列的挑战,如福利依赖日益加重,尤其是在老龄化社会加剧时导致的社会福利支出加大更导致福利危机日趋严重等。

由于国家干预主义和自由市场主义对国家或市场单一主体的过度重视,而忽视了二者之间的平衡,其各自指导下的社会福利政策均面临着一系列不可避免的挑战。其后,出现了福利多元主义,旨在通过国家和市场责任共担,提高社会福利供给的效率及其合理性。

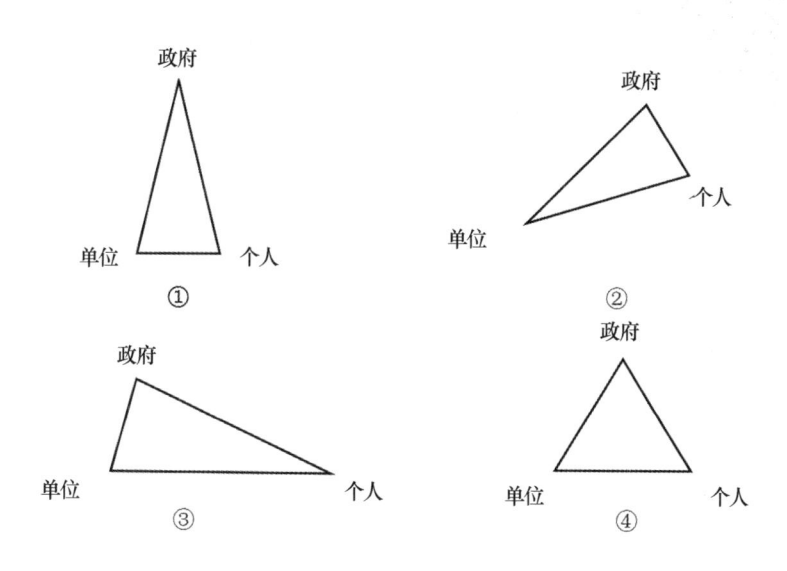

图 2-3 养老金主体责任选择

养老金制度作为社会福利制度的重要组成部分，在其制度建设和发展过程中也不可避免会涉及政府和市场责任的安排。在养老金制度建设过程中，市场责任可以细分为单位和个人，因此养老金制度也可以有不同的选择。

其一，政府主导型。如图2-3中①所示，政府根据养老金制度目标，主导养老金制度建设，可以提供高水平的国家养老金，也可以是保基本的养老金，如果提供高水平的养老金待遇，则毫无疑问会带来巨大的财政压力；如果提供保基本的养老金，则可能导致养老金待遇的充足性有限，因此单一政府主导可能会面临着相应的困境。

其二，单位主导型。如图2-3中②所示，单位主导型即是市场主导的重要表现之一，单位可以为雇员建立单位内部的现收现付制养老金，也可以建立完全积累型的养老金制度，但这种类型的养老金制度可能会将非正规就业者排除在外，同时还会面临着单位破产的风险。

其三，个人主导型。如图2-3中③所示，个人主导型即在政府政策支持下，由个人通过储蓄积累相应的养老金资产，通过市场化的机制进行投资运作，以实现养老金保值增值，从而到年老退休时领取相应的养老金待遇，这种方案的风险在于，一方面可能将贫困群体排除在外，另一方面面临着市场投资风险。

其四，责任共担型。如图2-3中④所示，无论是政府、单位还是个人单一主导的养老金制度都会面临着诸多的风险，福利多元主义主导的多元责任共担在养老金领域可以有着较好的应用，通过政府、单位和个人责任分担，建立不同类型的养老金制度组合，在这里政府、单位和个人责任并不一定要完全相等，可以通过两两组合或者三者共建的方式，根据不同经济和社会环境的差异，选择相应的养老金制度，通过多方责任共担来分散风险。

第四节 本章小结

养老金制度安排从本质上来说是应对和管理老龄化风险的一种方式，目标是为无力通过经济活动获取相应报酬的老年人口提供相应的收入保障。经过数百年的理论推演和实践探索，全世界总体上形成了具有代际赡养为特征的现收现付制养老金模式和自我积累为特征的基金积累制养老金模式，这两种模式在人口老龄化程度较低以及经济发展速度较快的情况下，均可以较好地化解老年人的收入风险。在经济社会快速发展以及人类社会不断进步的背景下，人类对于养老生活的需求也越来越高，通过养老金制度安排化解老年人收入风险的目标也呈现全覆盖、充足性和可持续的综合特征。但由于人口老龄化趋势自20世纪开始在世界范围内日趋严峻，加之经济发展的周期性特征等因素的共同存在，现收现付制和基金积累制均面临着各自的局限，影响着养老金制度目标的实现。在此基础上，一种通过现收现付和基金积累制组合，发挥政府、单位和个人共同责任的多支柱养老金体系改革开始受到广泛关注，成为世界范围内大多数国家养老金体系改革的主要方向。

第三章

经验驱动:全球养老金结构性改革与反思

作为一项老年人退休后经济保障的重要制度安排,现代意义的养老金制度可以追溯到 1889 年德国颁布的《老年、残障和遗属保险法》,随后被不同国家效仿并结合本国实际进行探索和创新。目前制度化的养老金体系已成为全球各经济体的共同选择,在老年人退休生活中发挥着越来越重要的作用。然而,自 20 世纪七八十年代欧美等发达国家进入老龄化社会以来,传统养老金制度模式遭遇了前所未有的挑战,这些国家开始探索养老金制度改革以实现制度的可持续发展。但由于涉及要素复杂、运作周期长,且关系到全体国民的利益,全球养老金制度改革并非一帆风顺,各国在改革中既积累了成功的经验,也产生了失败的教训。

第一节 全球养老金改革趋势——走出单一制度

一 养老金制度产生及其构成

(一)养老金制度产生及其理论思潮变化

在传统农业文明时代,家庭是实现生产、生活的主要单元,也是家庭成员年老生活保障的主要来源,劳动力是主要的资源,家庭会通过多生育来实现更高的生产目标,这也为传统的家庭养老提供了基础。随着工业文明的到来,生产方式开始走向多元化,生产与生活也逐步分离，传统的家庭养老功能因劳动力分流而面临挑战，同时，由于机器化大生产降低了劳动力需求，家庭生育开始下降，进一步弱化了家庭养老功能。为更好地解决老年人的养老问题，社会化的养老保险制度开始产生，通过制度化的安排，由政府或市场提供相应的养老保障待遇，即养老金制度。在养老金制度产生和发展过程中，国家干预主义和经济自由主义两大思潮对世界养老金制度改革和变迁产生了巨大影响，产生了公共养老金和私人养老金两种不同的养老金模式。

国家干预主义主张由政府直接干预经济生活，如：德国新历史学派主张国家肩负起公民福利保障职责（董克用、张栋，2017）；福利经济学主张通过再分配建立覆盖全民的养老金制度或者补贴低收入者以保证社会公平（刘昌平，2008）；瑞典学派则主张通过累进税的方式实现收入分配均等化（汤益诚，2009）；凯恩斯主义主张通过财政负担养老金等福利支出，进而提振消费需求，刺激经济增长（Gerard Strange，2014）。在国家干预主义思潮影响下，德国建立了世界上第一个由国家主导的公共养老金制度，并在随后的数十年间在世界范围内得到普及。然而，随着20世纪70年代世界经济出现滞胀，国家干预主义面临困境，新自由主义开始兴盛，主张缩减政府责任，减少公共养老金制度的责任，推动养老金制度私有化发展。但由于金融危机的出现，新自由主义影响下的私人养老金制度又遭遇前所未有的打击。

国家干预主义和经济自由主义两种思潮导致的养老金制度变革，本质上体现在政府和市场在养老金制度中的责任分担。但由于两种思潮始终没有达到调和，公共养老金和私人养老金非此即彼的争议也一直在延续，直到20世纪末第三条道路开始出现，主张政府和市场合作，公共养老金和私人养老金共同发展的多元化模式开始受到重视。

(二) 公私养老金制度分野及各自的目标

公共养老金制度和私人养老金制度的差异主要是基于政府和市

场责任的不同而进行的划分。其中公共养老金通常由政府主导，通过收入再分配为公民提供养老收入保障，而私人养老金通常由市场主导，通过年轻时的自我积累满足年老时的养老收入需求（Holzmann & Hinz, 2005）。公共养老金和私人养老金制度的主要目标和特征如表3-1所示。

表3-1　公共养老金和私人养老金各自的主要目标和特征

	公共养老金	私人养老金
强制与否	强制	强制或自愿
目标导向	公平导向	效率导向
主要特征	以政府为主导，筹资方式为现收现付，公共财政责任相对大，对投资需求相对较弱	以单位或个人为主导，筹资方式通常采取完全积累制，政府主要承担监管责任，对投资收益需求相对较强

资料来源：笔者自制。

二　公共养老金制度面临的危机

（一）人口老龄化对现收现付的公共养老金制度带来巨大冲击

进入工业化以后，随着经济社会的发展，人均预期寿命延长，不少发达国家先后进入人口老龄化社会。进入21世纪，人口老龄化已经成为世界性、全球性问题，并且这一趋势日渐明显。根据联合国《世界人口展望2019》数据，尽管不同收入水平的国家在进入人口老龄化的时间和程度存在不小的差异，但从长期来看，人口老龄化是全世界都将面临的重大问题，如图3-1所示。

人口老龄化的加深，意味着老年人口抚养比的增加，依靠养老金生活的人越来越多，而参与生产和工作的人口越来越少。在此影响下，处于养老金体系主导地位的公共养老金制度面临巨大挑战，因为世界上绝大多数的公共养老金制度都采取的是现收现付的方式，需要依靠大量年轻人缴费供养年老人口。如果要保持老龄化背

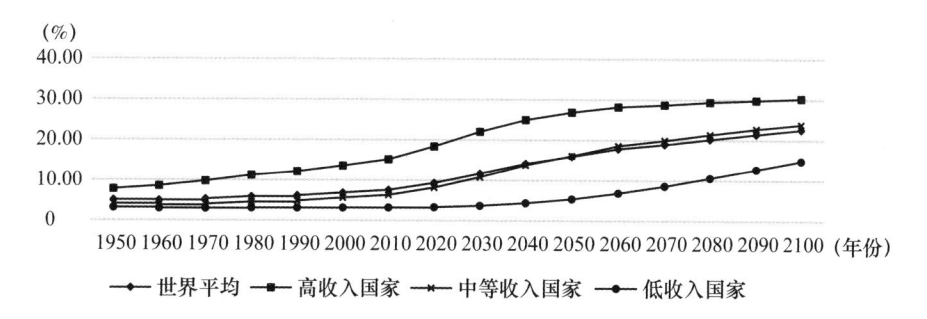

图 3-1 世界人口老龄化变化趋势（65 岁以上老年人口占总人口的比重）

资料来源：根据联合国《世界人口展望 2019》预测数据计算。

景下的公共养老金制度的可持续发展，就不得不增加年轻人缴费或降低退休人员待遇，然而由于养老金制度的福利刚性等因素的考虑，养老金待遇下降的空间不大，而在持续老龄化背景下，提高养老金缴费的空间也十分有限，因此最终的压力会不断转移到财政负担上，最终可能会冲击养老金体系的稳定性。

（二）公共资源的稀缺性导致公共养老金面临财政危机

在人口老龄化程度不断加深的情况下，公共养老金支出占 GDP 的比重也呈现快速上升的趋势。以美国为例，1997 年美国公共养老金支出占 GDP 的比重大约为 9%，据预测，这一比重将于 2050 年达到 20% 左右（孟庆平，2008），这一情况也将是全世界共同面临的问题。政府作为公共养老金的兜底者，当公共养老金制度出现收支不平衡的情况时，政府则需要通过财政支出对其进行补贴，而补贴的费用主要来源于对其他项目增加税收来实现，但税收作为公共资源的重要组成部分具有严重的稀缺性，对公共养老金制度的过度补贴在很大程度上可能导致财政赤字的出现，从而影响经济社会的良性运行。

三 由单一支柱走向多支柱体系

在全球人口老龄化加速以及经济增速放缓的背景下，不少国家尤其是发达国家在原有制度框架基础上进行了一系列的参量改革，如延迟退休年龄、提高缴费率、降低公共养老金替代率、提高缴费年限等。此外，由于养老金制度赡养比不断提高，公共养老金制度收支不平衡压力日益突出，财政负担不断加重，各国政府开始探索推动市场主导的私人养老金制度发展。但由于市场失灵问题的存在，私人养老金制度也面临着一系列风险。在此背景下，不少国际组织发现过度依赖单一公共养老金或私人养老金都难以实现制度的长期可持续发展，于是相继提出了多元化、多支柱养老金体系共同发展的新的改革思路。

（一）世界银行三支柱养老金体系

1994年世界银行发布了《防止老龄化危机：保护老年人及促进增长的政策》的研究报告，首次提出了养老金体系改革的三支柱模式，旨在将养老金制度的再分配功能和储蓄功能相分离，通过构建一个强制性和非强制性相结合，既有现收现付也有完全积累的养老金体系，来避免单一养老金制度带来的风险，如表3-2所示。

表3-2 世界银行三支柱养老金体系模式

	第一支柱	第二支柱	第三支柱
类别	公共养老金	职业养老金	个人养老金
性质	强制性	强制性	自愿性
目标	最基本的生活保障	提高保障待遇	提供更高水平待遇
运作方式	现收现付制	完全积累	完全积累
责任主体	政府	单位和个人	个人

资料来源：根据世界银行官方网站相关资料整理。

（二）经济合作与发展组织多层次养老金体系

经济合作与发展组织（OECD）认为一个合理的退休收入保障体系必须是分散化的，通过汇集广泛的退休收入保障资源，才能有效防范老年人退休收入保障的风险。OECD提出的多层次养老金体系指出，退休者应该在该体系下预期得到三种养老金来源，一是现收现付的养老金收入，二是强制性的完全积累的养老金收入，三是自愿积累的养老金收入，通过三种不同的养老金来源来平衡代际负担，可以有效分散风险，并且使得个人退休收入保障更具有弹性，如图3-2所示。

```
                        养老金制度
        ┌───────────────────┼───────────────────┐
    第一层次：           第二层次：            第三层次：
    强制性；适当性      强制或准强制；储蓄    自愿；储蓄
        │              ┌────┴────┐               │
     基础养老金       公共养老金  私人养老金      私人养老金
        │              │          │               │
   家计调查/社会救助   待遇确定   待遇确定        待遇确定
        │              │          │               │
     最低养老金       养老积点   缴费确定        缴费确定
                       │
                     名义账户
```

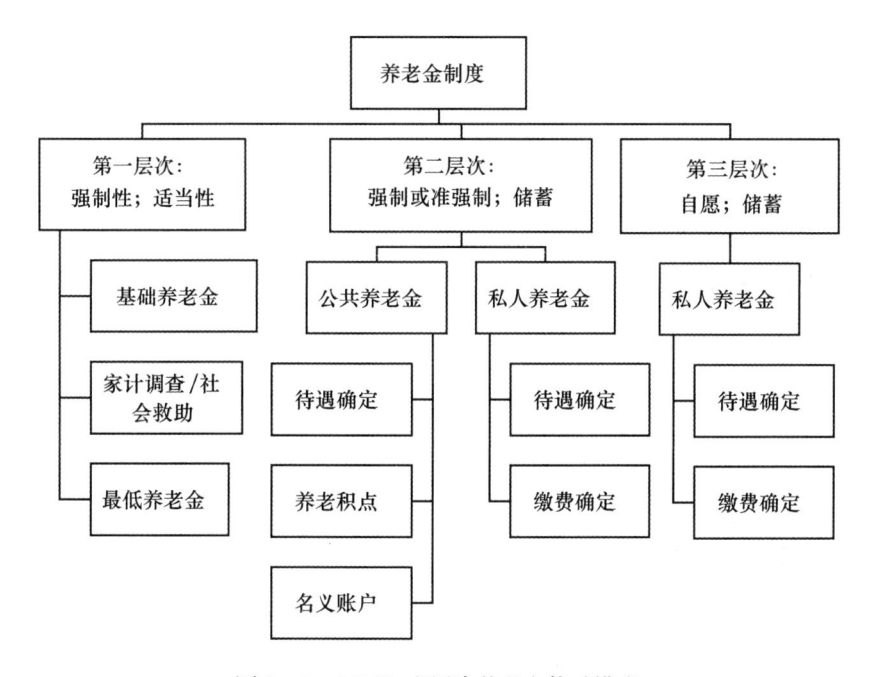

图3-2　OECD多层次养老金体系模式

资料来源：根据OECD《养老金概览2019》整理。

（三）国际劳工组织的四层次养老金体系

国际劳工组织是最早关注老年问题的国际组织之一，该组织指出，一个可持续发展的养老金制度，必须同本国政治、经济、人口和社会等相适应，主张各国根据实际情况发展多层次的养老金体系，以维持养老金体系的弹性结构。国际劳工组织非常重视养老金制度在防止和减轻老年贫困方面的作用，为实现这一目标，该组织提出了四层次的养老保障模式，如表3-3所示。

表 3-3　　　　　国际劳工组织四层次养老金体系模式

	第一层次	第二层次	第三层次	第四层次
类别	公共养老金（家计调查）	公共养老金	职业养老金	个人养老金
性质	强制性	强制性	强制性	自愿性
目标	最低生活保障	再分配、收入替代	储蓄	储蓄
运作方式	现收现付	现收现付	完全积累	完全积累
责任主体	国家	国家	单位	个人

资料来源：根据国际劳工组织网站资料整理。

（四）国际货币基金组织（IMF）三级养老金体系

国际货币基金组织（IMF）指出，所有的养老金体系必须满足三个目标：一是防止老年贫困，二是平滑收入和消费，三是防范长寿风险。为实现这几个目标，IMF 提出了三级养老金体系模式，如表 3-4 所示。

表 3-4　　　　　国际货币基金组织三级养老金体系模式

	第一级	第二级	第三级
类别	公共养老金	政府/企业年金	私人养老金
性质	强制性	强制性/自愿性	自愿性
目标	最低养老保障	平滑收入	储蓄
运作方式	税收	现收现付/完全积累	完全积累
责任主体	政府	政府/企业	个人

资料来源：根据国际货币基金组织网站相关资料整理。

总体来看，为实现一个公平与效率兼顾的养老金体系，发达国家通常会在不同主体责任共担的理念指导下，构建多支柱养老金体系，尽管各国对多支柱养老金体系界定有所差异，但本质上都可以分为三个支柱：第一支柱为政府主导的公共养老金制度，第二支柱为雇主主导的职业养老金，第三支柱为个人主导的个人养老金。其中，第二和第三支柱多为积累型养老金，且多以个人账户的形式存在，所以也称为私人养老金。

第二节 养老金改革国际教训
——过度公共化和过度市场化

一 希腊养老金改革——单一公共养老金制度面临巨大财务风险

在2008年欧债危机爆发之前，希腊是欧洲高福利国家的典型代表，在养老金领域表现为领取的养老金待遇高、领取条件低等，其背后体现的是政府公共责任的支撑。希腊养老金制度的改革和发展经历了四个主要阶段：

第一阶段（20世纪30年代以前）：养老金制度初建期。1861年希腊建立退伍军人基金，为退休海员、退伍军人提供养老保障，同年又将公务员纳入；1882年将覆盖群体拓展到了矿工；1922年，覆盖所有工人的强制性养老金制度开始建立，单位和雇员等额缴费；1925年自由职业者被纳入养老金体系。这一阶段，希腊养老金制度改革主要体现为扩大覆盖面。

第二阶段（20世纪30年代至80年代）：养老金制度变革期。1934年希腊正式通过了覆盖私人部门全部雇员的养老金体系IKA，由政府、单位和雇员共同缴费，建立之初的IKA覆盖范围极其有限，农民和自由职业者都没有被纳入。"二战"期间，希腊养老金体系受到极大破坏，"二战"后，人民生活水平出现极大下降，需要加强社会保障制度建设以增强国民信心。于是，1952年希腊将IKA的覆盖面扩大到所有经济部门，并覆盖农民（财政全额补贴，个人无须缴费）和自由职业者等。20世纪六七十年代，在希腊军事独裁政府主政期间养老金体系几乎瓦解，军事独裁失败后，加上石油危机的影响，希腊将希望寄托在养老金市场化改革，并于70年代开始建立一系列私人补充性养老金，并降低政府缴费，更多依赖于私人市场，但由于希腊政府对养老金基金的利用效率低下，养老金投资回报率低，最终这一短暂的改革夭折。

第三阶段（20世纪80年代至2008年国际金融危机）：养老金制度稳定期。到80年代，泛希腊社会主义运动党开始执政，与同时期的欧洲国家市场化的养老金体系改革相反，希腊的政策导向是大力发挥政府责任，以公共养老金制度为主导，开始建立全面的高水平的养老金制度。在泛希腊社会主义运动党执政的10年期间，希腊债务率从20%上升到了80%，其重要原因是福利开支的大幅度增加。到90年代，自由保守主义的新民主党和社会民主主义的泛希腊社会主义运动党开始轮流执政，在1990—1993年新民主党执政的几年间，希腊养老金改革的重点是开始强调个人的责任，对于个人缴费及领取养老金条件等进行了严格限制，但由于新民主党在接下来的大选中失败，加之工会等利益集团的阻挠，新民主党针对养老金制度的一些改革没有得到彻底执行。1994—2004年泛希腊社会主义运动党重新取得政权，继续强调政府在构建福利体系中的作用。由于希腊极度慷慨的公共养老金制度给国家税收带来巨大压力，最终导致希腊债务水平高涨，财政破产。

第四阶段（2008年国际金融危机至今）：养老金制度再改革时期。在财政压力不断加重的背景下，希腊也一直在尝试缩减养老金的改革，但由于国民对高福利的依赖难以扭转，改革迟迟不能落地。直到债务危机的爆发，希腊政府不得不使财政透明化，为获得欧盟援助，希腊再一次启动了养老金制度改革，主要体现在提高退休年龄、建立自愿的养老金体系等。

从希腊整个养老金体系的发展进程来看，其较早建立了覆盖面广泛的养老金制度体系，但因长期在社会党政府的执政下，其完全拒绝自由主义思想的影响，坚持用社会主义的旗号建立福利国家的政策禁止私人部门发展，在此基础上建立了高水平的公共养老金制度体系,尽管在 20 世纪初期开始探索了第二支柱企业年金制度,但在公共养老金体系的高待遇水平下,第二支柱发展缓慢,养老金制度基本完全依赖于第一支柱,给政府财政带来了巨大压力。

二 智利养老金改革——完全私有化的养老金制度独木难支

19 世纪末,智利为当时的军人和公职人员建立了养老保险制度,成为拉丁美洲最早建立社会保险制度的国家之一。1918 年智利将其养老保险制度的覆盖范围由公职人员扩大到了铁路工人。在德国的影响下,1924 年智利建立了当时流行的社会保险模式,即现收现付制的养老保险制度,以政府为主导,通过税收的方式筹集资金,并由政府统一管理养老金基金,参保者达到退休年龄之后政府统一发放养老金。1952 年,在欧洲国家养老保险制度的影响下,智利依据身份和职业差异,在全社会范围内建立起现收现付制的养老保险制度,政府向单位和雇员征收社会保险税,社保基金由政府统一管理,当资金出现收支不平衡时不足部分由财政补贴。当时智利养老金制度的一个重要问题就是,针对身份和职业差异建立的不同养老金计划造成缴费和待遇均存在很大差异,产生了巨大的不公。更重要的是,随着人口老龄化程度的不断加剧,参保者缴费和财政负担均不断加重,养老金出现了日益严重的缺口。在 20 世纪 70 年代世界经济衰退过程中,财政赤字导致拉美国家出现债务危机,造成失业率居高不下,进而导致养老金缴费人数急剧减少,进一步恶化了养老金收支矛盾。

在此背景下,智利于 1981 年对养老金制度进行了彻底的改革,其核心要点是完全抛弃了现收现付的旧制度,采取完全积累制。根据这一制度,参保者拥有具有唯一性的独立个人账户,这一账户交由养老金管理公司(AFPs)管理,政府设立养老基金监管局(SAFP)对其进行监管。具体而言,在缴费环节,新制度规定单位无须缴费,完全由雇员承担,雇员以工资的 10% 缴纳养老保险费,全部进入个人账户,需要说明的是,新制度建立之初,政府要求单位将雇员工资提高 18%，作为对雇员的补偿；在养老金管理环节，智利建立了多家养老金管理公司（AFPs），参保者可以选择不同的 AFPs，个人每年有 4 次机会选择不同的 AFPs。在给付环节，个人可选择用积累的资金购买年金产品，也可按计划分期领取，余额可以继承，领取完毕后可领取最低养老金。在整个新制度下，政府的作用主要体现在两个方面，一是对 AFPs 的运作进行监管，并规定 AFPs 的收益必须达到一定标准，如不能达到则必须用 AFPs 的准备金进行补偿，如准备金不足以补偿，AFPs 将被迫破产，政府则需保证参保者的应得收益；二是政府为养老金积累不足的群体补足差额，以保证参保者获得最低养老金。

伴随着经济的高速发展，智利在 1981 年改革实行的以完全积累为基础的养老金制度取得较好的投资回报且运行效率较高，大大缓解了智利国内的贫困状况，这一制度模式不仅受到世界银行的极力推崇，更被不少国家效仿。然而，随着经济和社会环境的变化，智利完全积累的养老金制度在数十年的运作过程中也逐渐暴露出一系列弊端，主要体现在以下两个方面：一是养老金制度覆盖面不断降低，由于 1981 年智利养老金改革制度设计主要面向的是正规就业者，而大量的自雇者以及收入低下的群体难以通过个人缴费进入个人账户的覆盖范围。二是完全积累的养老金制度严重依赖于养老基金的投资收益，投资收益则受制于整个经济环境的影响，在 2008 年全球经济危机的影响下，智利养老金收益率遭受重创，为智利进一步反思完全私人化的养老金制度的风险带来了直接影响。

在单一私人养老金体系的弊端和风险不断显现的背景下，智利政府在 21 世纪初就开始进行养老金改革方案的探讨，最终于 2008 年正式通过新的养老金改革法案。新的法案将养老金体系建立在三个支柱的整体架构上，主要体现在以下几个方面：

第一，新增第一支柱"团结养老金"制度（SPS）。该制度一方面旨在为没有养老金收入的个人提供"基础团结养老金"，同时为拥有个人账户养老金但待遇低于 532 美元的参保者提供一定的补偿。该制度要求从 2012 年开始强制实施自雇人员参保，在家工作者和家庭主妇可自愿参保，将其纳入公共养老金体系。第二，拓宽原有完全积累个人账户覆盖面作为第二支柱，原有的个人账户养老金主要覆盖正规就业者，改革法案计划用 5 年左右的时间将自雇者和其他非正式工作的工人纳入制度中，并激励其进行缴费，同时建议单位缴纳一部分养老保险税。第三，建立基于税收优惠的第三支柱个人养老金制度。

总体来看，智利养老金制度的变革经历了公共养老金为主导—完全的私人养老金—多支柱养老金。政府责任的重新回归在很大程度上表明，完全的私人养老金制度的可持续发展必须严重依赖于一定的经济和社会条件，单一的完全积累制在长期发展过程中面临着诸多的风险，政府、单位和个人责任共担才是养老金体系发展的必由之路。

第三节 养老金改革反思
——重视政府与市场责任分担

一 政府与市场责任分担是养老金体系改革的核心

首先，合理划分政府和市场的职责边界是完善养老金制度体系的核心问题。政府的功能在于建立系统完善的养老金体系并进行有效监管，同时为全体国民提供基本的生活保障，消除老年贫困；市场的功能则是通过调动市场主体和个人责任进行养老金积累，同时通过市场化运作提高养老金基金的运作效率。在养老金制度体系实际运作过程中，政府和市场是相辅相成的，政府通过税收优惠等制度设计为市场化的私人养老金制度提供制度支持和监管，市场则通过市场化运作提高公共养老金的运行效率。

其次，任何单一的养老金体系都难以应对人口、经济和社会带来的多方面挑战。作为一项具有公共福利性质的制度安排，养老金体系建设的目标不仅要覆盖全民，还需要提供长期可持续的、充足的待遇保障。然而，公共养老金和私人养老金任何单一制度安排均会面临风险：在人口老龄化程度不断加深的背景下，单一的公共养老金制度会面临收支不平衡的挑战进而影响养老金待遇的充足性和可持续性；同时，金融市场的风险以及积累金额的不确定性又会导致单一私人养老金制度待遇水平的不足。因此，必须通过政府和市场责任的分担，发挥不同主体作用，通过多元制度设计来分散风险（Holzmann et al.，2010）。

二 私人养老金制度是养老金体系的重要支柱

（一）私人养老金制度在国际上呈现快速发展的态势

第一，私人养老金资产占 GDP 的比例不断提高。根据 OECD 统计数据，2009 年 OECD 国家私人养老金资产占 GDP 的平均值为 60.10%，到 2019 年 OECD 国家私人养老金资产占 GDP 的平均值增加到了 91.50%，同时，私人养老金资产超过 GDP 的经合组织国家从 2009 年年底的 6 个增加到 2019 年年底的 8 个。中国的私人养老金资产占 GDP 的比重也由 2009 年的 0.72% 上升到了 2019 年的 1.88%，见表 3-5。

表 3-5　OECD 国家和中国 2009 年、2019 年私人养老金资产占 GDP 的比重变化情况　　单位：%

国家	年份		国家	年份	
	2009	2019		2009	2019
丹麦	159.39	219.72	墨西哥	12.56	18.53
荷兰	108.80	194.40	爱沙尼亚	4.67	16.44
冰岛	118.63	178.21	西班牙	12.06	13.99
加拿大	114.47	159.53	拉脱维亚	1.44	12.66
美国	112.08	150.31	斯洛伐克	2.35	11.16
澳大利亚	84.84	137.51	挪威	7.21	10.88
瑞士	126.81	126.57	意大利	4.74	10.88

续表

国家	年份 2009	年份 2019	国家	年份 2009	年份 2019
英国	72.65	123.20	法国	7.98	10.57
瑞典	51.57	99.89	捷克	5.46	8.83
智利	61.83	80.82	波兰	13.32	7.98
以色列	43.80	63.85	德国	5.33	7.50
芬兰	50.25	59.52	斯洛文尼亚	4.94	7.30
爱尔兰	—	38.18	奥地利	4.88	6.09
比利时	24.07	35.21	匈牙利	12.90	5.35
新西兰	11.61	31.09	土耳其	0.90	2.93
日本	29.52	28.61	卢森堡	2.28	2.83
韩国	8.47	28.16	希腊	0.02	0.83
葡萄牙	13.33	20.68	中国	0.72	1.88

资料来源：根据OECD全球养老金统计数据整理。

第二，私人养老金对退休人员的收入贡献不断提升。在34个OECD国家中，目前大多数建立了强制性或自愿性的私人养老金制度，并且私人养老金制度在退休人员的退休待遇中作出了重要贡献。根据OECD统计数据，不少国家，如智利、澳大利亚等国私人养老金对退休人员的收入贡献已经超过了公共养老金，详情见表3-6。目前国际上有两个著名指数对各国养老金体系进行的评价结果值得我们关注。一是国际知名咨询公司美世推出的墨尔本美世全球养老金指数[①]（Melbourne Mercer Global Pension Index），对全球前27大经济体的养老金体系进行了排名，该指数包含了养老金充足性、可持续性和制度环境三个维度，在2022年的排名中，前三名分别为冰岛、荷兰、丹麦。二是德国安联公司的"养老金可持

---

① Mercer, *Melbourne Mercer Global Pension Index*, Australian Centre for Financial Studies, Melbourne, 2020.

续指数"① 对全球前 54 大经济体进行了排名。该指数包含了人口结构、养老金制度、养老与公共财政占比三个维度,在 2022 年排名中,前三名分别为瑞典、比利时、丹麦。总体来看,在这两个指数中,排名靠前的国家大都具有非常发达的私人养老金制度,在一定程度上反映出私人养老金制度的重要作用。

表 3-6　部分 OECD 国家养老金毛替代率结构情况(2019 年)　　单位:%

	公共养老金替代率	私人养老金替代率	总替代率	私人养老金占比
智利	0.00	31.07	31.07	100.00
澳大利亚	0.00	30.90	30.90	100.00
冰岛	3.11	63.00	66.11	95.30
墨西哥	3.15	39.86	43.01	92.68
以色列	18.04	47.45	65.49	72.45
丹麦	23.70	50.70	74.40	68.15
荷兰	28.97	41.98	70.95	59.17
爱沙尼亚	19.42	27.64	47.06	58.73
英国	21.73	29.12	50.85	57.27
爱尔兰	27.05	35.81	62.86	56.97
瑞士	21.40	21.02	42.42	49.55
美国	39.43	30.89	70.32	43.93
加拿大	39.03	25.11	64.14	39.15
新西兰	39.66	17.77	57.43	30.94
德国	38.66	13.54	52.20	25.94
比利时	46.75	14.24	60.99	23.35
瑞典	41.63	12.46	54.09	23.04
挪威	39.57	5.87	45.44	12.92
OECD 国家平均	39.55	15.62	55.17	28.30

注:毛替代率为没有经过税收调整的养老金收入/退休前的收入。

资料来源:根据 OECD《养老金概览 2019》整理。

---

① Allianz, *Retirement Income Adequacy Indicator*, Allianz International Pension Papers, 2016.

第三,私人养老金制度覆盖的人群广泛。总体来看,在34个OECD国家中,有19个国家的私人养老金制度的一种或几种类别覆盖面超过了50%,一些国家甚至超过了80%,如表3-7所示,这在很大程度上表明私人养老金制度在OECD国家养老金体系中的重要地位。

表3-7　　部分OECD国家私人养老金制度覆盖情况　　单位:%

国家	类别			
	强制/准强制性	自愿性		
		职业养老金	个人养老金	合计
澳大利亚	75.2	×	—	
奥地利	×	14.4	22.2	—
比利时	×	50.6		
加拿大	×	26.4	24.9	
智利	86.7		—	
捷克	×	×	64.1	64.1
丹麦	ATP:85.2 QMO:63.4	×	18.0	18.0
爱沙尼亚	85.8	×	11.2	11.2
芬兰	93.0	7.0	18.0	25.0
法国	×	25.2	7.8	—
德国	×	57.0	33.8	70.4
希腊	×	<5	—	
匈牙利	×	—	18.7	
冰岛	87.7	×	45.2	45.2
爱尔兰	×	38.3	12.6	46.7
以色列	78.2	—		
意大利	×	10.1	12.3	20.6
日本	—	50.5	14.7	54.3
韩国	16.9	×		
拉脱维亚	~100	1.0	19.0	
立陶宛	×	×	75.5	75.5

续表

国家	类别			
	强制/准强制性	自愿性		
		职业养老金	个人养老金	合计
卢森堡	×	4.9	—	—
墨西哥	65.4	1.9	—	—
荷兰	88.0	×	28.3	28.3
新西兰	×	6.8	—	—
挪威	57.9	—	23.1	—
波兰	×	1.8	66.4	—
葡萄牙	×	3.8	17.2	17.2
斯洛伐克	×	×	39.7	39.7
斯洛文尼亚	×	—	—	40.1
西班牙	×	—	—	26.1
瑞典	PPS：~100 QMO：~90	×	24.2	24.2
瑞士	73.6	×	—	—
土耳其	1.5	—	12.5	—
美国	×	43.6	19.3	—

注："×"表示该项不适用,"—"表示该项数据缺失,ATP（Labor Market Supplementary Pension Fund）指的是劳动力市场私人养老金基金,QMO（Quasi-Mandatory Occupational）指的是准强制性职业养老金,PPS（Premium Pension System）指的是高端养老保险制度,表中的比重指的是参加私人养老金制度的人数占工作年龄人口（15—64岁）的比重。

资料来源：根据OECD《养老金概览2019》整理。

(二) 私人养老金制度对于均衡的养老金体系发展意义重大

第一,私人养老金制度可以降低公共养老金制度压力,提高养老金体系的可持续性。在世界人口老龄化状况不断加深的背景下,单一的以现收现付为筹资方式的公共养老金制度都面临着严峻的挑战,在此情况下,世界养老金制度经历了"现收现付—基金积累—多支柱"的制度变迁,事实证明,通过现收现付制的公共养老金制度和完全积累制的私人养老金制度的有机组合，可以增加整个养老金体系应对人口老龄化等诸多挑战的砝码。

第二，私人养老金制度可以有效提高老年群体收入水平，提升老年生活质量。养老金体系的目标之一是为老年人提供充足的养老金待遇水平，以保障其实现体面的养老。但现收现付制的公共养老金制度以政府为主导，财政担负着兜底责任，目标仅限于保基本，在政府有限的财力基础上，难以通过持续提高待遇水平来满足老年人多元化的需求。因此，需要充分发挥单位和个人的作用，通过私人养老金制度提供补充保障，增加参与主体并提高养老金运作效率，从而提高老年人养老保障待遇水平。

第四节　本章小结

从世界范围来看，养老金体系建设的目标是在实现广泛覆盖的基础上，致力于为全体国民提供水平充足、可持续的退休生活保障待遇。但各国的实践经验表明，无论政府还是市场主导的单一养老金制度都会带来巨大的不可持续风险，难以实现养老金体系的目标，需要在划分政府和市场在养老金体系中的职责边界的基础上，厘清公共和私人养老金的制度定位，即要重构与市场经济相适应的养老金体系，许多国际组织经过研究纷纷提出了建立多支柱养老金体系的改革方案，其核心就是通过政府、单位和个人责任分担实现责任共担，运用多元化的弹性结构分散养老风险。

公众的养老金需求随着经济社会的发展不断增加，与此同时，在人口老龄化的影响下养老金支付又存在缺口风险。为了更好地化解矛盾和应对挑战，提高养老金体系的可持续性和效率，建立多支柱的养老金制度体系逐渐被越来越多的国家认可并得以实践。国际发展趋势是要均衡发展多支柱养老金体系，通过公共养老金和私人养老金不同功能的组合，为养老金体系的长期可持续发展作出重要贡献。

总体来看，发达国家的实践经验表明政府与市场责任分担是养老金体系改革的核心，私人养老金制度作为养老金体系的重要支柱，对于完善养老金体系具有重要作用，对于中国养老金体系的改革和完善具有积极的借鉴意义。

第 四 章

现实驱动:中国养老金体系现状与挑战评估

改革开放以来,随着经济社会的不断发展,中国养老金体系有了快速发展,在覆盖面和保障水平等方面均取得了显著成就,但从长期来看,依然面临着一系列挑战。正确认识中国养老金体系的发展进程,探讨制度变迁过程中受历史及其他因素影响形成的困境与矛盾,是完善中国养老金体系的重要内容。

第一节 中国养老金体系结构框架与发展现状

一 中国养老金体系现行结构框架

养老金体系包括三个支柱,第一支柱是国家主导的公共养老金制度,包括城镇企业职工基本养老保险制度、机关事业单位基本养老保险制度和城乡居民基本养老保险制度三大主要类别;第二支柱是单位主导的职业养老金制度,包括企业年金和职业年金;第三支柱为个人主导的个人养老金制度,主要是个人税收递延型商业养老保险,如图4-1所示。

就第一支柱公共养老金制度而言,目前三大类型的基本养老保险制度均采取的是社会统筹与个人账户相结合的制度模式,城镇企业职工基本养老保险和机关事业单位基本养老保险筹资由单位和个人缴费构成,城乡居民基本养老保险筹资则由财政补贴和个人缴费

```
中国现行养老金体系
├─ 第一支柱（公共养老金）
│   ├─ 城镇企业职工基本养老保险
│   ├─ 机关事业单位基本养老保险
│   └─ 城乡居民基本养老保险
├─ 第二支柱（职业养老金）
│   ├─ 企业年金
│   └─ 职业年金
└─ 第三支柱（个人养老金）
    └─ 个人税收递延型商业养老保险
```

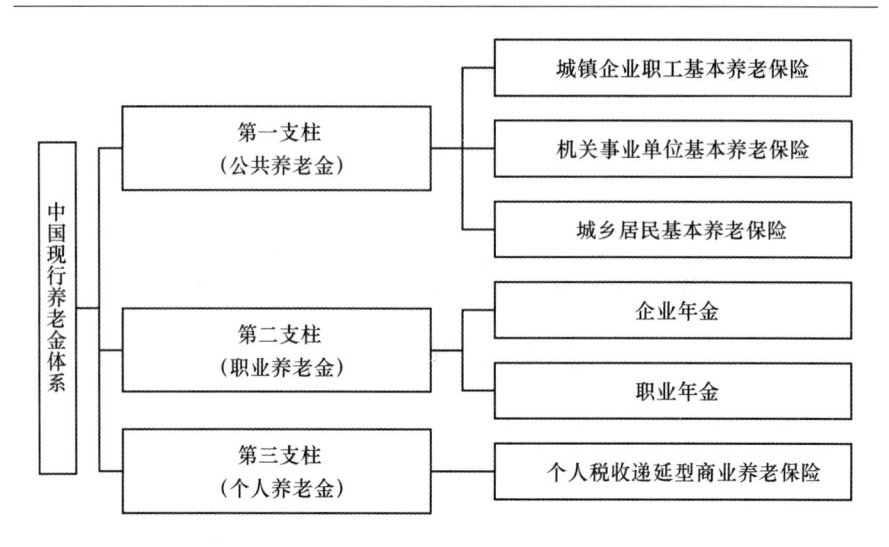

图 4-1　中国现行养老金体系构成

构成。制度的基本构想是社会统筹的基础养老金部分实施现收现付制，即劳动者缴费支付退休者养老金待遇，实现代际转移支付和收入再分配；个人账户部分则实施基金积累制，意在激励个人责任的发挥并减轻人口老龄化高峰带来的养老金危机。同时城镇企业职工基本养老保险和机关事业单位基本养老保险制度都是通过相关的政策和法律法规强制实施，具有法律约束力，城乡居民基本养老保险则由政府鼓励和引导，并通过财政补贴激励居民积极参保。

第二支柱的职业养老金则是与职业相关的养老金制度安排，通常是以雇主为主导，由单位发起，采用强制或自愿的方式建立。目前中国第二层次的职业养老金包括面向城镇企业职工的企业年金和面向机关事业单位职工的职业年金。其中，企业年金制度于 1991 年在《国务院关于企业职工养老保险制度改革的决定》中首次提出，并于 2004 年在正式发布的《企业年金试行办法》开始实施，是在国家政策指导下，企业根据自身建设情况自愿选择为本企业职工建立的一种补充性养老金制度，由雇主和个人双方共同缴费，采取完全积累的方式，通过个人账户的方式进行管理。职业年金则是面向机关事业单位职工的私人养老金计划，是作为机关事业单位退休制度并轨后，弥补其公共养老金待遇下降的手段,具有强制性,同样由单位和个人共同缴费,采取完全积累的方式,通过个人账户的方式进行管理。

第三支柱个人养老金制度也是中国现行养老金体系的一种补充形式,遵循个人自愿的原则,自行选择经办机构购买的个人储蓄型养老保险产品,个人储蓄型养老保险也往往采取积累制通过个人账户进行投资管理。此外,个人储蓄型养老保险制度通常都会通过税收优惠等政策措施加以扶持和引导。

三个支柱的养老金体系的基本特征见表4-1。

表4-1 中国养老金体系构成及各自特征

层次	类别	参保对象	参与方式	账户形式
第一支柱	城镇企业职工基本养老保险	城镇企业职工	强制	社会统筹+个人账户
第一支柱	机关事业单位基本养老保险	机关事业单位职工	强制	社会统筹+个人账户
第一支柱	城乡居民基本养老保险	城乡居民	政府鼓励	社会统筹+个人账户
第二支柱	企业年金	城镇企业职工	自愿	个人账户
第二支柱	职业年金	机关事业单位职工	强制	个人账户
第三支柱	个人养老金	全体国民	自愿	个人账户

二 第一支柱公共养老金制度发展状况

2009年以前,中国的社会养老保险制度只覆盖城镇职工群体,截至2008年年底,2.19亿中国人有基本养老保险;2009年新型农村养老保险制度开始试点并全面推开,2011年城镇居民基本养老保险制度开始建立,养老保险基本上实现了制度上的全覆盖,随后中国的养老保险人群覆盖面也迅速扩大。

根据2020年人力资源和社会保障事业发展统计公报数据,截至2020年年底,中国的基本养老保险参保人数已超过9.99亿人(见图4-2)。其中,参加城镇职工基本养老保险人数为45621万人,参保职工32859万人,参保离退休人员12762万人,全年城镇职工基本养老保险基金总收入44376亿元，总支出51301亿元，年末城镇职工基本养老保险基金累积结存48217亿元。城乡居民基本养老保险参保人数54244万人，实际领取待遇人数16068万人。全年城乡居民基本养老保险基金收入4853亿元，支出3355亿元，累计结存9759亿元。

图4-2 中国养老保险参保人数

资料来源：历年人社部统计公报。

三 第二支柱职业养老金制度发展状况

中国的职业养老金体系包含了企业年金和职业年金两个部分，其前提条件均是参加基本养老保险制度。其中，企业年金制度的对象是企业职工，采取的是自主建立的方式，目标是为企业职工提供一定程度的退休生活保障，提高其退休生活水平。职业年金制度面向机关事业单位工作人员，采取的是旨在提高退休生活保障水平的、强制参加的方式。①

（一）中国企业年金制度的现行规定

1. 准入政策

在人口老龄化趋势加重的背景下，建立多支柱的养老金体系既

---

① 本书在对职业养老金进行研究时，选择以企业年金为例，对职业年金仅做简要评述，后文中如无特殊说明，职业养老金即指的是企业年金。

关乎国家和社会的整体稳定,又涉及每个个体的现实权益。中国鼓励国有企业、民营企业、外资企业、合资企业、社会团体等各类用人单位建立企业年金制度。

根据《企业年金办法》,建立企业年金的首要条件是参加基本养老保险并足额缴费,同时必须有一定的经济负担能力,此外,企业年金方案必须由企业和职工协商确定并讨论通过,通过后的企业年金计划需要在相应的人社部门进行备案,人社部门在收到企业年金方案15日内没有提出异议即可生效。中国企业年金采取DC型个人账户完全积累方式,缴费由企业和职工共同分担,其中企业缴费不超过上年度本企业职工工资总额的8%。企业和个人缴费累计一般不超过本企业上年度职工工资总额的12%,但企业当期记入个人账户的缴费最高额和平均额不得超过5倍,企业年金的所有缴费、投资收益均计入个人账户。

2. 税收和激励政策

对于建立企业年金的用人单位和职工,国家都采取相应的税收优惠政策给予鼓励。其中,对于企业而言,早在2000年《国务院关于印发完善城镇社会保障体系试点方案的通知》(国发〔2000〕42号)和2008年《财政部关于企业新旧财务制度衔接有关问题的通知》(财企〔2008〕34号)均明确规定企业年金中企业缴费总额在工资总额的4%以内部分从成本中列支,到2009年《财政部、国家税务总局关于补充养老保险费,补充医疗保险费有关企业所得税政策问题的通知》(〔2009〕27号)进一步将这一比重由4%提高到5%,给企业缴费提供了更高的税收优惠幅度,形成了目前的企业年金制度中企业缴费的税收优惠政策。对于职工而言,2011年之前企业年金个人缴费并没有实施税收优惠政策,直到2011年《国家税务总局关于企业年金个人所得税有关问题补充规定的公告》(国家税务总局公告2011年第9号)才明确企业年金缴费中个人缴费部分在规定标准内可以税前扣除,在一定程度上减轻了中低收入职工的个税负担;2013年《财政部、人力资源社会保障部、国家税务总局关于企业年金、职业年金个人所得税有关问题的通知》（财税〔2013〕103号）进一步明确符合规定的个人在年金缴费、投资收益环节免税，将纳税递延到待遇领取阶段，具体来说，个人缴费在计税工资基数4%的标准内的部分在当期应纳税额中扣除，投资环节也暂时不缴纳个税，在领取环节按照相应的税率计征个人所得税，见表4-2。

表4-2　　　　中国企业年金制度税收优惠政策规定及演变

文件名称	缴费环节		投资环节	领取环节	其他规定
	企业免税上限	个人免税上限	税收规定	税收规定	缴费基数上限
《国务院关于印发完善城镇社会保障体系试点方案的通知》（国发〔2000〕42号）	4%	0%	企业缴费全额计征个税	无明确规定免除	无明确规定征收	无
《关于企业年金个人所得税征收管理有关问题的通知（国税函〔2009〕694号）	5%	0%	企业缴费全额计征个税	无明确规定免除	无明确规定征收	无
《国家税务总局关于企业年金个人所得税有关问题补充规定的公告》（国家税务总局公告2011年第9号）	5%	0%	企业缴费全额计征个税	无明确规定免除	无明确规定征收	无
《财政部、人力资源社会保障部、国家税务总局关于企业年金、职业年金个人所得税有关问题的通知》（财税〔2013〕103号）	5%	4%	企业缴费免征个税	暂不纳税	全额计征个税	3倍社会平均工资

资料来源：邱薇：《中国企业年金税收优惠政策的效果评估》，《武汉金融》2015年第10期。

3. 投资与管理政策

中国企业年金管理框架采取的是分权制衡的机制,包括信托关系和委托代理管理两层法律关系,同时涉及委托人、受托人、受益人、账户管理人、托管人以及投资管理人六个主体,如图4-3所示。

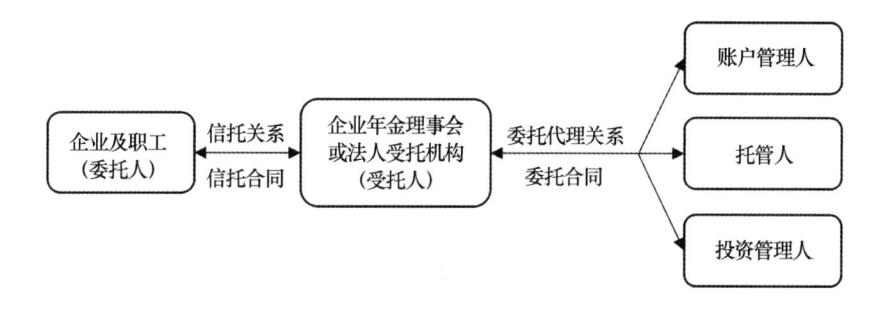

图4-3 中国企业年金投资管理主体关系

资料来源：根据《企业年金基层管理办法》整理。

根据相关政策规定,建立企业年金的企业及其职工作为企业年金计划的委托人,委托人通过成立企业年金理事会或者选择法人受托机构作为受托人,委托人和受托人之间签订受托管理合同,双方为信托关系。在此之后,受托人选择相应的企业年金账户管理人、托管人和投资管理人,并分别与这些机构签订委托合同,委托人同受托人一样,与这些机构也是委托代理关系。

4. 监管政策

企业年金监管分为宏观和微观两个层面。微观层面上,企业年金的委托人、受托人、账户管理人、托管人、投资管理人各司其职,分别负有一定的监督和管理责任。其中的委托人主要负责对各类管理人及其基金管理进行监督；托管人则主要监督投资管理人的投资运作情况并定期向受托人报告。宏观层面上,人力资源和社会保障部门对整个企业年金的管理和运作进行监管,银保监会和证监会分别对银行保险业和证券基金业进行监管。

5. 待遇发放和提前支取资金政策

当职工达到法定退休年龄时，可以领取相应的企业年金待遇。具体的领取方式包括一次性领取、按月领取或分期领取，同时还可以用于购买年金产品等。此外，当企业年金参与人有出境定居等情况时，可根据本人要求一次性提取；职工或者退休人员死亡后，其个人账户余额可以依法继承。除以上情况之外，个人不得从企业年金个人账户中提前提取资金。

（二）中国企业年金制度发展现状评估

1. 企业年金参与规模持续增加，总体覆盖率仍有待提高

从参与情况上看，中国企业年金制度自建立以来不断发展，参与的企业数和职工数都在持续增加。截至2020年，中国有10.52万户企业建立企业年金，参与企业年金职工人数为2718万人，[①] 同期全国企业在职职工参加城镇职工基本养老保险人数为32859万人，[②] 这意味着大约有8.27%的职工参与了企业年金。2006—2020年，中国建立企业年金的企业数和参与的职工数呈现逐年持续增长的趋势，建立企业年金的企业数从2006年的2.4万个增加到2020年的10.52万个，涉及的企业职工数从964万人增加到2718万人，如图4-4所示。

尽管近年来中国企业年金参保情况处于逐步上升的状况，但从其占基本养老保险的参保人数的比重来看，中国企业年金制度的覆盖面非常有限，目前仅有8.27%的企业职工参加了企业年金制度，见表4-3。

[①] 人力资源和社会保障部社会保险基金监管局：《2020年度全国企业年金基金业务数据摘要》，2021年3月。

[②] 人力资源和社会保障部：《2020年度人力资源和社会保障事业发展统计公报》，2021年6月。

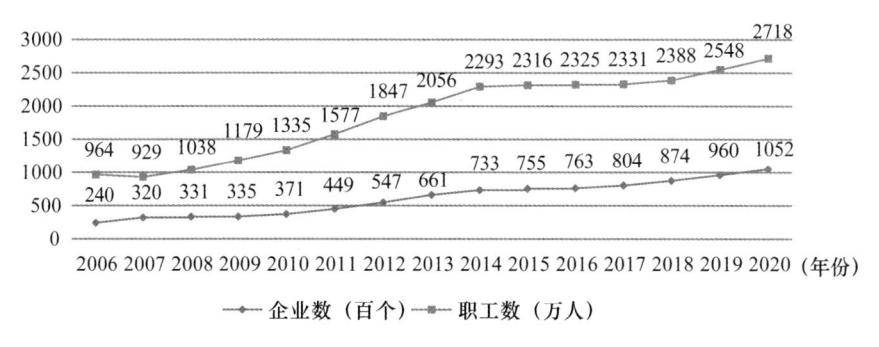

第四章　现实驱动：中国养老金体系现状与挑战评估　　67

图 4-4　2006—2020 年中国企业年金参与情况

资料来源：根据历年人力资源和社会保障部《全国企业年金基金业务数据摘要》整理。

表 4-3　　　　　中国企业年金参保人数占全部企业
　　　　　　职工基本养老保险参保人数的比重

年份	企业年金参保人数（万人）	企业职工基本养老保险参保人数（万人）	企业年金参保占比（%）
2007	929	15183.2	6.12
2008	1038	16587.5	6.26
2009	1179	16219	7.27
2010	1335	17822.7	7.49
2011	1577	19970	7.90
2012	1847	21360.9	8.65
2013	2056	22564.7	9.11
2014	2293	23932.3	9.58
2015	2316	26219	8.83
2016	2325	27826	8.36
2017	2331	29268	7.96
2018	2388	30104	7.93
2019	2548	31177	8.17
2020	2718	32859	8.27

资料来源：根据人力资源和社会保障部历年《全国企业年金基金业务数据摘要》《人力资源和社会保障事业发展统计公报》数据整理。

从建立企业年金制度的企业数量占全部企业法人单位数量的比重来看，中国建立企业年金制度的企业数量极其有限。目前中国企业法人单位数量超过了2100万家，而其中建立企业年金制度的企业还不到1%，企业年金制度对企业的覆盖面有限，见表4-4。

表4-4　　中国建立企业年金制度的企业数量占全部企业法人单位数量的比例

年份	建立企业年金的企业数量（个）	企业法人单位数量（个）	建立企业年金的企业占比（%）
2010	37100	6517670	0.57
2011	44900	7331200	0.61
2012	54700	8286654	0.66
2013	66100	8208273	0.81
2014	73300	10617154	0.69
2015	75500	12593254	0.60
2016	76300	14618448	0.52
2017	80400	18097682	0.44
2018	87400	N/a	N/a
2019	96000	21091270	0.46

注：N/a表示数据缺失。

资料来源：根据人社部和统计局相关统计数据计算。

2. 企业年金资产规模不断扩大，增长速度相对较快

从企业年金基金规模上看，全国企业年金资产数量大，且呈现持续增长的趋势。截至2020年年底，全国企业年金积累基金数额达到22497亿元，实际投资管理资产金额达到22149.57亿元。同期，城镇职工基本养老保险基金累计结存为54623亿元，企业年金与城镇职工基本养老保险相比，以8.17%的参与率汇集了40.5%的累计资金。从增长趋势看，企业年金积累基金额从2007

年的1519亿元增加到2020年的22497亿元，投资管理资产金额数量从2007年的154.63亿元增加到2020年的22149.57亿元，如图4-5所示，不论是累计基金还是投资管理资金数额，近十年来企业年金资产数额呈现持续高速增长的趋势，且两者差距减小并保持稳定。

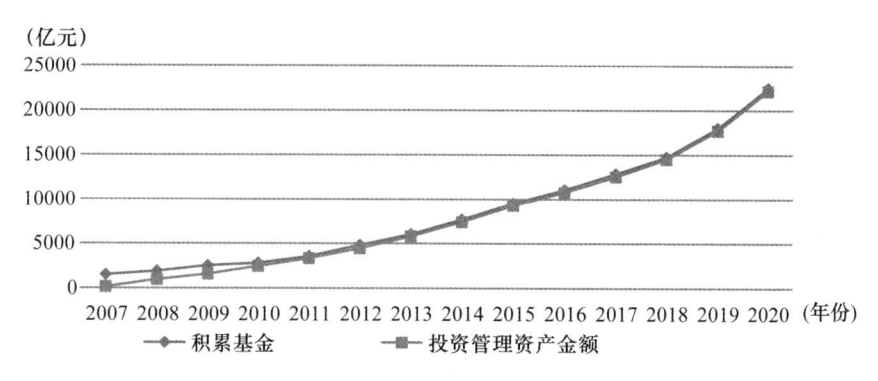

图4-5 2007—2020年中国企业年金资产变化情况

资料来源：《2020年度全国企业年金基金业务数据摘要》。

3. 企业年金投资收益相对可观，保值增值目标基本实现

从历年企业年金基金投资收益率情况看，早期企业年金的投资收益率波动性较大，系统性风险是影响企业年金收益率的主要风险。随着中国企业年金投资渠道的不断完善，尤其是投资组合的数量不断增加，中国企业年金投资收益逐步趋于稳定。从投资组合上看，2007—2020年，企业年金投资组合数由212个增加到4633个，如图4-6所示，投资组合的数量持续增长，投资选择更加丰富。在一定程度上有利于企业年金基金的保值增值。

十余年来，企业年金基金的投资收益率可观，达到了较好的保值增值效果，保障了基金的安全。2007—2020年，各年度加权平均收益受到市场投资环境的影响呈现明显的波动趋势，除2008年（-1.83%）和2011年（-0.87%）两年当年加权平均收益率为负以外，其他各年收益率均为正，在2020年加权平均收益率达到

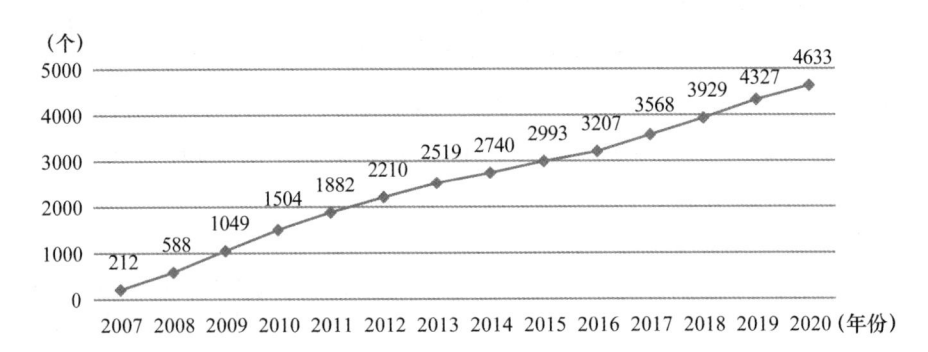

图 4-6 2007—2020 年中国企业年金投资组合情况

资料来源：人力资源和社会保障部《2020 年度全国企业年金基金业务数据摘要》。

10.31%，创 14 年新高。历年加权平均收益率为 7.70%，收益可观，如图 4-7 所示。体现了企业年金扩大投资范围、完善投资机制以及投资管理能力提升等成效日益显著。

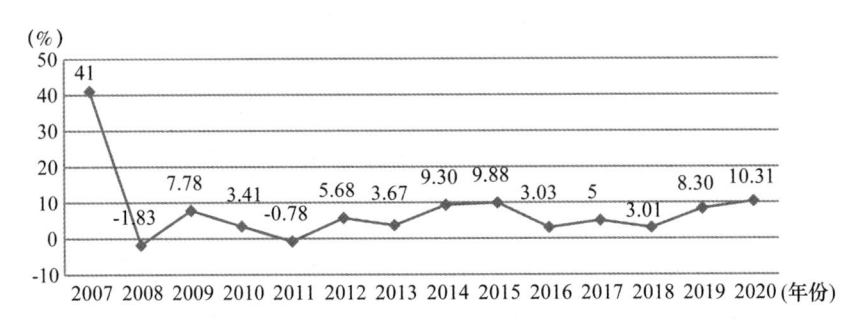

图 4-7 2007—2020 年中国企业年金基金投资加权平均收益率

资料来源：人力资源和社会保障部历年《全国企业年金基金业务数据摘要》。

与同期的居民消费价格指数（CPI）相比，从长期来看，企业年金较好地实现了保值增值的目标，尽管在部分年份企业年金投资收益率略低于 CPI，但整体来看，14 年企业年金平均投资收益率达到了 7.70%，而同期居民消费价格指数的算数平均值为 2.74%，企业年金投资收益超越 CPI 的收益率高达 4.96%，见表 4-5。

表4-5　　　　企业年金投资收益率与居民消费价格指数对比

年份	居民消费价格指数（CPI/%）	企业年金投资收益率（%）	企业年金投资收益率 - CPI（%）
2007	2	41	39
2008	2.60	-1.83	-4.43
2009	2.60	7.78	5.18
2010	5.40	3.41	-1.99
2011	3.30	-0.78	-4.08
2012	-0.7	5.68	6.38
2013	5.90	3.67	-2.23
2014	4.80	9.30	4.50
2015	1.40	9.88	8.48
2016	2	3.03	1.03
2017	1.60	5.00	3.40
2018	2.10	3.01	0.91
2019	2.90	8.30	5.40
2020	2.50	10.31	7.81
平均	2.74	7.70	4.96

资料来源：根据人力资源和社会保障部历年《全国企业年金基金业务数据摘要》和统计局官方统计数据计算。

4. 企业年金领取人数波动增长，分期领取比例不断增加

从近九年的企业年金领取情况来看，领取企业年金的总人数呈现波动增长趋势。其中分期领取人数持续快速增长，一次性领取人数波动下降，且占总领取人数的比例显著下降。2020年，全国领取企业年金人数为225.71万人，其中一次性领取的13.26万人，分期领取的212.45万人，如图4-8所示。2012—2020年，企业年金一次性领取人数占总领取人数的比例分别为64.97%、64.69%、

42.48%、27.84%、19.84%、13.44%、11.35%、8.03% 和 5.87%，呈现显著下降的趋势。

图 4-8　2012—2020 年中国企业年金领取情况

资料来源：人力资源和社会保障部《2020 年度全国企业年金基金业务数据摘要》。

四　第三支柱个人养老金制度发展状况

第三支柱个人养老金是由个人主导的、国家给予税收优惠政策支持的、个人自愿参与的养老金制度模式，通常采取完全积累制模式，定位于为那些自由职业者不能参加第二支柱养老金的补充，或者为较高收入者在第二支柱养老金之外提供一个额外的养老储蓄计划。由于该计划的参与完全由个人自己决定，不受雇主影响，灵活便捷，同时个人为自己的养老提供筹划，也有助于减轻国家未来的养老负担。

（一）中国第三支柱个人养老金发展政策变迁

第一阶段：第三支柱个人养老金制度萌芽阶段（1991—2008年）。早在 1991 年，《国务院关于企业职工养老保险制度改革的决定》（国发〔1991〕33 号）就从制度上明确提出了国家、单位和个人三方责任共担的理念和机制，出现了第三支柱个人养老金制度的萌芽。1995 年《国务院关于深化企业职工养老保险制度改革的通知》（国发〔1995〕6 号）进一步提出鼓励建立企业补充养老保险和个人储蓄性养老保险；1997 年《国务院关于建立统一的企业职工基本养老保险制度的决定》（国发〔1997〕26号）再次重申企业补充养老保险和商业保险的补充作用；2003年《中共中央关于完善社会主义市场经济体制若干问题的决定》和2006年《国务院关于保险业改革发展的若干意见》（国发〔2006〕23号）进一步从宏观政策角度指出要积极发展商业养老保险。总体来看，这一阶段国家和政府已经认识到一个科学有效的养老金体系需要政府、单位和个人责任共担，但由于当时中国政府主导的公共养老金制度也处于初步发展阶段，整个养老金体系的基本框架还不清晰，在基本层次的保障制度建设基础还未夯实的情况下，国家对于养老金体系改革关注的重心还是在公共养老金制度层面，对于第三支柱个人养老金等补充层次的制度只是从宏观上加以鼓励，而没有出台具有实质意义的政策措施。

第二阶段：第三支柱个人养老金制度的实践探索阶段（2008—2014年）。经过长期的改革和探索，中国统账结合的城镇企业职工公共养老金制度逐步完善和定型，然而随着中国人口老龄化程度的不断加深，不少学者、政策制定者已经开始认识到单一政府主导的公共养老金制度将在未来面临着严峻挑战，于是中国于2004年开始试行企业年金制度，逐步强调单位和个人在养老金体系建设过程中的作用。2008年保监会关于印发《天津滨海新区补充养老保险试点实施细则》的通知（保监厅发〔2008〕32号）提出对个人购买商业养老保险给予税收优惠，并提出了具体的实施细则，成为第三支柱个人养老金制度试点探索的基本标志；同年《国务院办公厅关于当前金融促进经济发展的若干意见》（国办发〔2008〕126号）也明确提出要积极发展个人、团体养老等保险业务，研究对养老保险投保人给予延迟纳税等税收优惠；随后保监会密集发声、发文支持个税递延型养老保险制度的发展，同时，上海、深圳、厦门、北京等地也纷纷出台相关政策支持开展个人税收递延型养老保险试点。从本阶段发展状况来看，由于公共养老金制度长期发展面临挑战以及相关部门的极力推动，第三支柱个人税延型养老金制度开始在一些地方进行探索。尽管由于种种原因，各地探索最终均以停滞告终，但各地的实践探索为中国第三支柱个人养老金制度的下一步发展总结了相关教训，也提供了诸多的经验。

第三阶段：第三支柱个人养老金制度的政策探索阶段（2014—2017年）。在第三支柱个人养老金制度试点探索阶段，由于缺乏整体布局，各部门之间的联动机制尚未厘清，导致最终的试点停滞。在经济社会不断发展的情况下，广大居民的养老需求也逐步提升，单一的公共养老金制度独木难支，因此，加快第二支柱职业养老金制度和第三支柱个人养老金制度发展已经成为中央到地方的共识。由于第三支柱个人养老金制度一直没有从中央层面给予具体的指导意见，导致具体政策迟迟没有落地。2014年《国务院关于加快发展现代保险服务业的若干意见》（国发〔2014〕29号）正式发布，该意见明确提出要"把商业保险建成社会保障体系的重要支柱……适时推行个人税收递延型商业养老保险试点"，个人税延养老金制度第一次被定位于社会保障体系的支柱，2015年《中华人民共和国国民经济和社会发展第十三个五年规划纲要（2016—2020年）》、2016年《人力资源和社会保障部十三五规划》（人社部发〔2016〕63号）继续将第三支柱个人养老金制度发展作为重要工作内容。2017年3月8日，财政部网站刊发《个税递延型养老保险政策基本成型》一文，该文明确要实施递延纳税政策支持。

第四阶段：第三支柱个人养老金制度的政策正式试点阶段（2018—2021年）。2018年4月12日，财政部、国家税务总局等五部委联合发布《关于开展个人税收递延型商业养老保险试点的通知》（财税〔2018〕22号），明确自2018年5月1日起，在上海市、福建省（含厦门市）和苏州工业园区实施个人税收递延型商业养老保险试点。试点期限暂定1年。这意味着个人税延型商业养老保险长达近10年的准备终于落地，确定了试点地区和时间表。随后，银保监会相继出台了《个人税收递延型商业养老保险产品开发指引》(银保监发〔2018〕20号)和《个人税收递延型商业养老保险业务管理暂行办法》(银保监发〔2018〕23号)文件,对个人税延型商业养老保险的产品设计和运行管理等作出了详细的规定。

第五阶段:第三支柱个人养老金制度顶层设计出台阶段(2022年至今)。2022年4月21日,国务院办公厅印发《关于推动个人养老金发展的意见》(国办发〔2022〕7号)(以下简称《意见》),标志着第三支柱个人养老金制度的顶层设计正式落地。《意见》规定,个人养老金实行个人账户制度,缴费由参加人个人承担,实行完全积累。参加人通过个人养老金信息管理服务平台,建立个人养老资金账户。参加人应当指定或者开立一个本人唯一的个人养老金资金账户,用于个人养老金缴费、归集收益、支付和缴纳个人所得税。《意见》明确,参加人每年缴纳个人养老金的上限为12000元。个人养老金资金账户资金用于购买符合规定的银行理财、储备行款、商业养老保险、公募基金等金融产品,参加人可自主选择。参加人达到领取基本养老金年龄、完全丧失劳动能力、出国(境)定居,或者具有其他符合国家规定的情形,可以按月、分次或者一次性领取个人养老金。

(二)中国第三支柱个人养老金制度实践探索

1. 第三支柱个人养老金制度地方实践探索——天津滨海新区

2008年6月保监会发布关于印发《天津滨海新区补充养老保险试点实施细则》的通知(下文简称《细则》),旨在鼓励各大保险公司充分利用和发挥自身的专业优势,通过开展个人养老保险服务业务等方式,提供在基本养老保险之外的补充保障,提高广大居民的养老金水平。该《细则》包括六章计四十九条内容,涉及总则、经营监管、产品监管、信息监管、税收控制、附则六个板块。

①参保条件:《细则》明确指出,个人购买税收递延型养老保险必须依托于在职用人单位进行办理,同时该用人单位必须是在天

津当地注册登记和经营的企业,并经政府相关部门审核给予相关资质。

②保险产品要求:这次试点的第三支柱个人税收递延型养老保险针对的是保险公司经营的保险产品,具体可以采取的产品形式包括传统寿险、万能保险、投资连结保险以及中国保监会认可的其他形式。同时,《细则》要求,如果保险公司提供的税延养老保险产品采取投资连结险形式,则必须提供不同风险水平的投资账户,以方便投保人和被保险人根据自身需求进行选择。

③税收优惠政策及其他优惠规定:个人税延养老保险的保费既可以由用人单位缴纳也可以由个人缴纳,且都可以在政策规定范围额度内进行税前列支,具体规定为:单位为职工购买个人税延养老保险的费用支出必须控制在本单位上年度职工工资总额的8%以内,个人缴费在个人工薪收入的30%以内的部分可以在个税之前扣除,但由于中国个人所得税由单位代扣,在具体操作时,个人购买税延型养老保险时应保留保险公司开具的保险费发票并交给用人单位,用人单位将保费平均分摊为12个月,满足个人收入30%的部分,可以由单位从当月或次月开始的12个月内在个税前扣除。《细则》除了规定了个人税延型养老保险的税收优惠细则,同时对于保险产品的费率市场也提供了相关的优惠,即保险公司开发的符合条件的个人税延型养老保险的预定利率(保险公司给参保人承诺的回报率)可以不受保监会1999年所发《关于调整寿险保单预定利率的紧急通知》所规定的"不得高于年复利2.5%"的限制,但预定利率应根据公司实际的投资收益情况审慎确定。

④待遇领取:《细则》规定保险公司提供的个人税延养老保险产品时,在待遇领取阶段应该采取不同的方式供参保者选择,主要包括一次性领取、终身领取、定期领取和定期保证领取四种不同的方式。领取时间应该在被保险人达到法定退休年龄时开始,如果参保人在达到退休年龄之前的缴费期去世,则可以由继承人领取属于参保者的保险金,死亡保险金为所缴保费的累计额度和账户价值中

的较大者。

⑤退保选择权规定：个人税延养老保险给予了个人退保的选择权，但如果个人选择退保，需要参保人自行前往指定的税务部门补缴之前享受的"递延个税"，保险公司根据税务部门的补缴税款证明退还相应的保险费。

《细则》关于补充养老保险税收优惠等政策措施的出台，被业内普遍看好，被视为填补了中国商业养老保险税收优惠政策空白的有益探索，在很大程度上可以激励中国补充养老保险制度的快速发展。但由于该项政策的出台没有综合多方部门的意见，不久，国家税务总局对《细则》规定的个人30%的税前列支的优惠政策存在异议，认为该项税收优惠政策幅度偏大，远远超过发达国家相关产品的税收优惠幅度，[①] 从而导致《细则》被叫停。

尽管这次试点在初期即被叫停，但这一探索为中国第三支柱个人税延型养老金制度的进一步完善提供了重要的启示：一是税收优惠是激励个人参与第三支柱养老金制度的有效抓手，相关政府部门已经将此纳入到政策指定的考虑范围之内，必将为中国第三支柱个人养老金制度的未来发展提供借鉴；二是顶层设计和各政府部门的统筹协调是第三支柱养老金制度顺利推进的关键。

2. 第三支柱个人养老金制度地方实践探索——上海

自2008年《国务院办公厅关于当前金融促进经济发展的若干意见》（国办发〔2008〕126号）文件明确提出要积极发展个人养老保险等业务并研究对投保人给予税延优惠等激励措施以来，上海市就开始酝酿个人税延型养老保险制度，2009年开始，上海就将这一任务列为重要发展事项，2009年《国务院关于推进上海加快发展现代服务业和先进制造业建设国际金融中心和国际航运中心的意见》（国发〔2009〕19号）文件进一步明确要求财政

[①] 从全球范围来看，国外关于补充养老保险个人税收优惠比例通常在20%以内，如加拿大为18%。

部、税务总局等部门会同上海市研究个人税延养老保险试点具体方案，但天津试点的个人税延型政策被叫停对上海试点政策的推行产生了一定的影响，导致政策迟迟没有落地。2012年6月，由上海市政府主导研究和讨论多年的《个税递延型养老保险试点方案》（下文简称《试点方案》）正式递交财政部，上海正式成为首个个人递延型养老保险的试点城市。

①参保条件：由于中国的个人所得税由单位代扣代缴，上海市个税递延型养老保险制度也需要通过企业代缴，但相比天津市关于参保企业必须是天津本地注册和经营的限制条件，上海市没有将这一条件明确列出，上海市的所有企业职工均可自愿参与。

②保险产品要求：根据《试点方案》内容，上海市个人递延型养老保险产品的类型是契约型养老保险产品，具体形式包括万能型和分红型两种产品可供选择，同时产品设有保底利率。

③税收优惠政策及其他优惠规定：上海市个税递延养老保险试点的个税递延模式采用的是税基递延的方式，采取EET模式，个人在养老保险缴费和投资运营收益阶段不缴税，到领取养老金时再根据相关的税收规定依法纳税。同天津的个税递延养老保险试点方案比例制的税收优惠模式不同，上海市的税收递延采用的是金额制，即指定一个享受税收递延的封顶额度，在额度范围内享受递延税收优惠，《试点方案》规定的税收优惠额度暂定为1000元，其中300元用于企业年金的免税额度，剩下的700元用于个人养老保险的免税额度。由于中国个人所得税由单位代扣，因此在具体执行时，个人自愿选择是否参保以及保费额度，参保者必须通过企业代为缴纳保费。

④待遇领取：根据《试点方案》设计，为满足不同群体的需求，当参保人达到法定退休年龄时，可以选择一次性领取或分期领取的方式获得第三支柱个人税延型养老保险待遇，同时，在待遇领取阶段要根据当期税率缴纳个人所得税。

⑤就业变动和退保选择权规定：根据《试点方案》内容，参保

职工在原企业离职后,个人参加的税延型养老保险权益可以随同转移,参保者可以选择在其他保险公司和工作单位继续投保。

尽管上海早在2009年就将个人税延型养老保险制度的试点纳入重点工作内容,随后也在上海市政府工作报告中多次提到,同时,上海保监局等相关部门已经开始积极研究开发个税递延型养老保险制度的信息化平台建设,也有报道称国寿养老、长江养老、平安养老、太平洋保险等多家曾经参与过该项政策讨论和研究的保险公司已经开始积极准备,但受制于多方利益博弈,个人递延型养老保险制度试点在上海迟迟未实际推行。

3. 第三支柱个人养老金制度正式试点——个人税收递延型商业养老保险

2018年4月12日,由财政部、税务总局、人社科、银保监会、证监会五部委发布的《关于开展个人税收递延型商业养老保险试点的通知》指出,自2018年5月1日起在上海市、福建省(含厦门市)和苏州工业园区实施个人税收递延型商业养老保险试点,标志着个人养老金制度正式落地。

试点政策适用对象及税优标准。对于取得工资薪金、连续性劳务报酬所得的个人,其缴纳的保费准予在申报扣除当月计算应纳税所得额时予以限额据实扣除,扣除限额按照当月工资薪金、连续性劳务报酬收入的6%和1000元孰低办法确定。取得个体工商户生产经营所得、对企事业单位的承包承租经营所得的个体工商户业主、个人独资企业投资者、合伙企业自然人合伙人和承包承租经营者,其缴纳的保费准予在申报扣除当年计算应纳税所得额时予以限额据实扣除。此外,账户投资收益暂不征税,领取阶段25%部分免税,其余75%部分按照10%的比例计征个人所得税。

试点期间个人商业养老资金账户和信息平台。一是个人商业养老资金账户是由纳税人指定的、用于归集税收递延型商业养老保险缴费、收益以及资金领取等的商业银行个人专用账户,封闭运行,与居民身份证件绑定,具有唯一性。二是试点期间使用中国保险信息技术管理有限责任公司建立的信息平台（以下简称"中保信平台"）。个人商业养老资金账户在中保信平台进行登记。

试点期间税收征管。一是对于缴费税前扣除，个人在购买符合规定的商业养老保险产品、享受递延纳税优惠时，以中保信平台出具的税延养老扣除凭证为扣税凭据，并应及时将相关凭证提供给扣缴单位，由扣缴单位为纳税人办理税前扣除有关事项。如果个人在试点地区范围内从两处或者两处以上取得所得的，只能选择在其中一处享受试点政策。二是当个人按规定领取商业养老金时，由保险公司代扣代缴其应缴的个人所得税。

（三）中国第三支柱个人养老金制度发展现状

近两年来各类机构主要是在养老金融产品方面发力，做出了诸多探索。保险业作为最早参与第三支柱建设的行业，2018年率先推出了个人税收递延型商业养老保险，在上海市、福建省（含厦门市）和苏州工业园区开展了试点。银保监会下发系列文件对公司和产品准入、产品设计管理、产品销售管理、资金运用管理等各个环节进行了规范。截至2020年年底，试点地区税延型商业养老保险累计参保人数4.88万人，实现保费收入4.26亿元（董克用、姚余栋，2021）。同时，以养老保险公司为主要发行者的个人养老保障产品市场也日益壮大，截至2020年年底，个人养老保障管理业务期末规模在1.2万亿左右（董克用、姚余栋，2021），产品逐步向长期化、净值化方向转型，能够较好地满足长期锁定的个人养老金稳健投资需求。

银行业和基金业也探索发行了养老主题的产品，为第三支柱账户制下的产品建设做好准备。2018年证监会发布《养老目标证券投资基金指引（试行）》，从产品类型、投资策略、投资比例及运作方式、基金管理人及基金经理要求、适当性安排等方面对养老目标基金进行了详细安排。截至2020年年末，共有104支养老目标基金成立，基金规模为590亿元，认购户数达1277409户（董克用、姚余栋，2021）。2019年以来，银行理财子公司陆续获批成立并开业，多家理财子公司的首款产品均为养老主题理财，此前银行业发行的养老理财产品期限多为1年期以下，理财子公司发行的产品期限较长为3年、3年定开或者5年。据统计，2019—2020年银行理财市场共发行净值型养老主题理财产品259款（董克用、姚余栋，2021年）。

五 中国养老金体系改革成效的总体判断

（一）覆盖城乡的养老金体系基本建立，实现了制度全覆盖

中国的养老金体系经历了初建期（1991—2008年）、扩展期（2009—2013年）和改革完善期（2014年至今）三个阶段，实现了制度全覆盖。养老保险制度覆盖面从改革前的城镇公有单位就业人员逐步扩大到城镇所有类型的企业职工、城镇个体工商户及其雇工、城镇自由职业者、农民工，从城镇走进农村，从城镇就业人口扩大到城乡所有年满16岁的居民。其中，初建期主要以1991年、2008年发布的《关于企业职工养老保险制度改革的决定》《事业单位工作人员养老保险制度改革试点方案》为标志，主要解决当时养老体制与经济体制改革不相配套的问题，重点是建立城镇职工养老基本保障机制。扩展期以2009年、2011年先后推出新型农村社会养老保险、城镇居民社会养老保险为标志，重点是建立非职工的养老基本保障机制，并进一步拓展养老金制度覆盖面。自此，中国养老金体系主要包括城镇企业职工基本养老保险、机关事业单位基本养老保险和新型农村社会养老保险、城镇居民社会养老保险，实现了养老金制度全覆盖，使得就业者和非就业者均被纳入了基本养老保险的覆盖范围之内。

（二）养老金体系建设逐步完善，多主体的责任共担机制初步形成

从发达国家的经验来看，单一的现收现付制难以应对人口老龄化带来的危机，三支柱养老金模式是各国养老金体系改革的普遍选择。1991年，中国提出要逐步建立起基本养老保险与企业补充养老

保险和职工个人储蓄性养老保险相结合的三支柱养老金体系的制度设计，1997年提出建立社会统筹和个人账户相结合，并建立统一的企业职工基本养老保险制度，2008年制定了单位及个人的缴费政策和养老金发放向城镇职工基本养老保险看齐的政策，2014年提出建立统一城乡居民基本养老保险制度。至此，以国家为主导的第一支柱基本养老保险制度正式形成。其次，以2004年《企业年金试行办法》、2015年《国务院办公厅关于印发机关事业单位职业年金办法的通知》的出台为标志，奠定了发展中国职业养老金制度基础，以单位为主导的第二支柱职业养老金制度正式形成。2018年个人税收递延型商业养老保险在上海市、福建省（含厦门市）和苏州工业园区正式开展了试点。经过多年的探索和实践，中国养老金体系建设符合当今世界养老金改革的发展趋势，基本形成了国家、单位和个人责任共担的多支柱的养老金体系架构。

（三）改革实现突破，养老金制度更加公平

在社会保障领域，社会公平应该理解为参与权公平和负担公平。其中，以2014年推出一系列的改革为标志，旨在解决养老金体系长期发展的不平衡不充分问题，让制度更加公平。其中，从参与权来讲，每个社会成员参与到养老保险制度中的机会应该是平等的，制度全覆盖和法定人员全覆盖正是机会公平的体现。2013年，中国养老金制度实现从城市到农村、从就业人员到非就业人员逐步实现了制度全覆盖，保证了参保人员起点公平和机会公平，从制度上实现了人人享有参加养老保险的权利。从负担公平来讲，负担公平是收入差距的调节，追求不同人群收入差距的缩小，追求一定程度的收入平等。2014年2月出台的《国务院关于建立统一的城乡居民基本养老保险制度的意见》决定将新型农村社会养老保险和城镇居民社会养老保险两项制度合并实施，建立统一城乡居民养老保险制度，奠定了城乡社会保障公平的初步基础。此外，"双轨制"割裂了城镇职工应有的平等、公平的养老保险待遇标准，并产生保险权利与义务不对等、社会公平机制缺失等一系列问题，2015年出台的《机关事业单位工作人员养老保险制度改革的决定》标志着全国范围内的城镇职工养老保险制度双轨制改革正式开始,以缩小双轨制带来的差异。经过多年的努力,养老保险制度公平性、适应流动性增强。

第二节　转型背景下中国养老金体系面临的新节点

一　经济转型:经济发展进入新常态——影响养老金积累

改革开放以来,中国整个经济经历了相当长一段时期的高速增长,GDP总量于2010年超过日本跃居世界第二位,取得了举世瞩目的巨大成就。但与此同时,随着中国经济体量的增加,增速也开始呈现放缓的趋势,尤其是在结构调整不断推进、前期刺激政策开始进入消化期的影响下,中国经济社会发展开始全面出现中高速增长的新常态特征,如图4-9所示。

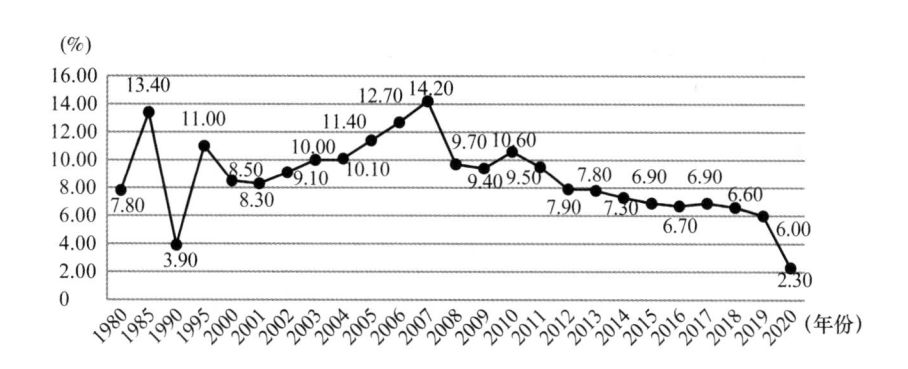

图4-9　改革开放以来中国GDP增长率变化

资料来源:根据国家统计局统计数据计算。

2016年5月9日,《人民日报》发表对中国经济的总体判断,该判断指出,从今后很长一段时间来看,"中国经济运行不可能是U型,更不可能是V型,而是L型的走势,这个L型是一个阶段,不是一两年能过去的"。这在一定程度上表明,中国经济不可能继续像以前一样保持持续的高增长态势，在总需求低迷以及总体产能过剩并存难以根本改变的前提下，经济增长将在很长一段时期进入中高速增长的新常态。而目前的经济环境和发展趋势，也基本印证了该判断。

（一）经济增速放缓，抑制国家财政收入增长，弱化财政对养老金的支付能力

中国养老金制度改革和发展过程中，国家财政资金的支持发挥了重要作用，尤其是在数十年经济高速发展的阶段，国家财力增强，给养老金制度的快速发展提供了巨大支持。随着中国经济逐步进入"新常态"阶段，整个经济增速开始放缓，各级财政收入的增长速度也不断下降，财政部统计数据显示，2019年全国一般公共预算收入190382亿元，比上一年同口径增长3.8%，低于2015年6.2%的增速，回落2.4个百分点，成为自1988年以来中国财政收入的最低增速。受疫情影响，2020年全国一般公共预算收入182895亿元，同比下降3.9%。财政收入增速的降低将弱化财政对养老金的支付能力，在养老金福利刚性的影响下，待遇水平又难以下调，从而导致各级财政对于养老金支出的压力增大。

研究表明，经济发展速度是影响养老金支付能力的重要因素。袁志刚（2005）通过养老金支付能力情况，模拟考察2000—2030年不同抚养比和经济增速变化情况下养老金水平相对于2000年的变化情况，结果表明，在同样的抚养比条件下，经济增速越快，养老金的支付能力也越强，当负担系数为0.3时，如果经济增速为2%，则2030年的养老金支付水平是2000年的1.81倍，如果经济增速为5%，则2030年的养老金支付水平是2000年的4.32倍，如表4-6所示。当然，同样的经济增速下，抚养比越高，养老金的支付能力水平也会下降。总体来看，在中国经济增长进入中高速的背景下，养老金支付能力将受到一定影响。

表4-6　2000—2030年不同经济增长速度下养老金支付能力模拟

抚养比	经济增速			
	2%	3%	4%	5%
0.3	1.81	2.43	3.24	4.32
0.4	1.36	1.82	2.43	3.24
0.5	1.09	1.46	1.95	2.59
0.6	0.91	1.21	1.62	2.16
工作人口收入增长	1.81	2.43	3.24	4.32

注：表中数据表示在不改变养老金在GDP中份额的情况下，2030年的养老金相对于2000年水平的倍数。

资料来源：袁志刚：《养老保险经济学》，人民出版社2005年版，第229页。

（二）企业利润下降，养老金制度降费需求与收支不平衡的矛盾加剧

经济新常态的主要表现就是经济发展速度放缓，从高速发展进入中低速的发展阶段，经济下行压力不断加大，一些企业生产经营困难，利润率下降，1998—2008年，全国规模以上工业企业利润总额年均增速高达35.6%，到2013年则降至12.2%（唐任伍，2014），社会保险缴费压力进一步加大。近年来，中国基本养老保险单位缴费率有所下降，但仍高达16%，超过了大部分发达国家，在38个国家和地区中排名第8位（见表4-7）。企业对于社会保险16%的养老保险缴费压力过重仍有所反应，尤其是众多中小企业因费率偏高而选择逃避缴费，企业对于降低养老保险费率有着迫切的期待。

表4-7　　　　部分国家和地区基本养老保险费率比较　　　单位：%

	雇主	雇员	合计		雇主	雇员	合计
中国	16.00	8.00	24.00	瑞典	10.21	7.00	17.21
奥地利	12.55	10.25	22.80	瑞士	4.20	4.20	8.40
比利时	8.86	7.50	16.36	英国	12.80	11.00	23.80

续表

	雇主	雇员	合计		雇主	雇员	合计
保加利亚	13.20	8.80	22.00	阿根廷	12.71	11.00	23.71
捷克	21.50	6.50	28.00	巴西	20.00	9.00	29.00
芬兰	16.80	4.10	20.90	智利	1.30	12.55	13.85
法国	8.30	6.65	14.95	哥伦比亚	11.63	3.88	15.51
德国	9.95	9.95	19.90	墨西哥	5.15	1.13	6.28
希腊	13.33	6.67	20.00	加拿大	4.95	4.95	9.90
匈牙利	24.00	9.50	33.50	美国	6.20	6.20	12.40
冰岛	5.34	0	5.34	印度	3.67	12.00	15.67
爱尔兰	10.75	4.00	14.75	日本	7.67	7.67	15.34
意大利	23.81	8.89	32.70	中国台湾	4.55	3.90	8.45
卢森堡	8.00	8.00	16.00	韩国	4.50	4.50	9.00
荷兰	5.65	17.90	23.55	菲律宾	7.07	3.33	10.40
挪威	14.10	7.80	21.90	新加坡	14.50	20.00	34.50
葡萄牙	23.75	11.00	34.75	泰国	3.00	3.00	6.00
西班牙	23.60	4.70	28.30	越南	11.00	5.00	16.00
俄罗斯	20.00－26.00	0	—	澳大利亚	9.00	自由选择	—

注:"—"表示数据缺失。

资料来源:中国数据来自人社部制度规定;其他数据来自人力资源和社会保障部社会保障研究所《世界社会保障报告(2010—2011)》,中国劳动社会保障出版社 2011 年版。

从法定费率来讲,中国基本养老保险费率确实居世界前列(苏中兴,2016),但从实际费率来看并非如此,根据现收现付的财务平衡公式①来推算,中国城镇职工基本养老保险的缴费率约为 24%,制度赡养率约为 38.84%,② 由此带来的公共养老金替代率应在 61.79% 左右,而实际上中国城镇企业职工公共养老金替代率

---

① 缴费率 = 养老金替代率 × 制度赡养率。
② 根据 2020 年度人力资源和社会保障事业发展统计公报数据计算,截至 2020 年年底中国城镇职工基本养老保险参保离退休人群 12762 万人,参保职工 32859 万人,由此计算的制度赡养率约为 40.0%。

在43%左右，不仅如此，诸多学者测算结果都表明，未来中国养老金支付还存在较大的缺口（孙永勇，2014；王晓军，2013；艾慧，2012等）实际上是由于中国基本养老保险缴费基数不实造成的，由此导致的基本养老保险的真实缴费率并不高。因此，如果在不做实缴费基数的情况下，降低公共养老金制度的缴费率，尽管短期内可能可以通过提高制度覆盖率、遵缴率，进而提高制度的收入，但从长期来看会增加养老金的收支缺口，从而加剧公共养老金制度的支付危机（陈曦，2017）。

总体来看，一方面，因为经济增速放缓带来的企业利润下降，企业对于公共养老金制度降费带有一系列期盼；另一方面，公共养老金制度长期收支平衡存在困难与养老金待遇的刚性特征与养老金降费存在矛盾，因此，必须将公共养老金制度放到整个养老金体系中统筹考虑，落实公共养老金制度保基本的功能，通过个人责任的发挥等补充方式，缓解公共养老金制度的发展困境。

（三）经济结构调整，部分落后产能企业面临破产，养老金资金筹集面临困境

除经济增速放缓之外，经济结构调整是中国经济新常态的另一重要特征。同样，经济结构调整是一把"双刃剑"，在优化经济结构的同时，带来企业破产、工人失业等一系列问题。目前中国的工业化正处于从中期往后期过渡的时期，对于资源密集型和劳动密集型的行业需求下降，一些重化工行业等开始面临着巨大的调整压力，诸多传统产业面临着产能过剩的难题，不少附加值低、产能过剩的行业将逐步被淘汰和出清，企业面临着破产和重组，将有相当一批劳动者面临着失业的困扰，在此影响下，这类群体的养老金资金筹集将面临不可避免的困境，为中国养老金资金的积累带来负面影响。

二 社会转型：全面建成小康社会——影响养老金需求

改革开放以来，中国提出了"三步走"的社会主义现代化国

家建设的战略目标。随着中国社会主义市场经济逐步完善，经济实现了数十年的高速发展，GDP 总量持续提升，目前已经位居世界第二位，与此同时，人均 GDP 不断攀升，截至 2020 年已经达到 72447 元，居民消费水平也持续提高，2020 年已达到 21210 元，全面建成小康社会的目标已经实现（见表 4 - 8）。

表 4 - 8　　　　　改革开放以来中国 GDP 总量、
人均 GDP 以及居民消费水平变化情况

年份	GDP 总量（亿元）	人均 GDP（元）	居民消费水平（元）	年份	GDP 总量（亿元）	人均 GDP（元）	居民消费水平（元）
1978	3678.7	385	183	2000	100280.1	7846	3698
1979	4100.5	423	208	2001	110863.1	8592	3954
1980	4587.6	468	237	2002	121717.4	9410	4256
1981	4935.8	496	264	2003	137422	10600	4542
1982	5373.4	533	284	2004	161840.2	12454	5056
1983	6020.9	591	315	2005	187318.9	14267	5671
1984	7278.5	705	356	2006	219438.5	16707	6302
1985	9098.9	868	437	2007	270092.3	20541	7434
1986	10376.2	973	496	2008	319244.6	24250	8483
1987	12174.6	1122	558	2009	348517.7	26136	9226
1988	15180.4	1377	684	2010	412119.3	30676	10550
1989	17179.7	1537	785	2011	487940.2	35963	12646
1990	18872.9	1667	825	2012	538580.0	39782	14075
1991	22005.6	1916	916	2013	592963.2	43329	15615
1992	27194.5	2336	1057	2014	643563.1	47233	17271
1993	35673.2	3021	1332	2015	688858.2	50047	18929
1994	48637.5	4073	1799	2016	746395.1	53922	20877
1995	61339.9	5009	2317	2017	832035.9	59967	23070
1996	71813.6	5813	2765	2018	919281.1	65650	25378
1997	79715	6406	2978	2019	988528.9	70725	27563
1998	85195.5	6749	3126	2020	1015986	72447	21210
1999	90564.4	7134	3346				

资料来源：根据国家统计局数据整理。

目前中国已经实现全面建成小康社会的目标，接下来将通过2020—2035年基本实现社会主义现代化和2035—2050年建设社会主义现代化强国两个阶段，实现中华民族的伟大复兴。可以预见，在新的目标下，广大国民的生活水平将持续提高，全面小康将迈上一个新台阶，国民对于美好生活的需要也将持续提升。

（一）人民生活水平持续提高，养老需求呈现多元化趋势

衡量一个国家或群体、个人生活水平的重要指标即是国际通用的恩格尔系数，它指的是食品支出占整个个人消费支出总额的比重，恩格尔系数越小，表明这个国家或群体、个人就越富裕；恩格尔系数越大，则这个国家或群体、个人就越贫穷。其原理在于，当个人或家庭收入越低的时候，就需要用更多比例的收入来购买食物，以维持温饱，随着收入的提高，整个支出中用于食品支出的比例就会呈现下降的趋势。从国际衡量人民生活水平的标准来看，恩格尔系数超过59%的为贫困，50%—59%为温饱，40%—50%为小康，30%—40%为富裕，30%以下则为最富裕。

随着中国经济社会的快速发展，人民生活水平也逐步改善，城乡居民恩格尔系数分别从1978年的67.7%和57.5%下降到2019年的30%和27.6%，如图4-10所示，2020年的恩格尔系数因疫情原因略有提高，但不难看出人民生活水平在显著提高。

随着人民生活水平逐步向新的台阶迈进，除了基本的物质生活需求，广大居民的精神文化生活等多层次的生活需求也呈现多元化的趋势。作为贡献了一生的老年群体已经不再局限于物质生活不足时代被动地养老，而是逐渐向丰富的老年生活的主动"享老"转变。然而，总体上来看，作为老年群体主要收入来源的养老金体系还并不完善，公共养老金制度居于主体地位，私人养老金制度发展缓慢，覆盖群体极其有限，导致广大老年群体对于多元化"享老"的需求被仅能"保基本"的养老金制度所局限，正如党的十九大报告指出的，现阶段中国社会主要矛盾已经转化为人民日益增长的美好生活需要和不平衡不充分的发展之间的矛盾。这种需求不断增

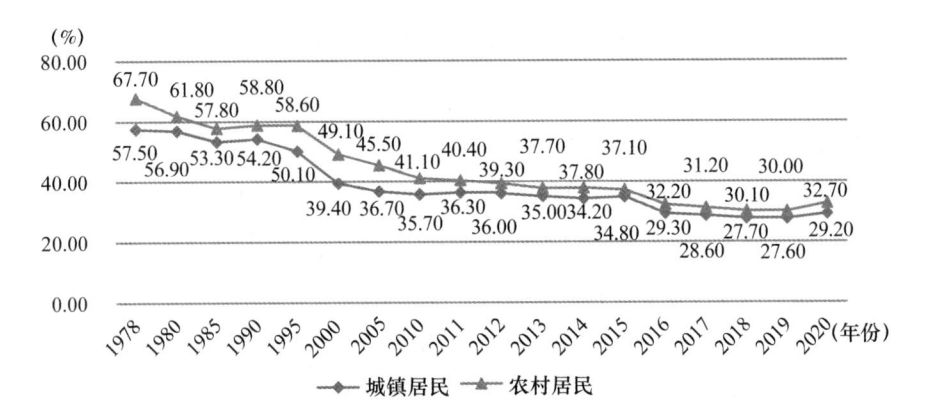

图 4-10　改革开放以来中国城乡居民恩格尔系数变化情况

资料来源：根据国家统计局年度统计数据计算。

加，将激励中国养老金体系不断完善。

（二）养老金支出具有刚性特征，待遇需求将不再局限于保基本

自20世纪90年代社会主义市场经济改革开始，中国养老金体系改革开始步入正轨，覆盖面逐步从机关事业单位、国企等公共部门逐步拓展到全体城镇职工，并延伸到非正规就业群体和城乡居民，实现了养老金的制度全覆盖。与此同时，作为目前中国养老金体系的主体安排，城镇职工公共养老金待遇水平也持续增长，城乡居民公共养老金制度待遇水平也开始上调。但从事实来看，公共养老金待遇水平的上调，依然难以满足广大老年群体多元化的养老需求，一方面，养老金待遇受制于基金平衡的制约，不可能长期高比例上调，因此也不可能单靠这一项制度，满足老年群体的多元化需求；另一方面，老年群体多元化的养老需求又在持续攀升，给公共养老金制度带来相当大的压力。因此，尽管老年群体的养老金待遇需求不再局限于保基本，从整个养老金体系建设来看，公共养老金制度的建设目标就是保基本，而多元化、高水平的养老金待遇则需要通过其他支柱的私人养老金制度来完善。

三 人口转型：老龄化进入新阶段——影响养老金供需平衡

（一）中国人口老龄化进入快速发展的新阶段

自 2000 年正式步入老龄化社会以来，中国经济发展速度进一步加快，人们生活水平逐渐提升，特别是医疗卫生条件的改善，使得人们的预期寿命延长，加之计划生育政策的继续推行，中国老年人口的数量、规模呈现稳定增长的态势。2000 年，中国 65 岁及以上的人口为 0.88 亿人，占总人口比重的 6.96%，2020 年第七次人口普查数据显示，中国 65 岁及以上人口的数量达到了 1.91 亿人，占总人口的比重上升到 13.5%（见图 4-11）。

图 4-11　2000—2020 年中国 65 岁及以上人口及占总人口的比重

资料来源：根据国家统计局年度统计数据计算。

总体来看，中国人口老龄化初期的十余年间，老龄化的发展速度相对比较平稳，但受 1949—1958 年和 1962—1977 年两次出生高峰（陈友华，2008）的影响，大量人口在 2013—2017 年和 2022—2033 年陆续达到 60 岁，而受到第二次人口生育高潮的惯性作用引起的 1981—1994 年形成的第三次人口出生高潮的人口，将在 2041—2054 年前后进入老年期，中国人口老龄化发展速度将呈现快速增长的趋势。根据联合国《世界人口展望 2019》预测，中国人口老龄化速度将在未来三四十年间明显加快，到 2040 年前后，中国 65 岁以上老年人占总人口的比重将超过 20%，到 2050 年这一比重将继续加大，达到 20%—24%，2060 年前后将达到 30% 并将长期处于人口老龄化的高原状态（董克用、张栋，2017），见图 4-12。

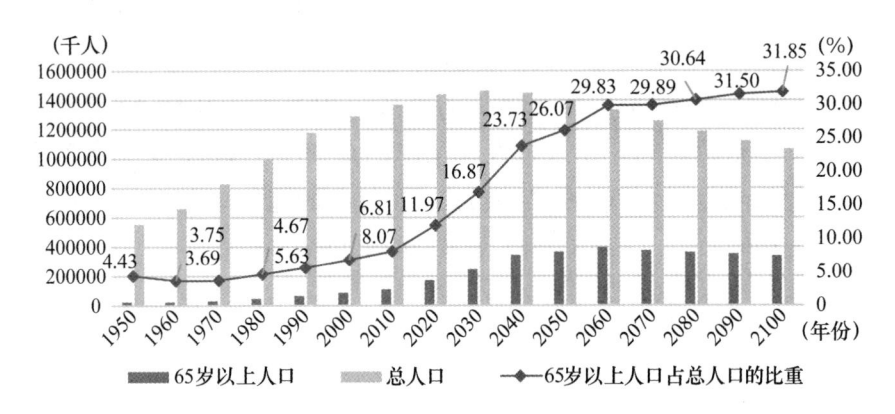

图 4-12 中国 65 岁及以上人口占总人口比重的变化趋势（1950—2100）

资料来源：根据联合国《世界人口展望 2019》预测数据整理。

值得注意的是，这一人口老龄化趋势预测是基于联合国对中国人口出生率和死亡率认知进行的。实际上，人口的死亡率预测相对不会存在大的差异，可能存在的变化主要在于人口总和生育率，在中国目前全面放开二孩政策的背景下，甚至在之后进一步调整计划生育政策的情况下，中国人口的总和出生率还有上升的可能性，①但现有研究指出未来数十年间进一步放开生育的政策对中国人口结构产生不了根本性的影响（李强，2016；党俊武，2016）。也就是说，如果总和出生率比现有的预测要高，那么中国人口老龄化的程度可能比现有预测略有降低，但总体趋势不会有太大变化。

---

① 发达国家的经验表明，在经济发展到一定水平，总和生育率下降是一种常态，即便是推行大量生育政策予以激励，也难以提高。

（二）人口老龄化影响养老金供需：老年抚养系数增加，养老负担沉重

伴随着人口老龄化的不断深入，老年人口抚养比呈现不断上升的趋势，这是老年人口增加和劳动年龄人口减少综合作用的结果。当前中国老年人口抚养比在13%左右，根据联合国《世界人口展望2019》，未来数十年内中国人口老龄化将迅速发展，老年抚养系数也将持续增加，2030年前后中国老年人口抚养比将达到25%左右，到2045年前后开始超过发达国家水平，并继续长期高于世界平均水平（见图4-13）。

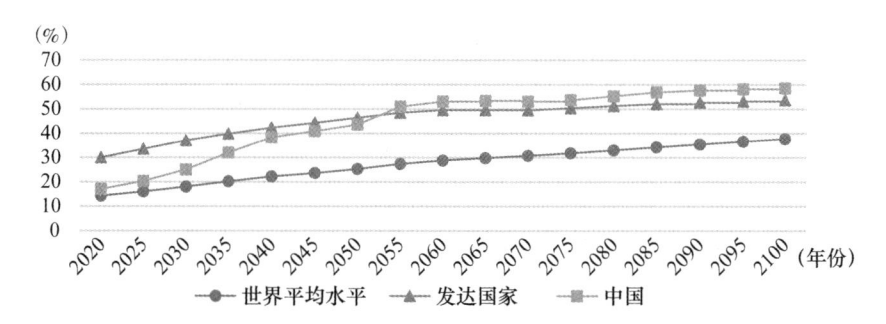

图4-13　2020—2100年中国、世界老年人口抚养比（65+/15—64）变化预测
资料来源：根据联合国《世界人口展望2019》预测数据整理。

老年抚养系数的增加会导致现行养老金体系的制度赡养率[①]不断增加，一方面意味着制度内领取养老金的人数将不断增加引起养老金需求的膨胀；另一方面，由于劳动力数量的减少，制度内缴纳养老保险费的人数不断减少，从而限制了养老金供给。也就是说，在人口老龄化不断加剧的背景下，同样数量的劳动年龄人口将要供养更多的老年人口，从而导致养老负担沉重。除此之外，大部分发达国家通常都是在老年人需求膨胀之前已经实现现代化，而中国则

---

① 制度赡养率是指制度内领取养老金的人数与制度内缴纳养老保险费的人数之比。

是在还没有实现现代化的情况下就面临着严峻的人口老龄化，即未富先老的现象比较严重，从而使得养老对社会的压力加大，加深了养老金的供需矛盾和困境。

（三）人口老龄化影响养老金收支：养老金支出扩张，养老金负债问题显著

人口老龄化带来的养老金供需矛盾的最直接体现就是养老金收支不平衡的加剧。从中国基本养老保险制度收支的发展现状来看，在养老金支出方面，人口老龄化导致领取养老金的人数不断增加，人均预期寿命的延长使得领取养老金的周期逐步增长，二者同时发生导致中国养老金支出不断扩张。根据历年人力资源和社会保障事业发展统计公报数据，2000年进入人口老龄化时中国养老金支出额为1511.6亿元，占GDP的比重为2.11%，到2020年中国公共养老金支出增长到54656亿元，占GDP的比重上升到5.38%，中国养老金支出占GDP的比重是19年前的2.55倍，这还是在中国人口老龄化发展相对较慢的时期。在养老金收入方面，根据国家统计局年度数据，中国15—64岁劳动年龄人口的绝对数量已经于2014年出现了下降，这也预示了养老金制度内的缴费人数会不断减少，进而会影响到养老金的收入；与此同时，由于中国目前养老金制度规定的最低缴费年限为15年，造成许多劳动年龄人口达到规定缴费年限后不再继续缴费，进一步缩小了制度的缴费人群，降低了养老金的收入。根据历年人力资源和社会保障事业发展统计公报数据，近年来，中国基本养老保险基金收入的增长率开始逐步低于基金支出的增长率，并且基金收入的增长速度逐步放缓，而基金支出的增长速度有逐渐加快的趋势（见图4-14）。以2016年为例，若剔除6511亿元的财政补贴，当年企业基本养老保险基金当期收支缺口已经高达3307亿元。事实上，2001年以来，在公共养老金覆盖的城镇国有企业和集体企业职工中，参保人数平均增速为4.04%，已低于离退休职工的平均增速6.64%，而养老金的筹集主要依赖参加养老保险的职工人数。这意

味着养老金收小于支会持续下去，养老金收支平衡面临着巨大压力，随之而来的就是养老金缺口。

```
(%)
30
25      20.90    24.50  23.40  20.40      25.60  21.90                           23.40  24.40
20  17.80  20.30                                       18.60  17.70  19.70
15            21.20  21.80  23.90        18.70        18.00
10       15.40                    18.90       20.90                              16.30  18.90
 5  12.20                              16.50              12.90  9.50  12.40
 0
   2004  2005  2006  2007  2008  2009  2010  2011  2012  2013  2014  2015  2016  2017 (年份)
         ━◆━ 征缴收入增长率        ━■━ 支出增长率
```

图4-14 中国基本养老保险基金征缴收入和支出增长率变化情况
资料来源：根据历年人力资源和社会保障事业发展统计公报数据整理。

从中国养老保险收支的未来发展来看，在养老金支出方面，由于在未来数十年间中国老龄化速度将进一步提升，养老金支出占GDP的比重也将快速增加。根据国家应对人口老龄化战略研究课题组的预测，2050年中国总养老金支出占GDP的比重将达到14.83%（李军，2014）。同样可以预计，到2050年及之后的人口老龄化高原时期，中国养老金支出水平将会持续保持高位。在养老金收入方面，伴随着老龄化程度的急速增加，中国劳动年龄人口的绝对数和相对数都将持续降低，根据第七次全国人口普查数据，中国16—59岁劳动年龄人口为8.8亿，2050年将下降到6.43亿（联合国，2022），并在2050年后的人口老龄化高原期保持这一态势。正是在这一持久的人口老龄化的影响下，许多学者意识到在现有制度下，人口老龄化将会在不久的将来出现养老金缺口，从而给制度带来长期风险。李扬（2015）预测到2050年中国基本养老保险基金缺口规模将达到1378万亿元，占当年GDP的比重约为155%；高培勇（2011）预计2050年这一数字将达到95%。如果继续维持现有的养老金制度，其制度负债问题将越来越显著。

(四)人口老龄化影响养老金模式：现收现付养老金制度面临巨大挑战

现收现付制和完全积累制是世界范围内养老保险基金筹集的两种主要模式。现收现付制是同一时期工作的人缴纳养老金供养当期的退休一代；完全积累制则是个人在工作期间缴纳养老保险费用并通过个人账户进行积累，退休时领取相应的养老金的制度安排（汪然，2016）。不同学者对这两种模式在应对人口老龄化挑战时的优劣有不同的观点：一种观点认为，现收现付制无法应对人口老龄化危机，而完全积累制则可以（高建伟、邱菀华等，2002）；另一种观点则认为人口老龄化并不必然导致现收现付制度发生支付危机（朱青，2001；程永宏等，2005）；同时，还有一种观点认为完全积累制与现收现付制在应对人口变化的问题上并没有本质差别（巴尔，2003）。其实现收现付制和完全积累制都不可避免地会受到人口老龄化的冲击，只是在不同的假设前提下，其受到的影响会有差异。当人口的增长率与工资的增长率之和大于市场利率时，现收现付制更有优势，反之，完全积累制则可能更有优势，但如果考虑到转轨成本等要素，二者可能又没有本质的差别。因此，现收现付制和完全积累制在不确定性的条件下没有绝对的优劣之分。目前学者之间基本上形成了一个共识，即从逻辑上讲，一种现收现付和完全积累的混合型制度与单一的现收现付或者积累制相比，能够减少风险的出现（郑秉文，2003）。

中国目前的基本养老保险制度从理论上讲是一种现收现付和完全积累相结合的制度，但从实际运作来看，由于转轨成本没有很好地得到处理，完全积累的个人账户被挪用形成了空账，造成了实际上中国的基本养老保险依然是一种纯粹的现收现付制度。现收现付制的运行，从理论上来说需要满足人口增长率与工资增长率之和大于实际市场利率的艾伦条件，才能不发生支付危机。但从中国人口老龄化趋势及经济发展走向来看，要满足艾伦条件面临着巨大的挑战，特别是长期的人口老龄化高原和经济发展速度的减缓，使单纯依赖现收现付制来满足老年人的养老金需求不可避免地会受到制约。

第三节 中国养老金体系面临的问题与挑战评估

一 中国养老金体系的总体结构性问题与挑战

（一）制度分割与碎片化带来了养老金体系的公平性问题

中国养老金体系是在经济体制转型过程中逐步建立起来的，制度建立初期带有极大的工具性色彩，并通过不断地修补和完善形成了当前的养老金体系。由于制度建立开始时缺乏顶层设计和长期战略思考，导致中国养老金体系呈现制度的多重分割和碎片化，带来了一系列公平性问题。近年来，随着基本养老保险制度全覆盖的实现和城乡居民基本养老保险制度整合的推行，以及机关事业单位养老保险制度并轨，不同养老金制度之间的不公平问题得到了很大程度上的缓解，但由于许多系统性问题的存在，养老金体系不公平问题依然严峻。第一，区域间不公平非常严峻，中国基本养老保险全国统筹目标尚未实现，不同地区由于经济发展水平、人口结构等差异的存在，导致一些地区出现大量养老金结余，而另一些地区养老金缺口巨大，难以在大范围内通过大数法则分散风险；第二，性别之间不公平，同男性相比，女性退休时间早，工作年限和缴费年限短，养老金积累额度较小，从而导致养老金待遇水平相对较低，一定程度上导致女性参保权利的不公；第三，代际不公平，在中国养老金制度"社会统筹+个人账户"模式改革过程中产生了大量的转轨成本，但由于这部分成本没有得到很好地解决，在当期发放"老人"和"中人"养老金时，挪用了"新人"积累的养老金，造成了个人账户空账，这一问题使得养老保险责任后移，形成了代际的不公平。

（二）养老金缺口和结构不合理制约了养老金体系的可持续性

随着人口老龄化的不断加深，中国养老金体系面临着越来越严峻的挑战，极大地影响着中国养老金体系的可持续性。以城镇职工养老保险制度为例，中国城镇职工养老金面临着巨大的缺口，据人力资源和社会保障部的统计，若剔除4716亿元的财政补贴，2015年企业基本养老保险基金当期收支缺口高达1188亿元，从长期缺口来看，不同的机构和学者进行了不同的测算。德意志银行的马骏等（2012）认为中国现实养老金缺口到2020年将达到GDP的0.2%，到2050年达GDP的5.5%。今后38年累积的养老金总缺口的现值（用名义GDP增长率作为折现率来计算）相当于目前GDP的75%。曹远征等（2012）认为到2033年时全养老金缺口将达到68.2万亿元，占当年GDP的38.7%。

同时，中国养老金结构发展还很不均衡，国际上养老金体系比较完善的国家通常采取的是三支柱的养老金模式，其目的在于合理分担国家、雇主和个人养老责任。以美国为例，在其三支柱养老金体系中，第二支柱的职业养老金规模最大，其次是第三支柱个人养老金，最后才是公共养老金。在待遇给付上，公共养老金能提供的平均替代率水平为30%—40%，第二和第三支柱合计提供的替代率水平为40%—50%，一方面政府养老负担较小，另一方面个人养老保障比较充分。同样，在加拿大，第二、第三支柱养老金资产占全部养老金资产的比重超过90%，第二、第三支柱成为加拿大养老金体系中的重要组成部分。与此相反，中国养老金体系中，由于公共养老金一支独大，第二、第三支柱养老金制度发展缓慢，仅覆盖极少数人群，结果是公共养老金负担绝大部分养老责任，退休人员也将养老待遇完全寄托于第一支柱公共养老金制度，见表4-9。长此以往，国家财政将面临巨大压力。

表4-9　　　中美加三国三支柱养老金体系规模与结构比较

		第一支柱	第二支柱	第三支柱	合计
美国	规模（万亿美元）	2.9	16.8	9.2	28.9
	占养老金资产的比重（%）	10.0	58.2	31.8	100
		第一支柱	第二支柱	第三支柱	合计
加拿大	规模（万亿美元）	0.25	2.40		2.65
	占养老金资产的比重（%）	9.4	90.6		100
		公共养老金	职业养老金	个人养老金	合计
中国	规模（万亿元）	5.02	1.29	—	6.31
	占养老金资产的比重（%）	79.4	20.6	—	100

注：①加拿大第一支柱为2015年数据，第二、第三支柱为2016年数据。

②第三支柱个人养老金刚开始试点，缺乏相应数据。根据相关报道，截至2020年4月，个人税收递延型商业养老保险累计实现保费收入3亿元，规模十分有限，故未计入。

资料来源：美国数据来自ICI、Social Security；加拿大数据根据OECD（2017）：pension at a Glance：OECD and G20 Indicators整理；中国数据根据人社部统计数据整理。

（三）养老金水平持续低位影响了养老金的充足性

现行城镇职工养老保险体系中，基本养老保险定位于保障退休人员基本生活，企业年金计划则是基本养老保险的补充。因此基本养老保险设定的替代率水平较低，为社会平均工资的60%左右。但由于企业年金计划覆盖面十分有限，不到基本养老保险参保人员的10%，而且人均资金积累不多，大部分职工仅能依靠基本养老保险保障退休生活。因此在制度建立之初，基本养老保险替代率居高不下，维持在70%左右。然而2000年以后，基本养老保险替代率持续下降，从1997年的70.79%下降到2020年的41%左右，如图4-15所示。根据国际劳工组织公约，养老保险替代率警戒线在40%—50%。可见，尽管经过连续十余年的养老金待遇调整，公共养老金替代率仍然处于较低水平，退休职工基本生活保障面临较大风险。

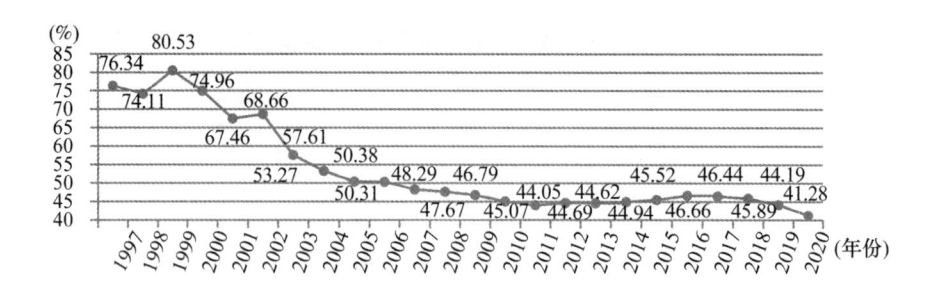

图 4-15 中国城镇职工基本养老保险替代率水平变化趋势

资料来源：根据人社部统计公报计算。

二 第一支柱公共养老金制度面临的问题与挑战

（一）缴费基数不实，缴费率虚高

中国基本养老保险可持续性存在的重要问题之一是未能够足额缴费。中国目前基本养老保险缴费率为24%，从世界范围来看，OECD国家公共养老金缴费率平均水平在20%左右。如果考虑到五险一金整体，中国职工社会保险合计缴费率达50%左右，企业缴费率近40%。过重的缴费负担既影响企业竞争力，也影响个人当期工资收入。由于费率法定不可更改，企业为了减轻缴费负担，因此纷纷通过降低缴费基数进行规避。政策规定缴费基数可为当地社会平均工资的60%—300%，许多企业就以最低水平确定缴费基数。较高的缴费率目的在于筹措更多的养老金，但是缴费基数不实在很大程度上对冲了高缴费率。此外，由于养老金领取挂钩了社会平均工资，如果社会平均工资比缴费基数高的话，就会增加养老金支出。可见，由于缴费率过高导致缴费基数不实，从而进一步影响养老金收支的可持续性。根据"51社保"发布的2016中国企业社保白皮书，超过7成的企业未按照职工工资实际核定社保缴费基数缴费，其中3成以上的企业统一按照最低基数缴费，社保缴费基数完全合规的仅占25%。

（二）最低缴费年限偏低，断缴现象突出

根据中国社会保险学会《中国职工基本养老保险养老金待遇确

定机制研究》课题组调查数据，在33个获得数据的调研城市中，2018年新增退休人员中，平均缴费年限最长的是长春市（33.17年），平均缴费年限超过30年的城市有6个（北京、太原、沈阳、长春、西安、乌鲁木齐），在20年至30年的城市有21个。整体来看，33个城市2018年新增退休人员的平均缴费年限的平均数为24.87年，比15年的最低缴费年限高出近10年，如表4-10所示。

表4-10　2018年各城市新增退休人员平均缴费年限　　　　单位：年

城市	2018年新增退休人员平均缴费年限		
	单位就业人员	灵活就业人员	平均
北京	33.02	25.09	30.00
天津	31.83	27.45	29.57
石家庄	27.93	24.76	27.68
太原	33.57	29.82	33.08
呼和浩特	14.85	11.85	12.60
沈阳	36.60	30.60	32.20
大连	33.94	25.93	28.32
长春	34.39	18.57	33.17
哈尔滨	—	—	—
上海	31.00	23.00	28.00
南京	32.0833	26.3333	29.75
杭州	23.52	19.96	21.55
宁波	20.03	17.05	18.04
合肥	—	—	—
福州	14.12	7.92	10.72
厦门	28.18	23.55	20.21
南昌	35.17	18.75	23.00
济南	32.42	26.41	29.44
青岛	30.07	22.83	25.32
郑州	30.32	27.92	29.62
武汉	31.80	26.7	28.60

续表

城市	2018年新增退休人员平均缴费年限		
	单位就业人员	灵活就业人员	平均
长沙	—	—	—
广州	21.61	15.00	19.98
深圳	19.36	20.93	19.96
南宁	31.60	27.30	25.70
海口	28.00	23.00	25.50
重庆	28.37	22.23	23.75
成都	32.87	23.30	21.08
贵阳	29.59	17.40	20.86
昆明	28.14	26.25	27.24
拉萨	17.92	11.90	16.39
西安	33.523	27.758	30.809
兰州	25.97	17.33	20.31
西宁	22.01	20.63	21.00
银川	30.35	25.28	26.96
乌鲁木齐	33.00	28.00	30.30

注："—"表示未收集到信息。

资料来源：中国社会保险学会《中国职工基本养老保险养老金待遇确定机制研究》课题组。

目前，学界多认为15年最低缴费年限过低。李珍（2013）分析了缴费年限对基础养老金水平和平均工资替代率的影响：累计缴费年限处在个人终身工作年份的区间大致可分为三种情况，一是个人从开始工作时参保缴费，到累计15年时停止缴费；二是个人选择在45岁开始参保缴费，到60岁退休时正好满足15年的资格要求；三是各种其他情况的集合，且不一定是连续缴费，反映了千差万别的缴费情况。在这三种情况中，第一种情况的基础养老金替代率最低，因为这时人们刚开始职业生涯，工资水平较低。第二种情况的基础养老金替代率最高，因为个人缴费基数处于终身工资收入的最高阶段。假设个人20岁开始工作（若至60岁退休，则其间有40年），社会平均工资增长率为8%，个人工资及其增长率与社会平均工资相等。则第一种情况（满 N 年后停缴）和第二种情况（满 N 年后退休）下的替代率水平如表 4-11 和表 4-12 所示。

表 4-11　不同累计缴费年限下的基础养老金替代率（第一种情况）

累计缴费年限	60 岁退休（男性）	55 岁退休（女干部）	50 岁退休（女职工）
15 年	7.96%	8.43%	9.13%
20 年	11.25%	12.18%	13.55%
30 年	20.32%	23.34%	27.78%

资料来源：李珍：《基本养老保险制度分析与评估》，人民出版社 2013 年版。

表 4-12　不同累计缴费年限下的基础养老金替代率（第二种情况）

累计缴费年限	基础养老金替代率
15 年	13.89%
20 年	18.52%
30 年	27.78%

资料来源：李珍：《基本养老保险制度分析与评估》，人民出版社 2013 年版。

根据表 4-11，从横向来看，越早退休则退休时的替代率越高，这是因为退休年龄越小，停止缴费年份距离退休年份的"空档"越小，社会平均工资增长的年份较少。当然，这并不意味着养老金绝对水平高。从纵向来看，累计缴费年限的差距带来较大的基础养老金替代率差距，以 60 岁退休的男性参保者为例，30 年缴费下的基础养老金替代率高出 15 年缴费下相应替代率的 2 倍多。根据表 4-12，因累计缴费年限不同带来的基础养老金差距小于第一种情况，这主要是因为这一区间个人工资收入较高。实际上，第二种情况比第一种情况在现实中更为常见，尤其是对于制度中的灵活就业人员、部分相对稳定在城镇就业但又游离于监管之外的农民工等。当然，实际上第三种情况比前两种情况更为普遍，因为大量中断缴费、接续缴费等情况的存在，许多人的累计缴费并非连续形成的，这种情况下的替代率水平处于前两种情况之间。

可以看出，在现行的基础养老金待遇确定机制下，15 年最低缴费年限要求存在以下问题：第一，带来了较低的保障水平，拉大了正规就业和非正规就业群体之间的养老金差距。第二，在人口老龄化高原背景下，15 年最低缴费年限加剧了基金支付的压力，从实质上恶化了赡养率水平。第三，15 年最低缴费年限弱化了"长缴多得"的激励机制（杨俊，2020），易引发断缴保费、提前退休等问题，对基本养老保险的财务可持续性构成威胁（李珍，2013）。

出现这一问题的原因在于政策设计方面混淆了"领取养老金的最低缴费年限资格"和"保证一定养老金水平的缴费年限"之间的差异：现行政策中 15 年的最低缴费年限是获取基础养老金的"门槛"，这一规定当初是为了照顾改革时参加工作年限短的职工，但这一标准（15 年的"门槛"）对于部分低收入的灵活就业人员和阶段性就业人员而言仍有现实意义。目前的问题是在当前制度设计中，15 年的缴费年限难以保证其养老金替代率水平，这就产生了"确保灵活就业人员和阶段性就业人员加入制度"和"保证替代率"的矛盾。因此"缴费满 15 年后停止缴费"的中断缴费现象（见图 4 - 16）和"在离退休还有 15 年时才缴费"现象成为当前要着重解决的问题。需要说明的是，15 年的最低缴费年限规定确实难以起到正面的"长缴多得"激励作用，但是，从调查数据中可以看出，绝大多数正规就业者的缴费年限都超过了 15 年，提高最低缴费年限只会影响非正规就业者，对正规就业者也起不到"激励作用"。我们需要从养老金待遇制度整体考虑激励"多缴多得"，目前的政策在这一方面还有改进的空间。

（三）全国统筹尚未实现，地区收支不平衡

由于中国基本养老保险制度经历了从无到有、从部分人群扩展到更大范围人群的过程，中央层面通过基本的制度建设明确了公共养老金制度的基本原则，各地则根据自己的实际情况对制度进行部

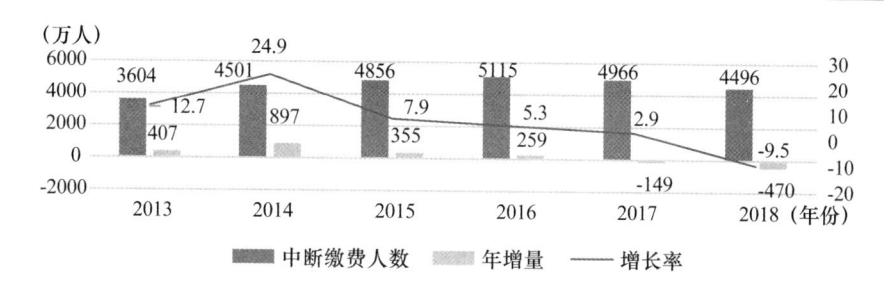

图4-16　2013—2018年中国企业中断缴费人数情况

资料来源：《2018社会保险运行报告》。

分调整，因此导致各地基本养老保险制度在实际运作过程中存在较大差异，主要体现在个人和单位缴费基数、缴费比例等方面的不同，从而导致了不同地区、不同类别参保人群的待遇区隔。随着人口流动越来越频繁和自由，基本养老保险资金开始出现地区之间、省与省之间的不平衡问题，在此基础上，中国自20世纪90年代末开始提出要提升养老金统筹层次并提出要逐步实现全国统筹的目标，党的十九大进一步强调"要尽快实现基本养老保险全国统筹"。近年来，在国家一系列政策支持和推动下，各省基本养老保险基本实现省级统筹目标，并建立中央调剂金制度作为全国统筹的过渡方式。但总体来看，目前全国统筹仍面临着一系列问题与挑战。

第一，全国统筹面临着中央与地方、地方之间的利益平衡问题。由于不同省份、不同地方经济发展水平，人口老龄化程度存在较大差异，基本养老保险基金结余和运作情况存在较大差异。对于那些经济发展水平较高、人口老龄化程度较低的地区，往往存在较多的养老保险基金结余，这些地区为了更好地吸引企业入驻，往往采取降低社会保险缴费率的方式降低企业成本，以提高吸引力。而另外一些地区因人口老龄化等因素的影响，往往处于收支不平衡的境地。在此背景下，收支不平衡的地区更希望提高统筹层次以获得本地区基本养老保险基金的调剂，而养老保险基金富余的地区则不愿被劫富济贫，这一区域矛盾成为全国统筹目标实现的巨大障碍。

第二，制度运行差异给全国统筹的实现增加了阻力。由于不同地区在缴费基数、缴费率和待遇计发办法等方面存在较大差异，导致真正意义上的全国统收统支的全国统筹模式面临挑战，即如何统一各地的缴费和待遇计发标准，缴费标准就高可能导致经济发展水平较低和人口老龄化程度较深地区的企业难以承受的问题，缴费标准就低则会大大减少基本养老保险的基金收入，进而影响全国范围内的基金收支平衡。

（四）退休年龄偏低，加剧养老金支付压力

中国老年人口规模不断扩大，老龄化形势日益严峻，给中国养老金制度发展带来沉重压力。然而，中国却是世界上实际退休年龄最低的国家之一。目前中国领取养老金的基本条件为：最低缴费15年并达到退休年龄（男性60岁、女干部55岁、女职工50岁）。从国际经验来看，发达国家全额领取养老金的条件要远远高于中国，一方面其最低缴费年限更长，法国、德国分别都超过40年，其他一些国家如英国、西班牙、日本等国养老金的最低缴费年限也大都在20年以上（见表4-13），而中国目前规定的领取养老金的最低缴费年限偏低，仅为15年。与此同时，目前中国法定退休年龄（男性60岁、女干部55岁、女职工50岁）也大大低于大部分发达国家。由于目前中国养老金领取条件过宽，在很大程度上加大了养老金制度的支付压力。

表4-13　　　　　　　不同国家全额领取养老金的条件

国别	最低缴费年限	金额领取法定退休金年龄	备注
法国	41年	60岁	允许弹性退休，未达法定退休年龄按比例领取养老金
德国	45年	65岁	缴费满45年可提前至63—65岁退休并领取全额养老金
英国	35年	男性65岁，女性60岁	到2028年将男女退休年龄逐步提高至67岁

续表

国别	最低缴费年限	金额领取法定退休金年龄	备注
西班牙	30 年	65 岁	可弹性退休，将继续延长法定退休年龄至 67 岁
日本	25 年	65 岁	允许弹性退休
瑞典	30 年	65 岁	允许弹性退休
波兰	25 年	男性 65 岁，女性 60 岁	到 2040 年女性延长至 67 岁
墨西哥	1250 周（约 24 年）	65 岁	60 岁可提前退休，缴费满 24 年可全额领取养老金

资料来源：根据雍海宾等（2016）、郭林林（2011）、华颖（2016）、王雯等（2013）、张士斌（2014）、李浩燃等（2012）公开发表资料整理，详见参考文献。

尽管中国法定退休年龄未曾变化，但职工的实际退休年龄呈下降趋势（见图 4-17）。据 2006 年劳动保障部在中国 29 个省份的企业退休人员调查数据，被调查的 1756 万名退休人员中有 997 万人属于提前退休，占 56.8%。而据 2015 年第四次城乡老年人生活状况调查，220726 名 60 岁以上老人中，男性的实际平均退休年龄为 58.71 岁，女性平均退休年龄为 52.87 岁。

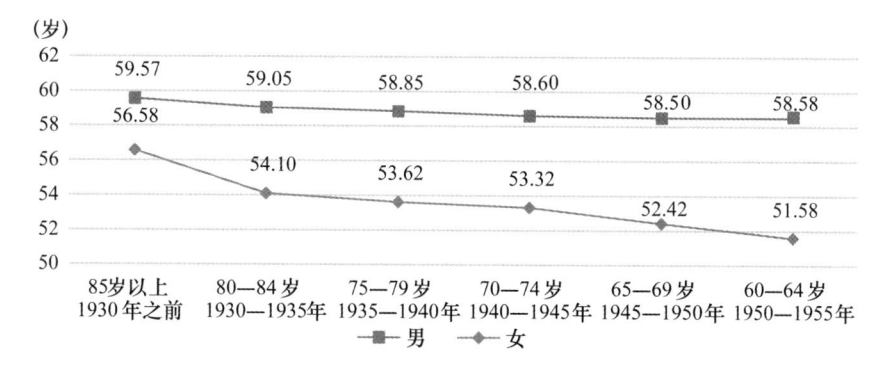

图 4-17 中国不同年代职工的实际平均退休年龄

资料来源：全国老龄办第四次中国城乡老年人生活状况抽样调查数据。

根据中国社会保险学会《中国职工基本养老保险养老金待遇确定机制研究》课题组对36个城市调研统计数据，2018年34个获取数据的城市中，平均退休年龄最高的是58.87岁（贵阳）和58.7岁（南昌），最低的是50.33岁（拉萨）、52.38岁（西宁）和53.2岁（深圳），见表4-14。34个城市的平均退休年龄为55.27岁，其中单位就业人员为54.86岁，灵活就业人员为55.31岁。

表4-14　　2018年新增退休人员平均退休年龄　　单位：岁

城市	单位就业人员	灵活就业人员	平均	城市	单位就业人员	灵活就业人员	平均
北京	54.00	53.00	54.00	青岛	54.39	53.91	54.08
天津	56.00	54.56	55.30	郑州	53.86	53.25	53.68
石家庄	55.09	56.18	55.17	武汉	55.30	54.80	55
太原	54.39	55.18	54.50	长沙	56.00	56.00	57.00
呼和浩特	57.00	58.00	56.60	广州	54.35	55.66	54.66
沈阳	55.96	55.38	55.47	深圳	53.38	52.91	53.20
大连	55.34	55.40	55.38	南宁	54.90	55.30	56.40
长春	54.77	55.97	54.86	海口	55.00	55.00	55.00
哈尔滨	—	—	—	重庆	53.36	55.14	57.15
上海	56.00	57.00	57.00	成都	54.93	56.13	55.92
南京	54.83	54.42	54.67	贵阳	54.30	60.78	58.87
杭州	56.75	55.35	55.98	昆明	54.71	56.43	55.53
宁波	55.00	55.00	55.00	拉萨	50.34	50.30	50.33
合肥	—	—	—	西安	54.329	54.337	54.333
福州	55.57	55.42	55.67	兰州	57.32	57.56	55.36
厦门	54.06	54.30	57.97	西宁	52.35	52.39	52.38
南昌	59.90	59.90	58.70	银川	53.08	55.20	54.49
济南	54.76	55.23	54.99	乌鲁木齐	54.00	55.10	54.6

注："—"表示未收集到相关数据。

资料来源：根据中国社会保险学会《中国职工基本养老保险养老金待遇确定机制研究》课题组调查数据计算。

中国现行退休年龄主要是在1978年制定的，当时人均预期寿命较低。随着经济发展和医疗卫生技术水平的提高，中国人均预期寿命逐年提高，2019年居民人均预期寿命为77.3岁，但退休年龄政策规定却未随之调整，这将对养老金制度产生巨大压力。在人口预期寿命不断延长的情况下，基本养老保险仍然沿用20世纪的退休年龄政策，退休年龄不作相应的提高，既影响制度的保费收入，也影响制度的支出，削弱了制度的长期财务可持续发展的能力。

表4-15　　　　　中国居民人均预期寿命变化情况　　　　单位：岁

年份	合计	男	女
1981	67.77	66.28	69.27
1990	68.55	66.84	70.47
1996	70.80	—	—
2000	71.40	69.63	73.33
2005	72.95	70.83	75.25
2010	74.83	72.38	77.37
2015	76.34	73.64	79.43
2016	76.5	—	—
2017	76.7	—	—
2018	77.0	—	—
2019	77.3	—	—

注："—"表示未收集到相关数据，下同。

资料来源：1981—2015年数据来源于《中国统计年鉴2019》；2016—2019年数据来源于《中国卫生健康事业发展统计公报》。

（五）缺乏正常的待遇调整机制，不利于养老金基金可持续发展

目前，中国主要通过政府的行政命令对养老金待遇水平进行调整。2004—2021年，中国养老金已经实现了18年不间断连续调整：从政府行政角度看，2004年的待遇调整是应物价高涨而进行的临时决策；2005—2007年的调整是一次决策、分年落实，年度调整水平

是上年度企业在岗职工工资增长率的60%至100%，但2005年未及实施，故2006年是与2005年合并调整的，因此调整涨幅特大；从2008年开始待遇调整参数由工资增长率的一定百分比改为养老金的一定幅度，到2015年，养老金每年以10%左右的幅度递增；2016年起增幅降至6.5%，2017年为5.5%，2018年、2019年、2020年均为5%，2021年为4.5%。18年连调固然保障了退休人员的基本生活，也分享了经济社会发展成果，每次决策均有当时的具体考量和测算，但还未形成长期稳定的机制。养老金涨幅比例整体上呈现逐渐下降的趋势，但下降趋势背后的决策依据与调整方式不仅缺少公开、透明的信息公布，也缺少科学、合理的调整机制。

第一，养老金调整尚未确立明确目标。基本养老保险制度的核心目标是为老年人提供有安全保障的老年收入。但中国养老金待遇调整的目标则更加多样化：一是要消化基本养老保险制度改革而带来的"老人"和"中人"的待遇差异；二是承担适当照顾特殊群体的目标；三是承担养老金水平能保证最低生活水平以使退休人员不至于陷入老年贫困的济贫目标。不同目标有当时特定的历史背景，但目标过多易导致养老金待遇调整时目标模糊，意味着对养老金待遇调整提出了更加复杂的要求，结果评价困难。因此，在逐步消化了转轨因素后，应尽可能使养老金待遇调整目标清晰化、一致化，坚持其核心目标，同时维护养老金待遇确定环节明确的公平和激励机制。

第二，调整依据不清晰。调待目标过多导致养老金在调整时参考依据难以发挥应有作用。目前，为了保障退休人员的基本生活水平以及促进全民共享经济发展成果，养老金调整的主要依据为CPI与工资增长率。但是，现有依据在调整时仍然较为模糊，具体情况见图4-18。从图中可以看出，养老金增长率并未与CPI、城镇在岗职工平均工资增长率呈现一致的发展趋势和相似的波动情况：第一，工资增长率和养老金增长率均高于CPI。第二，工资增长与CPI曲线大体一致，但养老金增长率（政策）曲线有偏离，主要是受一些外生变量的影响，比如着意提高过低的养老金等。第三，养老金实际增长曲线高于养老金政策增长曲线。

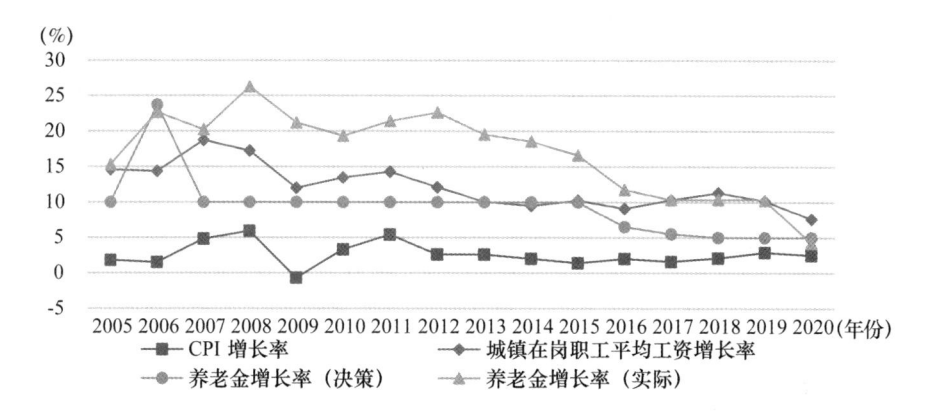

图 4-18 2005—2020 年中国 CPI 增长率、职工平均工资增长率和养老金增长率情况

注：养老金增长率（实际）基于城镇企业职工基本养老保险基金支出计算而得。

资料来源：《中国统计年鉴》《人力资源和社会保障事业发展统计公报》。

同时，为了保证养老金防范通货膨胀的风险，促进老年人分享经济发展成果，以及实现养老金制度的精算平衡，养老金待遇调整可能会参考更多的依据。无论是构建养老金调整单一指数，或养老金调整综合指数，在已有参考依据基础上可能涉及人口老龄化率、人口预期寿命、老年负担比增长率、老年人的消费支出结构、缴费年限、基本养老金支出压力、各级财政负担等。虽然，更多的参考依据促进了养老金待遇调整的科学性与全面性，并且在一定程度上有利于促进养老金制度实现精算平衡，但过多的参考依据，意味着养老金待遇调整时需要考量与权衡更多的因素，很可能舍本逐末，在某些特殊情况下导致养老金难以保证其基本职能的正常发挥。养老金待遇调整不应该仅仅建立在参考依据的加权计算上，更应该确保其基本目标与核心职能的发挥，确保养老金待遇调整的科学性与合理性。

目前中国的养老金待遇已经经历了"18 连涨"，虽然近几年增长速度放缓，但仍处于增量改革的状态。养老金待遇调整缺少相应的待遇触发机制，尚未建立科学、合理的养老金待遇自动调整机制，待遇调整决策还带有临时性，一般在每年第四季度决定下一年度是否调整及调整幅度，没有中长期计划，使公众缺乏稳定预期，地方也难以预先安排预算（古钺，2017），养老金待遇调整的稳定性和透明度不高，这不利于养老金制度可持续发展与养老金待遇水平的适宜调整。同时，由于养老金在离退休人员的日常生活中具有重要地位，一旦通过行政命令叫停养老金待遇连涨，会遭到来自社会各方面的巨大抵抗。综合来看，没有科学的养老金待遇调整触停指标，一方面会导致行政命令式的强制调整养老金，另一方面也无法正确引导民众预期。

（六）隐性债务尚未解决，养老金长期平衡面临风险

隐性债务是指现行养老保险制度如果立即停止运行，为了兑现对已经退休的老人和已经参加工作尚未退休的职工（中人）承诺的养老保险待遇应该积累的资金现值。对于中国实际而言，就是1997年统账结合模式养老保险体制建立之时，原有养老保险体制停止运行而产生的对老人的养老金承诺。劳动部社保所、世界银行和国家体改办分别于1995年、1996年和2000年对养老保险的"隐性债务"进行了估计，数值分别为2.8万亿元、1.9万亿元和6.7万亿元。隐性债务规模不断增加的重要原因在于，中国养老金制度改革恰逢中国社会经济转型期间，工资分配制度也发生了货币化的改革，计划经济体制下的低工资高福利被市场化的工资所取代，工资增长率持续高位，而养老金待遇与社会工资水平正向绑定，其结果是随着工资增加，养老金待遇给付增加，导致养老金历史债务在一定时期内上升。

三 第二支柱职业养老金制度面临的问题与挑战

（一）企业年金政策层级不高，制度定位不明确

中国企业年金制度从萌芽至今已经经历了二十余年，但总体

来看，目前企业年金基本法律框架都只是部门规章的形式，立法层级不高，仍无企业年金制度的专门法律出台。由于立法层级低下，导致企业年金在发展过程中遇到一些具体问题比如税收优惠的具体执行和持续性等问题存在着一定的障碍，从而影响企业年金市场发展。而且中国企业年金制度的定位并不明确，尽管政府相关文件将企业年金界定为基本养老保险制度的补充，但从《企业年金办法》中关于企业建立年金计划的前提条件来看，主要有利于经济效益好的企业职工，一些效益不好的企业及中小企业即便有意愿建立企业年金制度，也往往被较高的门槛限制在制度之外，无法实现企业年金对于基本养老保险制度的补充作用。

（二）企业社会保险缴费负担重，企业年金参与能力不足

中国现行的社会保障缴费费率整体偏高，其中基本养老保险制度设定的企业缴费率就高达16%，再加上基本医疗保险8%的企业缴费费率以及住房公积金等，往往使中小企业的缴费负担沉重，一方面，这使得很多企业难以达到建立企业年金制度应当满足的前提条件；另一方面，即便一些企业达到了建立企业年金的基本条件，由于其他社保缴费额度较高，因而限制了其参与企业年金的能力。

总体来看，经过十多年的发展，企业年金发展趋于成熟。截至2020年年底，企业年金投资运作规模已达两万亿元，但基金规模增速从2009年的64%逐年下降至2019年的25.2%。据国家统计局数据，2020年中国企业法人数目超过2109万人，其中大部分为中小企业。目前具备建立条件的企业已经基本建立完成，主要是国有企业及其他的大型私营企业，在经济基本面下行、企业融资难等内外因素影响下，中国中小企业建立企业年金仍然存在着相当大的困难。

2020年年底，中国建立企业年金的企业10.52万家，年度增加0.92万家，增速9.58%（如图4-19所示）。受此影响，2020年参加年金计划新增员工人数为170万人，增速在2017年下降至

图 4-19 2008—2020 年中国建立企业年金计划企业数量及增长情况

资料来源：根据历年人力资源和社会保障事业发展统计公报数据整理。

0.26%，在 2020 年恢复至 6.67%（如图 4-20 所示）。但预计未来几年内，新增的企业年金的企业个数和员工数量增速将不会大幅提升。

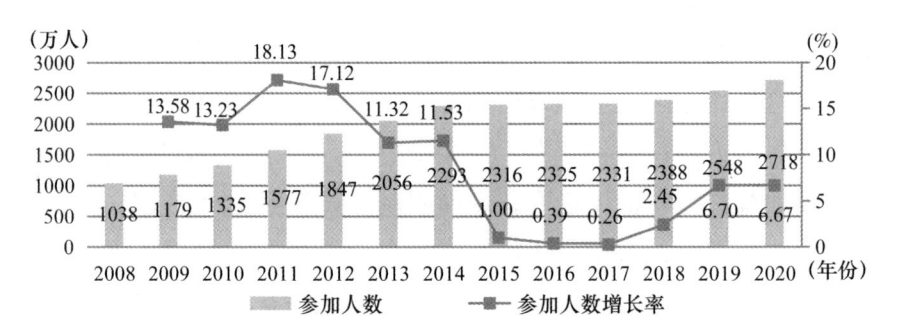

图 4-20 2008—2020 年中国企业年金计划参加人数及增长率变化情况

资料来源：根据历年人力资源和社会保障事业发展统计公报数据整理。

随着参与企业年金计划的企业退休人口增多，计划整体领取人数逐年上升，基金流出持续增加。在经济下行背景下，企业盈利能力下降导致缴费能力下降，部分受影响较严重行业中的企业甚至出现了中断缴费的现象。在基金流入逐渐平缓甚至出现缴费停止时，企业年金领取人数稳定上升，基金的支付规模不断增加，这对于企业年金基金的积累造成了巨大的压力。如果没有相应的机制设计和激励措施，企业年金发展将可能告别高速发展时期，步入低增长时代甚至将趋于停滞。

(三) 企业员工激励措施有限，企业年金参与动力受阻

合理的激励措施是推动企业年金制度发展的主要动力，从国际发展经验来看，税收优惠是企业年金激励最直接、最有效的手段之一。对于企业年金而言，税收优惠是政府当期税收损失与减轻未来养老负担的一种替换。通过税收优惠的杠杆作用，通过较少的税收损失，激励企业和职工形成更多的缴费，可以最终降低政府的养老负担。目前中国企业年金税收优惠政策的主要依据分别是《财政部、国家税务总局关于补充养老保险费、补充医疗保险费有关企业所得税政策问题的通知》（财税〔2009〕27号）和《财政部、国家税务总局、人力资源和社会保障部关于企业年金职业年金个人所得税有关问题的通知》（财税〔2013〕103号），这两个文件分别明确了企业年金中企业缴费税前列支比例为5%，个人参加企业年金缴费在不超过本人缴费工资计税基数的4%标准内的部分，暂从个人当期的应纳税所得额中扣除。但由于企业年金税惠政策的相关规定都是以《决定》《通知》《试点方案》等政府的一般性政策文件的形式体现的，存在层次不高和权威性不足等问题，从实际的税收优惠政策的执行来看，各个地区的执行方案也都存在着较大的差异（见表4-16），还有部分省市区还没有出台具体的税收优惠方案。从表中可以看出，尽管目前已经有大部分地区的税收优惠政策已经出台，但总体来看，这些政策存在不统一的问题，影响了不同企业之间的公平性，且对于跨地区的企业而言，存在便捷性不足的问题。此外，中国企业年金税收优惠的力度还大有不足，就制度本身而言，企业可享受的税收优惠部分远远低于其缴费比例范围，而且这一优惠力度大大低于国外标准，国外的私人养老金计划的税收优惠通常是落实在个人账户上，如美国401(k)计划允许员工在工资总额15%以内的部分免税（免税总额有限制），对雇员积极参与私人养老金计划起到了极大的激励作用。

表4-16　中国部分省（市）企业年金税收优惠政策情况　　　单位:%

	税前列支比例	备注		税前列支比例	备注
辽宁	4	国务院批准	福建	5	政策延续
吉林	6	国务院批准	广东	4	政策延续
黑龙江	4	国务院批准	贵州	5	政策延续
河北	4	新出台	四川	3—5	政策延续
山西	8.3	新出台	青海	4	政策延续
浙江	5	新出台	新疆	4	政策延续
安徽	5	新出台	深圳	5	政策延续
山东	4	新出台	山西	4	新出台
湖南	4	新出台	北京	4	新出台
云南	5	新出台	天津	8	新出台
江苏	12.5	政策延续	重庆	6	新出台
湖北	12.5	政策延续	上海	5	政策延续

资料来源：张英明：《中小企业年金制度设计与创新研究》，科学出版社2017年版，第262页。

（四）企业年金治理机制尚不规范，影响了企业年金的管理

尽管目前中国企业年金制度取得了一系列的成就，但在企业年金治理上仍存在不少问题。其中最主要的问题是企业年金治理主体缺位，企业年金受托人地位名不副实。从中国企业年金治理体系来看，受托人理应是其最核心的治理主体，承担着管理企业年金的决策权，对委托人和受益人最佳利益的实现负有最终责任。但在实际运行过程中，受托人的地位则没有得到应有的体现。采取法人受托方式中，法人受托机构对其他市场主体的监督效果、盈利模式和市场定位等不仅没有处于主导地位，甚至处于从属地位；采取理事会受托方式中，理事会的法人地位和独立性等都与制度设计相去甚远，从而不利于企业年金管理效率的提升。

（五）金融市场发展尚不健全，企业年金基金运营风险依然较大

中国企业年金制度采取的是DC型积累式的方案，企业和个人

缴费均进入个人账户进行集中投资管理。因此，为保证基金的保值增值，就需要完善的金融市场运行规则和运行程序。2007—2020年中国企业年金取得了相对较好的运营成绩，年平均收益率达到7.3%。但由于中国资本市场发展尚未成熟，缺乏足够的、具有良好公信力和实践经验的资产管理机构，企业年金的收益率波动较大，剔除2007年的超高收益率，2008年以来企业年金平均收益率降至5.14%。总体来看，中国企业年金基金运营的风险依然较大。

四 第三支柱个人养老金制度面临的问题与挑战

（一）缺乏顶层制度设计，内涵界定不清

中国自20世纪90年代初就提出应逐步建立基本养老保险与企业补充养老保险和职工个人储蓄性养老保险相结合的制度，但由于中国整个养老保险体系发展比较滞后，政府的主要精力集中于建立和完善基本养老保险制度，对于第二支柱职业养老金和第三支柱个人养老金关注有限。近年来，随着中国人口老龄化程度不断加深，基本养老保险制度面临着日益严峻的挑战，而企业年金等制度经过多年的发展，成效有限，因此发展个人储蓄型养老保险制度逐渐开始得到更多的重视。自2008年以来各部门出台了一系列政策文件，激励第三支柱个人养老金制度发展，尤其是保监部门更是不遗余力推动第三支柱个人养老金制度的试点推行，并出台了一系列政策文件。2018年第三支柱个人税收递延型商业养老保险试点政策正式出台，但由于试点仅从保险行业开始，提出的试点一年后将进一步纳入基金产品和银行产品，但至今迟迟没有落地。此外，第三支柱的内涵和外延到底应该如何界定也迟迟没有达成一致，从而在一定程度上制约了中国第三支柱个人养老金制度顶层设计的出台。

（二）税收优惠方案未达共识，税制冲突难解

从国外经验和国内相关研究来看，税收优惠是激励第三支柱个人养老金制度发展的重要推动力量。但由于税收优惠的形式包括前

端税收优惠和后端税收优惠等多种不同的组合方式，不同研究基于差异化的考量提出了不同的税收优惠方案，同时具体的税收优惠额度、区间等也都存在诸多的争议，从而对中国第三支柱个人养老金制度税收优惠方案的选择产生了一定的影响。

更为重要的是，目前流行的税基递延模式的第三支柱个人养老金制度与中国目前的分类所得税制产生了冲突。就天津个人税延型养老保险被叫停和上海试点迟迟未推行来看，税优政策与中国税制冲突的问题将是第三支柱个人养老金制度推行的重要障碍。在具体的税收操作实务过程中，个人领取养老保险金是无须缴纳个人所得税的，这就导致个税递延型养老保险制度同中国目前税法的相关规定存在冲突。

同时，尽管中国目前的个人所得税采取的是单位代扣代缴和个人自行申报两种方式，但由于个税申报体制并不完善，在实际运作中仍以单位代扣代缴为主，因此中国个税纳税群体主要是在单位正式职工，那么个人税延型养老金制度的税收优惠覆盖人群则主要是这个群体，从而会在一定程度上降低财政收入，从而会降低税务和财政部门的积极性。除此之外，在第三支柱个人养老金缴费阶段、投资阶段以及待遇领取阶段，都需要税务部门的及时跟进，但中国个人税收信息平台尚未完善，个人养老金制度的税收跟进也面临着巨大的困难。

（三）激励机制存在争议，公平问题存疑

第三支柱个人养老金制度建立的初衷是通过税收优惠激励全体国民增加个人积累的方式，提高养老金待遇水平。从国外实践以及中国初步的试点政策来看，第三支柱个人养老金制度的重要激励机制即是采取税收递延的方式。由于中国个税征收的特殊性，目前缴纳个税的群体主要是单位就业的正式职工，也主要是收入相对较高的群体。因此，如果第三支柱养老金制度采取个人税收递延的激励方案，那么可以享受第三支柱个人税延养老金制度的则是这些收入相对较高的群体，从而导致税延激励机制产生人群之间的不公平。

而税收的重要特征之一就是公平性，即高收入群体应该多纳税，低收入群体少纳税，个人税延型养老金制度的税收优惠安排在很大程度上可能会产生累退效应，影响了税收的公平性原则，从而刺激社会收入差距的扩大。

（四）金融市场尚未完善，产品创新不足

第三支柱个人养老金制度通常采取的是完全积累型的筹资模式，从缴费到领取是一个长周期过程，涉及养老金产品购买、基金的管理运作等诸多方面。从理论推演和国际经验来看，金融体系的发展和完善是第三支柱个人养老金制度的关键基础。尽管近年来中国金融市场在不断完善，但总体来看还存在一系列的问题。一方面，金融机构全面关注第三支柱养老金才刚刚起步，在过去很长一段时间，无论从政府部门、专家学者还是金融机构关注第三支柱个人养老金的目光仅在保险行业一家，其他行业如银行、基金和信托等机构虽有所探索，但从实际情况来看，不同行业的养老金融产品类别和模式单一，限制了第三支柱个人养老金制度的发展；另一方面，中国金融市场投资环境欠佳，总体来看，中国的金融投资市场还不成熟，短期投机现象比较严重，缺乏长期投资者，导致投资市场波动较大，对第三支柱个人养老金产生消极影响；此外，中国居民个人金融服务主要集中于银行储蓄和理财，表明了中国个人金融工具的滞后一定程度上会影响居民个人对于金融产品选择的信心，从而不利于第三支柱个人养老金制度的发展。

（五）传统意识根深蒂固，参保意愿未知

个人养老金制度的发展在很大程度上依赖于广大居民对于老年风险的判断及其风险保障意识的提高。从目前来看，中国广大居民传统的储蓄意识根深蒂固，对于保险意识则相对较低，相关数据显示，中国现阶段居民的储蓄率长期保持高位，但保险普及率相对较低，家庭投保率仅为35%左右，远远低于西方发达国家75%的水平（刘元花，2015）。传统的高储蓄、低保险的观念在

很大程度上可能会限制第三支柱个人养老金制度的发展。除此之外，居民对于养老金制度的接受和参与往往是以其对制度的信任为前提的，但个人养老金制度的发展却面临着一系列的不确定性：一方面，个人养老金制度是以个人为主导的，基金通过市场化运作，政府的作用是制度监管而非待遇保障，从而会导致个人的担忧；另一方面，个人养老金制度从个人参保到待遇领取通常会达到十余年甚至数十年的周期，但这一长周期过程中资产保值增值的不确定无疑又是居民的一大风险。因此，只有在不断普及广大居民养老金融知识的同时，持续完善制度设计，才有可能提升第三支柱个人养老金制度的参与意愿，否则，制度的发展将会面临巨大的不确定性。

第四节　本章小结

经过数十年改革和完善，中国制度化养老金体系取得了显著成就，不仅实现了养老金制度全覆盖的目标，同时也通过政府、单位和个人责任的分担以及相应的制度化改革，在一定程度上促进了养老金制度的公平性，但仍面临着一系列的挑战：在覆盖面方面，尽管中国养老金制度全覆盖已经实现，但还有相当大的人群没有加入到相应的制度中来，人群全覆盖的目标还有待进一步实现；在制度的可持续性方面，在人口老龄化不断加深以及广大国民养老需求不断提升的背景下，养老金收支平衡的压力逐步加大，在很大程度上影响了养老金制度的可持续性；在充足性方面，目前中国养老金体系以公共养老金制度为主，私人养老金制度发展滞后，造成中国养老金充足性目标的实现还存在一定距离。

第一支柱公共养老金面临的问题在于人口老龄化、经济增速下降以及养老需求多元化等带来的养老金收支不平衡的压力。在养老金收入方面，人口老龄化的快速发展导致参保缴费群体减少而领取养老金待遇的人数增多，从而加剧了公共养老金制度的财务负担，同时缴费基数不实、缴费年限偏低的现实进一步压缩了公共养老金的收入。在养老金支出方面,退休年龄偏低、缺乏科学的养老金待遇调整机制,加大了养老金待遇支付的压力。收入的减少和支出的增加给公共养老金长期可持续发展带来一系列风险。

第二支柱职业养老金的核心问题在于企业基本养老保险缴费负担过高导致的扩面困难、税收优惠等激励机制不足导致的制度吸引力不足以及治理不规范和投资运营不健全等方面。尽管中国在21世纪初就出台了职业养老金相关的制度规定,并不断完善激励机制,但经过十余年的发展来看,成效缓慢。一方面,以企业年金为代表的职业养老金覆盖面极其有限,仅覆盖了国有企业和少量大型私营和外资企业,大部分单位并未参与到企业年金制度中来,其原因在很大程度上是由于第一支柱基本养老保险制度缴费率偏高对第二支柱缴费形成挤压,从而造成企业年金扩面困难,暂未形成养老金体系的有效支柱;另一方面,国家的税收优惠力度有限,目前5%的单位缴费税收优惠额度远不及企业8%的缴费额度,从而导致企业参与的动力不足;同时,职业养老金治理机制不完善、治理主体缺位、受托人地位名不副实等问题也制约着企业年金制度的发展。

第三支柱个人养老金的核心问题在于制度定位不清、激励机制存在争议和金融市场环境缺陷。尽管自20世纪90年代以来,中国就提出要发展个人养老金制度,且自2008年以来各部门出台了一系列政策文件,激励第三支柱个人养老金制度发展,第三支柱的内涵和外延到底该如何界定也迟迟没有达成一致,在一定程度上制约了中国第三支柱个人养老金制度顶层设计的出台。同时,个人所得税税制冲突、金融市场发展不完善以及个人传统观念等因素也在很大程度上影响了第三支柱个人养老金制度的建立和发展。

总体来看,中国三支柱养老金体系发展还不均衡,在很大程度上依赖于第一支柱,然而第一支柱公共养老金制度在人口老龄化不断加深以及公民养老金待遇需求不断提升的情况下，面临着一系列的压力与挑战，第二支柱职业养老金和第三支柱个人养老金则因为制度设计缺陷、参保主体动力不足、市场化运作风险等因素导致其发展受限，亟须通过系统化的制度安排推动第二、第三支柱私人养老金制度的均衡发展。

第五章

他山之石：典型国家养老金结构性改革路径

人口老龄化是经济发展水平达到一定程度之后的普遍现象。发达国家较早开始进入人口老龄化社会，给其经济社会发展尤其是养老金制度带来一系列挑战。在应对人口老龄化对养老金体系的挑战过程中，发达国家和发达经济体通过不断的改革和探索，形成了带有较大共识的建立多支柱养老金体系的改革路径。经过多年的发展，多支柱养老金体系结构也被认为是有效应对人口老龄化、满足人民更高的老年收入水平的有效选择。美国和加拿大等发达国家的多支柱养老金体系改革历程，也是一个循序渐进的过程，对当前中国养老金体系改革具有一定的借鉴意义。

第一节 美国多支柱养老金体系改革实践探索

一 美国养老金体系构成多支柱养老金制度的功能定位

美国是世界上较早建立养老金制度的国家之一，也是养老金体系结构相对完善、保障水平相对较高的国家之一。1935 年美国颁布了《社会保障法案》（*Social Security Act*），建立起养老、遗属及残障保险制度（OASDI），成为美国最主要的养老保障计划（Social Security Program）。随着婴儿潮一代人口老龄化等一系列问题的逐步出现，政府主导的 OASDI 计划给财政带来巨大压力，单纯依靠政府主导的养老金制度出现危机。因此，为进一步发挥单位和个人的责任，美国开始探索建立多支柱养老金体系模式，从20世纪70年代开始先后通过了《雇员退休收入保障法》（1974年）、《美国国内税收法案》（1978年）、《税法改革修正案》（1986年）、《经济增长与减税调和法案》（2001年）、《企业改革法案》（2002年）等一系列法案，这些法案通过不同的激励机制和政策安排，引导单位为雇员建立职业养老金计划，鼓励个人通过储蓄参加到个人养老金计划中来，以此作为公共养老金制度的补充。美国现代养老金体系经过数十年的完善和发展，逐步形成了覆盖范围广泛、保障层次多样、制度建设复杂精细的包括公共养老金、单位养老金和个人养老金在内的三支柱体系。

第一支柱公共养老金计划是社会保障计划（Social Security Program），也被称为养老、遗属及残障保险制度（OASDI 计划），包括给退休工人及其家属以及工人遗属支付福利待遇的老年及遗属保险（OASI）和支付给残疾工人及其家属福利待遇的残疾保险（DI），美国第一支柱的社会保障计划覆盖了美国大约96%的劳动人口，涵盖企业单位、联邦公务员、州和地方政府、非营利性组织雇员、营利性机构雇员、自雇者以及国外就业者等，面向全社会成员提供基本的养老保障。

第二支柱职业养老金是美国的单位养老金计划，主要是为正规就业者提供的单位主导的私人养老金制度。美国通过税收递延手段对单位养老金计划进行激励，逐步建立了针对私营机构的401（k）计划，以及针对公共部门的包括联邦雇员TSP计划、州政府和地方政府雇员的457计划以及教育与非营利性部门的403（b）计划。其中401（k）计划是美国单位养老金计划的主体，截至2011年年底，美国约60%的家庭都拥有401（k）计划账户。

第三支柱是个人自愿储蓄型的养老金计划，即通过国家税收优惠支持、个人根据自身需要参加的补充养老形式，主要包括Traditional IRA计划、Roth IRA计划和单位支持型IRA计划以及商业养老保险等。

近年来美国第二、第三支柱私人养老金制度发展迅速,累计资产规模持续上升,截至 2020 年年底,美国第二支柱职业养老金和第三支柱个人养老金资产规模分别达到了 15.6 万亿美元和 12.2 万亿美元(见表 5-1),第二、第三支柱私人养老金资产累计占 GDP 的比重为 132.76%,为美国老年人退休生活保障发挥了重要作用。

表 5-1 美国三支柱养老金体系规模和占比比较(截至 2020 年年底)

名称	第一支柱 公共养老金	第二支柱 职业养老金	第三支柱 个人养老金	合计
规模(万亿美元)	7.10	15.60	12.20	34.90
占养老金总资产比重(%)	20.34	44.70	34.96	100
占 GDP 的比重(%)	33.91	74.50	58.26	166.67

资料来源:根据美国投资基金公会网站(https://www.ici.org/)相关数据整理。

在政府、单位和个人责任共担的三支柱养老金体系支持下,美国广大国民多元化养老需求的实现有了较好的制度保障。近年来,根据世界两大知名养老金评价指数墨尔本美世全球养老金指数(Melbourne Mercer Global Pension Index)和德国安联"养老金可持续指数"(Pension Sustainability Index),美国养老金体系均居世界前列,体现了美国养老金体系较好的生命力,值得中国借鉴。

二 美国第一支柱公共养老金计划改革优化方案

(一)明确缴费基数确定机制和征缴方案,确保缴费真实足额

美国 OASDI 缴费基数是参保人员的月工资收入,以雇主向雇员支付的工资或薪金为征税对象。具体而言,对受雇者的征税对象为雇主全年对每个雇员支付的薪金工资和雇员全年领取的薪金工资(包括奖金和实物工资),税率为 6.2%,雇主也按照 6.2% 税率为

职工缴纳；对自雇者的征税对象为个体业主的纯收入，目前税率为12.4%。

美国 OASDI 缴费基数设有上下限，超过缴费基数上限的工资收入不需再缴纳社会保障税，月工资收入低于最低缴费基数的收入仍按照下限缴纳社会保障税。其中，雇主、雇员和自雇人员的缴费基数界限设置相同，政府每年需根据全国平均工资（National Average Wage）的增幅调整缴费界限。

当前美国雇员参保收入受当年社会保障工资基数（social security wage base）（即可缴纳的社会保障工薪税最大工资基数）限制。2017 年美国雇员最高可缴纳社会保障工薪税的工资基数上限为12.72 万美元，缴费基数上限约是同期全国平均工资的2.5 倍（见表5-2），下限约是同期全国平均工资的10%（中华人民共和国财政部政策研究室，2015），2014 年为季收入1200 美元，2015 年为季收入1220 美元，2016 年为季收入1260 美元。

表5-2　　　　美国 OASDI 税基上限与全国平均工资情况

年份	税基上限（美元）	全国平均工资（美元）	税基上限与全国平均工资比值	年份	税基上限（美元）	全国平均工资（美元）	税基上限与全国平均工资比值
1951	3600	2799.16	1.29	1985	39600	16822.51	2.35
1952	3600	2973.32	1.21	1986	42000	17321.82	2.42
1953	3600	3139.44	1.15	1987	43800	18426.51	2.38
1954	3600	3155.64	1.14	1988	45000	19334.04	2.33
1955	4200	3301.44	1.27	1989	48000	20099.55	2.39
1956	4200	3532.36	1.19	1990	51300	21027.98	2.44
1957	4200	3641.72	1.15	1991	53400	21811.60	2.45
1958	4200	3673.80	1.14	1992	55500	22935.42	2.42
1959	4800	3855.80	1.24	1993	57600	23132.67	2.49
1960	4800	4007.12	1.20	1994	60600	23753.53	2.55
1961	4800	4086.76	1.17	1995	61200	24705.66	2.48

续表

年份	税基上限（美元）	全国平均工资（美元）	税基上限与全国平均工资比值	年份	税基上限（美元）	全国平均工资（美元）	税基上限与全国平均工资比值
1962	4800	4291.40	1.12	1996	62700	25913.90	2.42
1963	4800	4396.64	1.09	1997	65400	27426.00	2.38
1964	4800	4576.32	1.05	1998	68400	28861.44	2.37
1965	4800	4658.72	1.03	1999	72600	30469.84	2.38
1966	6600	4938.36	1.34	2000	76200	32154.82	2.37
1967	6600	5213.44	1.27	2001	80400	32921.92	2.44
1968	7800	5571.76	1.40	2002	84900	33252.09	2.55
1969	7800	5893.76	1.32	2003	87000	34064.95	2.55
1970	7800	6186.24	1.26	2004	87900	35648.55	2.47
1971	7800	6497.08	1.20	2005	90000	36952.94	2.44
1972	9000	7133.80	1.26	2006	94200	38651.41	2.44
1973	10800	7580.16	1.42	2007	97500	40405.48	2.41
1974	13200	8030.76	1.64	2008	102000	41334.97	2.47
1975	14100	8630.92	1.63	2009	106800	40711.61	2.62
1976	15300	9226.48	1.66	2010	106800	41673.83	2.56
1977	16500	9779.44	1.69	2011	106800	42979.61	2.48
1978	17700	10556.03	1.68	2012	110100	44321.67	2.48
1979	22900	11479.46	1.99	2013	113700	44888.16	2.53
1980	25900	12513.46	2.07	2014	117000	46481.52	2.52
1981	29700	13773.10	2.16	2015	118500	48098.63	2.46
1982	32400	14531.34	2.23	2016	118500	48642.15	2.44
1983	35700	15239.24	2.34	2017	127200		
1984	37800	16135.07	2.34	2018	128400		

美国 OASDI 缴费基数上下限的变动是以全国平均工资的变动为基础的，全国平均工资的变动主要以当年的前三年至前两年的数据为依据（Bruce，2017），例如，2015 年缴费基数上下限所反映的就是 2012—2013 年的全国平均工资情况。同时，全国平均工资还

受生活成本调整（Cost – Of – Living Adjustment，COLA）的影响。由于美国 2015 年出现通货紧缩导致没有有效可以利用的生活成本调整值，因此 2016 年的 OASDI 缴费基数上限维持在 2015 年缴费基数上限 11.85 万美元的基础上，没有进行相应的提高。

（二）合理确定公共养老金待遇调整机制，分享经济社会发展成果

第一，在退休金领取年龄方面，设定了三个法定领取年龄，分别是最早领取年龄（Early Eligibility Age，EEA）、全额领取年龄或标准领取年龄（Full Retirement Age/Normal Retirement Age，FRA/NRA）和延迟领取退休金最大增值年龄（Delayed Retirement Credit Age，DRCA）①，并建立了基于实际领取年龄的"早减晚增"式调节机制②。

第二，在待遇计发办法方面，建立了基于个体的、全国统一的基本保险金额计算办法。计算办法如下：①计算参保人的指数化月平均工资（Average Indexed Monthly Earnings，AIME），目的是对参保人历年缴费工资进行指数化，以保证退休金能够反映整个工作期间缴费工资的变动情况。指数化月平均工资的计算思路是"先定全国、后算个人"。"先定全国"是指首先根据全国平均工资指数（Average Wage Index，AWI）相对变动情况确定资格年份的指数因子（Indexed Factor，IF）。"后算个人"是指根据指数因子确定参保人的指数化月平均工资。在计算时，先将参保人历年名义缴费工资与指数因子相乘，得到整个工作期间历年的指数年薪（Indexed Earnings），从而将历年的名义缴费工资转变为指数化工资。之后，美国社会保障署从中选取最高的 35 年的指数年薪进行加总①，再除

---

① 最早领取年龄为 62 岁，62 岁之前不能领取退休金；延迟领取退休金最大增值年龄为 70 岁，70 岁之后不再因延迟领取而增发退休金；全额领取年龄视出生年份而定。

② 参保人在全额领取年龄可领取到的退休金被称为"基本保险金额"（Primary Insurance Amount，PIA）。

以420个月（即35年×12月），即得参保人的指数化月平均工资。②计算参保人的基本保险金额，目的是通过参保人资格年份的分级点对指数化月平均工资分级加权求和，实现收入再分配功能。基本保险金额的计算思路是"先定全国、后算个人"。"先定全国"是指首先根据全国平均工资指数和参保人资格年份确定退休金分级点（Bend Points），从而将当年所有达到资格年份的参保人的指数化月平均工资分为不同的收入区间。"后算个人"是指根据参保人指数化月平均工资和资格年份的分级点计算基本保险金额。参保人的指数化月平均工资被两个分级点分成的三个部分有着不同的替代率权重，各部分的 AIME 与权重乘积之和即为参保人的基本保险金额。因此，PIA 是 AIME 的函数，其计算公式为：

$$PIA = 0.90 \times A + 0.32 \times B + 0.15 \times C。$$

第三，退休金待遇调整方面，美国建立了基于生活成本调整指数（Cost-Of-Living Adjustment，COLA）的退休金指数化调整机制。COLA 是根据美国劳动统计局（Bureau of Labor Statistics，BLS）每月公布的城市工薪阶层和文职人员消费价格指数（CPI-W）确定的，反映的是 CPI-W 的增长率情况：COLA 根据上年度第三季度到 COLA 生效当年第三季度的 CPI-W 增长情况确定，在每年10月发布第三季度 CPI-W 后，美国社保署据此确定当年的 COLA。当年的 COLA 会在12月生效并于次年1月计入退休金调整中。COLA 以 CPI-W 为基础进行计算，表示从上年度第三季度至当年第三季度 CPI-W 的增长情况[②]。在确定参保人领取时点的初始退休金后，社保署每年根据 COLA 对退休金进行指数化调整。

---

① 如不足35年，则余缺年份按0缴费工资补足35年，这一计算方法体现了"多缴多得、长缴多得"的政策设计初衷。

② 计算公式为 $COLA_i = \dfrac{CPI\text{-}W_i - CPI\text{-}W_{i-1}}{CPI\text{-}W_{i-1}} \times 100\%$。

三 美国第二支柱职业养老金计划实践探索与发展经验

美国是职业养老金制度的起源国,在美国三支柱养老金体系中,第二支柱职业养老金制度的出现要早于第一支柱公共养老金计划,在整个养老金体系中发挥着举足轻重的作用。从发展历程来看,以企业年金为代表,美国职业养老金制度已经超过了130年历史,经历了制度萌芽—制度成型—迅速发展—规范发展—继续完善五个阶段(见表5-3),成为世界范围内成长速度最快、覆盖面最广、保障水平最高、在整个养老金体系中的占比超过公共养老金的国家之一。

表5-3　　以企业年金为代表的美国职业养老金发展历程

时间	发展阶段	主要内容
1875年到20世纪20年代	企业年金萌芽时期	1. 保障范围仅限于本单位"永久残疾"的工人 2. 资金筹集主要来源于开设计划公司的当期应税收入 3. 资金缺少投资渠道,以银行存款和企业自用为主
20世纪20年代至第二次世界大战结束	企业年金成型时期	1. 保障范围从"残疾工人"拓展到一般雇员 2. 大约25%的企业年金计划公司要求雇员参与缴费 3. 企业年金基金开始独立投资运营,主要投资保险合同
第二次世界大战结束至1974年	企业年金迅速发展时期	1. 企业年金计划发展为公司福利计划重要组成部分 2. 企业年金计划开始享受到国家税收优惠 3. 企业年金基金已经全面进入资本市场
1974—2006年	企业年金规范发展时期	《雇员退休收入保障法》(Employee Retirement Income Security Act of 1974, ERISA)颁布,标志着美国企业年金制度走向规范
2006年至今	企业年金完善时期	《2006年养老金保护法》(Pension Protection Act of 2006, PPA)颁布,企业年金制度进一步得到完善

资料来源:根据美国企业年金制度发展的相关文件整理。

总体来看，美国的职业养老金根据部门性质的不同又可以分为公共部门养老金计划和私人部门养老金计划（单位养老计划），属于单位和雇员共同出资带有自愿性和福利性的养老金计划。其中公共部门职业养老金计划主要包括针对联邦雇员的 TSP 计划、针对州政府和地方政府雇员的 457 计划以及针对教育和非营利性部门雇员的 403（b）计划；私人部门养老金计划主要是针对营利性机构制订的 401（k）计划（见图 5-1）。为保证研究的一致性，本书在借鉴美国职业养老金发展经验时也主要关注企业年金即 401（k）的发展经验。

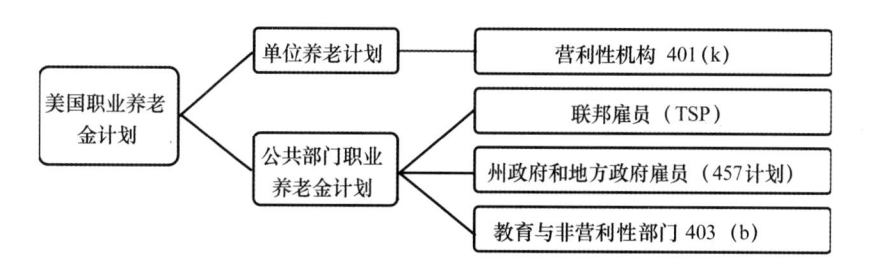

图 5-1 美国职业养老金计划构成框架

资料来源：根据美国《雇员退休收入保障法》《2006 年养老金保护法》等相关文件整理。

19 世纪 70 年代初，在 401（k）计划建立之前，美国人口老龄化日趋严重，公共养老金制度面临着一系列挑战，联邦政府逐渐意识到建立单位主导的职业养老金计划有助于缓解公共养老金压力，同时可以有效提升参保者的退休收入。同时，作为一个崇尚自由的国家，美国政府并不倾向于选择强制性的职业养老金制度，而是主张通过税优的方式激励单位和雇员参加职业养老金计划。1974 年美国国会通过《雇员退休收入保障法案》，初步奠定了职业养老金发展的制度基础，1978 年《国内税收法》新增第 401 条 k 项条款，明确提出通过税收优惠鼓励单位设立职业养老金计划，即 401（k）计划。此后，美国《1996 年中小企业就业保护法案》《2001 年经济增长与税收减缓妥协法案》以及《2006年养老金保护法案》等一系列补充法律的提出，推动了美国企业年金制度快速发展。

经过数十年的发展，401（k）计划深受美国广大单位和雇员的欢迎，建立初期，美国401（k）计划数量大约为1.73万个，2019年这一数量达到了60.4万个，积极参与计划的人数也有较大增长，1984年仅有752.6万人，到2019年这一数据达到了7220.2万人（见图5-2）。

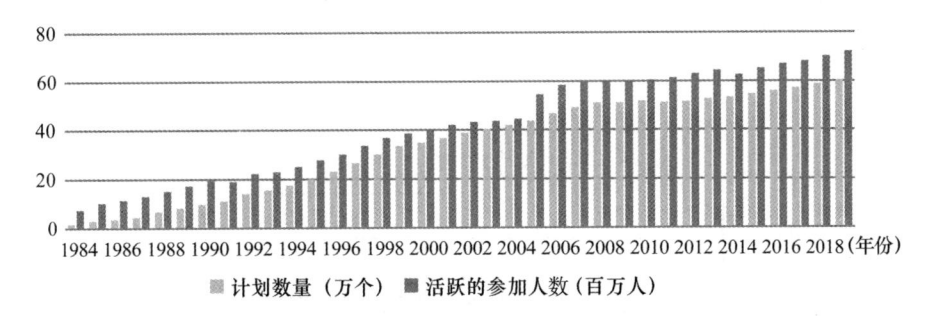

图5-2 美国401（k）计划数量和活跃参加人数变化情况

资料来源：《美国劳工部私人养老金计划公报》，https://www.dol.gov/sites/dolgov/files/EBSA/researchers/statistics/retirement-bulletins/private-pension-plan-bulletins-abstract-2019.pdf。

同时，随着401（k）参与人数的不断增加，计划的账户规模也呈现不断增长的趋势，除2000—2003年美国互联网经济泡沫危机和2008年国际金融危机导致账户规模的短暂性下降之外，美国401（k）计划的资产规模也有较稳定的增长，从1984年的917.5亿美元逐渐上升到2018年的5.23万亿美元（见图5-3）。

值得注意的是美国401（k）计划的发展也并非一帆风顺，1982年美国国会通过的《税收公平和财政责任法案》大幅削减DC型养老金计划中单位雇员缴费的上限，要求单位雇员年度缴费总额不超过3万美元，1986年《税收改革法案》再次加大DC型养老金计划的管制力度，进一步明确单位雇员缴费上限不超过3万美元，这一规定的有效期长达17年，这大大降低了401（k）计划的吸引

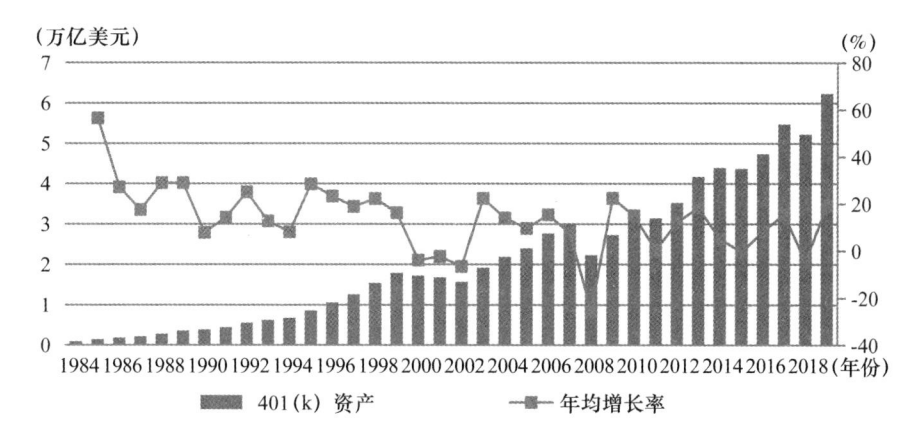

图 5-3 美国 401（k）资产规模和增长率变化情况

资料来源：美国劳工部私人养老金计划公报。

力，导致这期间 401（k）计划发展缓慢。除此之外，21 世纪初，401（k）计划中因很多投资者投资不当导致资产受到严重损失，使得大量参保者对 401（k）计划的信任度降低。为进一步挽救 401（k）计划的发展颓势，2006 年美国总统正式签署《2006 年养老金保护法》（PPA），成为 401（k）计划发展的重大突破，其中最核心的条款在于以下几个措施：持续加大税收优惠力度，建立自动加入机制，采取多样化投资，建立合格默认投资组合以及提供投资建议服务等，具体方式如表 5-4 所示。

表 5-4　《2006 年养老金保护法》对 401（k）计划的新规定

要点	主要内容
持续加大税收优惠力度	提高缴费上限，2016 年单位和雇员缴费总额不超过 53000 美元，超过 50 岁的劳动者还可追加缴费，缴费上限和 50 岁以上劳动者的追加缴费还可根据每年生活成本指数进行调整
自动加入机制	鼓励单位对新雇员和已加入 401（k）计划的合格雇员（年满 21 岁，在本企业工作满 1 年）实行自动加入，雇员可在每年开始自动扣缴的合理时间内选择退出计划

续表

要点	主要内容
多样化投资	上市公司单位将本公司股票作为投资选择等多元化的投资选择
合格默认投资组合	当雇员未对自己的账户资产投资做出任何决定或行动时将投资于合格默认投资组合，每年合格默认投资组合首次投资前30天可更换投资组合
提供投资建议服务	鼓励基金公司未参保者提供合理的投资建议

资料来源：根据美国《2006年养老金保护法》整理。

总体来看，美国第二支柱职业养老金得益于美国职业养老金发展过程中一系列法案的出台，这些法案在吸引单位雇员加入计划、扩展覆盖面、保障退休资金投资的有效性等方面起到了巨大作用，为美国第二支柱职业养老金的发展提供了重要保障。

(一) 如何吸引加入——税收优惠激励机制的完善

单位发起的职业养老金旨在现有薪酬的基础上为雇员提供延期薪酬，在很大程度上可以提高企业的吸引力并提高雇员工作的积极性，同时，职业养老金的发展还可以有效降低政府对公共养老金的压力。为吸引单位和雇员加入职业养老金计划，美国建立了包括EET和TEE在内的税收优惠措施。总体来看，美国职业养老金计划的税收优惠政策经历了由松到紧最后又逐步宽松的过程，结果表明，税收优惠是美国职业养老金发展的重要推动力量，在逐步完善的税收优惠政策的基础上，美国职业养老金计划呈现快速发展的趋势。

1. EET延税模式的税收优惠激励

EET延税模式养老金计划是符合美国《国内收入法》规定的所有合格单位发起的税收递延养老金计划，具体方案是在缴费阶段和投资阶段均不纳税，到待遇领取时期再根据收入情况纳税。采取这一税收优惠方式的原因在于，一方面可以减轻单位的税收压力并增强单位的吸引力；另一方面由于雇员在缴费阶段收入相对较高，通过税收递延可以提高人们当期的收入，同时，退休阶段收入相对较低,将税收递延可以减轻雇员的税收负担。

EET 延税模式在缴费阶段,所有符合税收递延的养老金总缴费额度在缴费上限的范围内的税前扣除,超出部分则纳入当期应税收入,避免给富人过多的税收优惠,以保证公平性。《2006 年养老金保护法》规定缴费上限将根据每年的生活成本指数进行调整且 50 岁以上的雇员可以追加缴费,2016 年单位和雇员税延养老金计划总缴费额度应在 5.3 万美元以内,50 岁以上雇员可追加 6000 美元缴费,追加缴费也可享受免税待遇。

根据美国劳动部 2008—2015 年调查数据,有 77% 以上的私人部门雇员选择参加 EET 延税模式养老金计划,其中 10% 的最低收入群体和 10% 的最高收入群体的参与率最高(超过 80%),低收入人群可在缴费阶段减少税费支出以提高当期收入,在待遇领取阶段则可以通过最低收入退税等方式使其基本免于征税,从而增加对低收入者的吸引力;高收入群体在缴费阶段的边际税率通常高于待遇领取阶段的边际税率,从而可以通过税收递延实现合法避税。

EET 延税模式的推出是激励 401(k)计划快速发展的重要因素,根据美国雇员福利研究院(EBRI)2012 年的调查数据显示,自 1988 年以来,单位发起的税收递延型养老金计划的雇员覆盖率和雇员参与率都呈现稳步上升的趋势,其中,雇员覆盖率从 1988 年的 28% 上升到 2012 年的 59%,雇员参加率也从 1988 年的 15% 上升到 2012 年的 43%(见图 5-4)。美国投资行业协会(investment company institute,ICI)2015 年发布的报告也显示,2014 年美国有 57% 的家庭参加了税收递延型 DC 单位养老金计划。

2. TEE 免税模式的税收优惠激励

从世界范围来看,DC 型职业养老金计划通常采取的是 EET 的后端征税模式,EET 税收优惠模式也成为主流趋势。美国的单位主导的职业养老金计划的税收优惠模式也是以 EET 模式为主,但从 2006 年开始,美国单位主导的职业养老金计划开始引入 TEE 的模式,即在缴费阶段征税,在养老金投资和待遇领取阶段不征税,这

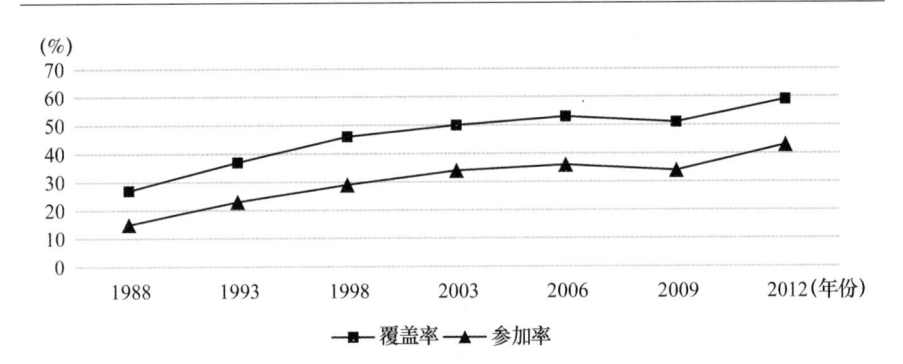

图 5-4　美国雇员福利研究院（EBRI）7 次收入调查
显示的税收递延缴费计划覆盖率和雇员参与率情况

资料来源：根据 Retirement Plan Participation：Survey of Income and Program Participation（SIPP）Data. EBRI，2012（1）数据整理。

种模式最早应用于美国第三支柱个人退休账户 IRA 计划，TEE 税收优惠模式引入的初衷也是增加个人参加 DC 型养老金计划的吸引力，一方面，对于收入相对较低的群体，在缴费阶段纳税只需承担一个相对较低的税率，当其养老金积累到一定规模时其投资收益和待遇领取都可以享受免税待遇；另一方面，对于预期未来边际税率提高的群体或当前的年轻人且未来会积累相当长时间来实现投资积累的参保人来说可以很好地享受前段征税带来的利益，从而可以有效促进这类群体参加到 DC 型养老金计划的积累中。

应用 TEE 模式的 401（k）计划通常被称为罗斯 401（k）计划，罗斯 401（k）计划同传统 401（k）计划共享同一个 401（k）计划的缴费上限，但它们对于不同人群的吸引力是存在差异的，总体来看，美国通过前端征税和后端征税两种不同方案满足不同人群的需求，对于美国单位主导的职业养老金计划的快速发展起到了巨大推动作用。

随着 2006 年美国《养老金保护法》将罗斯 401（k）计划 TEE 的税收优惠政策延长为永久之后，美国罗斯 401（k）计划显著增长。近年来，美国的单位开始热衷于在其提供的 DC 型养老金计划中加入罗斯账户，根据 Ana Hewitt 研究数据，美国单位中建立罗斯

401（k）计划的单位占比已经从 2007 年的 11% 提高到 2015 年的 58%（见图 5-5）。

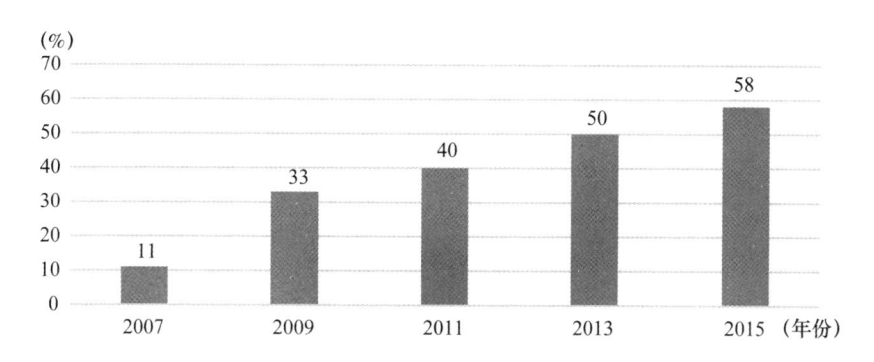

图 5-5　美国建立罗斯账户单位占比的发展趋势变化

资料来源：郑秉文《中国养老金发展报告 2016》。

（二）如何吸引加入——自动加入机制的建立

随着世界人口老龄化程度的进一步加深，各国公共养老金制度都不同程度地面临着充足性和可持续方面的挑战，过去 10 年时间里，发达国家大都开始将扩大第二支柱职业养老金制度的参与率作为养老金体系改革的重要目标，一些国家开始在自愿加入的职业养老金计划中引入"自动加入"的机制。"自动加入"机制建立的原理来源于行为经济学关于人普遍具有非理性因素或个人惰性的原理，单位或雇员没有加入职业养老金计划的原因并不是他们不想加入，而是基于人的惰性或非理性不愿意通过复杂烦琐的手续参与到制度中来。

美国《2006 年养老金保护法》中的重要条款就是允许从 2010 年开始建立"自动加入"机制。具体内容是：单位在建立发起职业养老金时可以设立自动加入的机制，且在符合条件的缴费额度范围内可以享受税收优惠。自动加入机制对于单位和雇员都具有一定的吸引力：一方面，对于单位而言，美国自愿性的职业养老金计划的单位每年需要进行非歧视测试，以证明其养老金计划的设立符合非歧视原则服务于雇员,而采取采用"自动加入"机制的职业养老金计划的单位则可以豁免每年的非歧视测试,同时在参与人员增多的情况下还可以形成规模效应以减轻运营成本,这对于单位来说具有巨大吸引力;另一方面,自动加入可以减少雇员决策的复杂性。具体来看,采用"自动加入"机制的职业养老金计划的发起者必须为雇员设立一个默认费率,根据工资发放情况按时划扣,同时应该将这一信息及时告知雇员,雇员有权选择调整缴费率,也可以在90天内选择退出计划并取回相应缴纳的费用及产生的收益。在"自动加入"机制的缴费率方面,自动加入者在第一年的缴费率不得低于3%,发起人可对缴费率选择自动升级,即从第二年开始每年提高1%,直到6%的上限,同时单位应为雇员提供配套缴费,雇员在1%以内的缴费,单位应100%匹配,在1%—6%的缴费部分,单位应提供50%的配套缴费(Gao,2009)。

根据Vanguard 2016年的研究数据(Vanguard,2016),"自动加入"机制对美国职业养老金的参与率提高发挥了重要作用,其参与率从2006年的66%上升到了2014年的77%,同时,采取自愿加入的企业中,职业养老金的参与率为58%,采取"自动加入"机制的企业中职业养老金的参与率则达到了88%,体现了"自动加入"机制的优势。从美国实行自动加入机制的401(k)计划的数量情况来看,随着2006年PPA法案的进一步推进,除2008—2009年金融危机影响略有下降外,美国自动加入机制的401(k)计划占整个401(k)计划的比重呈现稳步上升的趋势,已经从2002年的7%上升到2012年的接近47%(见图5-6),2015年进一步上升至61.70%(郑秉文,2016)。

(三)如何扩展覆盖面——中小企业年金计划的拓展

职业养老金制度是以单位为主导的养老金制度安排,是私人养老金计划的重要组成部分,通常采取自愿原则,单位建立相应的职业养老金的基础在很大程度上取决于企业实力和意愿。从世界范围来看,相对于大型企业而言,中小企业参与职业养老金的能力和意

美国实行自动加入机制计划占401(k)计划的比例变化

年份	比例(%)
2002	7
2003	8
2004	11.00
2005	17
2006	24.00
2007	36
2008	40
2009	38
2010	42
2011	46
2012	47

图 5-6　美国实行自动加入机制计划占 401 (k) 计划的比例变化

资料来源：郑秉文《中国养老金发展报告 2016》。

愿相对较弱，其原因在于，一方面，中小型企业职业养老金规模相对较小，养老金计划的管理成本相对较高；另一方面，建立职业养老金计划通常需要企业满足一定的条件（如每年需要非歧视性检查和稳定性测试等），中小企业往往难以达到。因此为了激励中小企业参与到职业养老金计划中，不少国家针对中小企业建立了专门的职业养老金计划供不同类别的企业选择。美国为鼓励中小企业参加职业养老金计划，建立了专门的基奥计划①（Keogh Plan）、简化雇员养老金计划②（Simplified Employee Pension，SEP）、雇员储蓄激励匹配计划［Savings Incentive Match Plan for Employees，SIMPLE 401（k）］和多单位企业年金计划（Multi-Employer Plans）等不同的形式，其中最受欢迎的是雇员储蓄激励匹配计划 SIMPLE 401（k）和多单位企业年金计划（Multi-Employer Plans）。

---

① 基奥计划是一项面对自雇者、个体经营者或合伙经营的中小企业建立的享受税收优惠的养老金储蓄计划，公司制企业不可参加，主要包括利润共享计划（profit-sharing plan）、现金购买退休金计划（money purchase plan）和待遇确定型计划（DB）。

② 简化雇员养老金计划主要面向 25 人以下的小企业，自雇者为自己或单位为其他所有合格雇员进行缴费，单位具有全部缴费责任，雇员也可自愿供款，采取的也是 EET 的水淹模式。由于在这个计划中，单位是对个人退休账户来缴费 IRA，制度简单、成本低，也被称为超级 IRA 计划。

1. 雇员储蓄激励匹配 SIMPLE 401（k）计划

雇员储蓄激励匹配 SIMPLE 401（k）计划适用于雇员人数在 100 人以内且没有提供其他计划的单位，由于 SIMPLE 401（k）不要求单位每年满足非歧视性检测要求，不仅简化了计划流程，还可以节约成本，为成员相对较少的中小企业提供了便利，从而使得 SIMPLE 401（k）计划成为目前美国最受欢迎的中小企业职业养老金计划。具体来看，符合条件的单位可以为本企业中上年度收入在 5000 美元及以上的雇员建立 SIMPLE 401（k）计划，雇员可以对缴费额度进行自主决策，单位则必须为该计划提供匹配缴费。2016 年 SIMPLE 401（k）计划中雇员缴费的上限为 12500 美元，单位匹配缴费可以选择雇员薪酬的 3%①或 2%，同时，当雇员年满 50 岁还可以为计划进行追加缴费，2016 年追加缴费的上限为 3000 美元，雇员缴费和单位匹配缴费全部进入雇员的个人账户，雇员个人具有投资选择权。与一般的 401（k）计划相比，SIMPLE 401（k）待遇领取还具有更高的自由度，该计划规定雇员在任何需要的时候都可以申请领取待遇，但需要缴纳收入税。SIMPLE 401（k）同样不鼓励提前领取待遇或者过度积累资金，如果雇员选择在 59.5 岁之前领取待遇，则必须加征 10% 的附加税，同时如果雇员参加该计划不足 2 年，附加税则为 25%，雇员年满 70.5 岁时必须开始领取待遇。此外，参加 SIMPLE 401（k）计划满 2 年后，该计划积累的资金可以免税向 SIMPLE IRA 计划免税结转。这一系列针对中小企业单位和雇员的制度安排，在很大程度上加大了中小企业职业养老金计划的参与率。

2. 多单位企业年金计划（Multi - Employer Plans）

多单位企业年金计划指的是多个企业共同建立、共同运作的企业年金计划，在美国，最早出现在 20 世纪 40 年代由矿工联合工会

---

① 如果单位选择以雇员薪酬的 3% 作为匹配缴费，则允许单位在 5 年内有两年可以调整为 1% 的匹配缴费。

提出的要求的基础上建立的，后来，在各行业工会的作用下，不同行业如视频、建筑和批发零售等都开始出现了该计划。多单位企业年金计划下，容易形成规模效应，并且还可以降低企业年金制度的运营成本。具体来看，多个企业参加同一个企业年金计划时，往往可以积累相当大规模的基金，可以获得比单一单位企业年金计划更多的投资机会以获取更高的收益率；同时，多单位企业年金计划下的运营成本可以分摊给各个企业，从而可以降低交易成本，提高对中小企业的吸引力。此外，对于雇员来说，由于部分行业雇员的职业流动性较高，通过多单位企业年金计划，有助于雇员企业年金计划的携带和转换。

（四）如何运营——投资多元化与默认投资工具的设立

从世界范围来看，职业养老金的一个重要发展趋势是从 DB 计划转向 DC 计划，DC 计划顺利实施的一个重要保障就是投资运营效率的提升。美国资本市场比较完善，为 401（k）计划有效投资运营提供了有利环境，在 401（k）计划和资本市场协调发展和良性互动的影响下，美国 401（k）计划整体投资收益表现良好，在 20 世纪 90 年代资本市场平稳发展时期，401（k）的投资收益甚为可观，21 世纪初，在 2001—2003 年互联网经济危机和 2008 年全球金融危机的影响下，401（k）的投资收益出现波动，出现了 -10.6%（2002 年）和 -23.9%（2008 年）的负收益，但总体来看，根据美国劳工部统计数据，1994—2013 年美国 401（k）计划平均投资收益率为 7.84%，2009—2013 年的平均投资收益为 11.82%（见图 5 - 7）。由此表明，401（k）计划短期内可能受到金融危机等系统风险的影响，但中长期的收益可以有效熨平短期市场波动，这主要得益于 401（k）投资多元化以及默认投资工具设立等有效运营机制的设立。

1. 投资多元化

对于美国 401（k）计划参加者而言，一个重要特征是个人具有 401（k）计划资产的投资选择权，美国劳工部明确规定 401

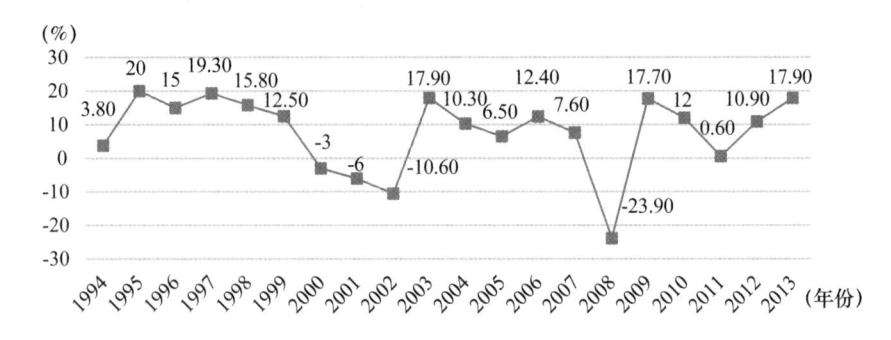

图 5-7　美国 401（k）计划投资收益率变动情况

资料来源：U. S. Department of Labor. Private Pension Plan Bulletin Historical Tables and Graphs 1975－2013. 2013（1）：28。

（k）计划的发起者至少应提供三种不同风险和回报的投资产品供计划参加者选择。近年来，401（k）计划的投资范围正在不断扩大，投资选择数量也从 1995 年的 6 个逐步上升到 2005 年的 14 个，到《2006 年养老金保护法》出台后又快速上升到 2014 年的 28 个，包括 13 只股票基金、6 只生命周期基金、3 只债券基金以及其他一些货币市场基金或稳定价值基金等（见图 5-8）。

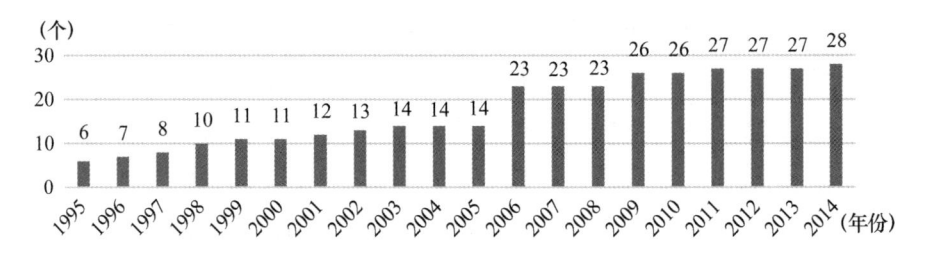

图 5-8　美国 401（k）计划平均投资选择数量变化情况

资料来源：1995—2005 年数据来源于郑秉文《中国养老金发展报告 2016》；2006 年以后数据来源于 ICI，The BrightScope/ICI Defined Contribution Plan Profile：A Close Look at 401（k）Plans，2014。

美国 401（k）计划的资产配置具有多元化的特征，股票基金、债券基金和货币基金等均是 401（k）资产的主要配置工具，以满足不同风险偏好参与者的需求,正是因为参与者的投资选择可能性增加,才为美国401(k)计划的多元化投资提供了可能。美国401(k)计划的多元化投资呈现以下几个趋势:一是401(k)计划投资配置以股票基金为主,2008年之前稳定在40%—55%,受2008年国际金融危机影响,股票基金配置下降到40%以下,随后基本稳定在40%左右;二是在《2006年养老金保护法》的相关限制性规定下,公司股票配置比例持续递减;三是在生命周期基金引入的背景下,401(k)计划资产配置中平衡基金占比逐步增加,已经从2006年的10%左右稳步提升到2014年的25%。表明美国401(k)计划的资产配置逐渐向多元化的投资方向发展。

2. 默认投资工具(QDIA)的设立

美国的401(k)计划赋予了个人的投资选择权,但由于不少计划的参与者缺乏系统的资产配置方面的金融知识,很难做出适当的投资决定,通常会将资产配置在某一个金融产品如全部配置股票或货币或债券等,缺乏根据年龄或风险偏好进行差异化的资产配置,导致不少计划参与者遭受重大投资损失,选择退出计划。针对个人投资选择难的问题,《2006年养老金保护法》提出了设立默认投资工具设立的规定,2007年美国劳工部通过了合格默认投资工具(Qualified Default Investment Alternative,QDIA)法案,法案明确规定,QDIA是一种投资基金或相应的投资组合,通过股票、基金、债券等不同的投资工具的组合进行资产配置并实现长期保值增值,对于资产配置组合的管理还应考虑到计划参与者的年龄、风险承受能力等因素,同时QDIA的资产配置中不得包含单位的股票。具体来看,《2006年养老金保护法》和劳工部法案规定了四种QDIA类型,即生命周期基金(Life Cycle Funds)[①]、平衡

---

① 生命周期基金(Life Cycle Funds)也称目标日期基金(Target Date Funds),指的是以计划参加者的年龄或退休日期为基础,根据相应阶段的风险承受能力进行资产配置,计划参与者年龄低风险承受能力强的时候配置高风险高收益工具,反之则配置低风险稳定收益的投资组合。

基金（Balanced Funds）①、专业管理账户（Professional Managed Account）② 和稳健增值基金③。

在现有的默认投资工具（QDIA）中生命周期基金（Life Cycle Funds）最受欢迎，该投资工具具有一系列特征：一是生命周期基金通过将股票、固定收益等投资标的按照不同比例组成具有不同风险程度的投资组合，形成一个单一动态基金，投资组合则按照共同基金的方式进行投资运作；二是生命周期基金可以降低计划参与者投资选择的复杂性以及弥补金融知识不足带来的投资困境，计划参与者如果选择默认投资基金，只需选择一个离自己退休日期最近的产品，然后基金经理会随着退休日期的临近，调低中高风险资产配置的比例，调高固定收益等低风险资产配置的比例，以保障计划参与者获得风险收益；三是生命周期基金还可以提供对计划参与者的金融投资教育，减少相应的不良投资行为。

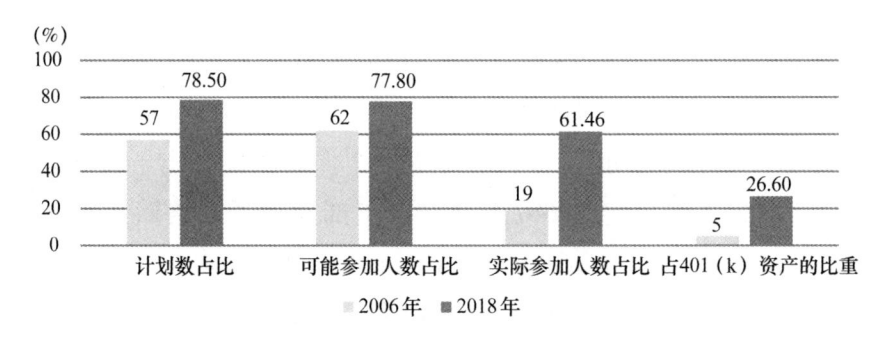

图 5-9　2006 年和 2018 年年末目标日期基金在 401（k）计划份额上的变动情况

资料来源：401（k）Plan Asset Allocation, Account Balances, and Loan Activity in 2018, By Sarah Holden, ICI; Jack VanDerhei, EBRI; and Steven Bass, ICI。

---

① 平衡基金是将雇员整体特征作为资产配置的主要关注点，由一系列静态投资工具组成，缺点是不能根据年龄和退休目标进行调整。

② 专业管理账户属于投资管理服务，将资产配置到一系列动态混合投资工具中，适当考虑个体差异。

③ 稳健增值基金主要适用于有资格的自动缴费机制中发起人和参与人首次缴费 120 天以内的缴费投资，之后必须转移到其他 QDIA 中。

自 2006 年以来，目标日期基金在美国 401（k）计划投资中扮演着越来越重要的角色，无论是提供目标日期基金的计划数量还是选择该基金的人数都有了巨大的提升（见图 5-9）。根据 ICI 统计数据，到 2018 年年末已经有 78.5% 的 401（k）计划提供了目标日期基金，比 2006 年年末增加了 21.5%，同样实际选择生命周期基金的计划参与者占比也从 2006 年年末的 19% 增加到了 2018 年年末的 61.46%，投资于 401（k）计划的生命周期基金资产占 401（k）总资产的占比也从 2006 年年末的 5% 增加到了 26.6%。

四　美国第三支柱个人养老金计划实践探索与发展经验

20 世纪中叶开始，随着美国人口老龄化的不断深化，老年抚养比开始逐步增加，第一支柱公共养老金制度压力也日益加大，与此同时，低水平的公共养老金计划又无法满足老年人日益增长的养老需求；同时，第二支柱的职业养老金无法覆盖灵活就业等群体，因此第三支柱个人养老金制度开始受到广泛关注。

1974 年，美国《雇员退休收入保障法案》正式确定建立个人退休账户（IRA），该账户由联邦政府发起，个人自愿参加并享受税收优惠。此后，美国通过不同的法案对个人退休账户从适用范围、缴费额度上限等诸多角度进行不断的完善（见表 5-5）。

表 5-5　　　　　　　　　　美国 IRA 发展历程

年份	主要内容
1974	ERISA 建立传统 IRA，每年可向个人账户缴纳 1500 美元或收入的 15% 两者中的较低者
1976	《税收改革法案》提出设立配偶 IRA
1978	《税收收入法案》提出设立简易式雇员退休 IRA（Simplified Employee Pension, SEP），规则简单，主要适用于小企业，单位可向 SEP 缴费
1982	致力于建立覆盖全体雇员的 IRA，放宽参与资格，所有有收入且年龄低于 70.5 岁的雇员均可参与，无论是否参加其他养老金计划；每年缴费限额为 2000 美元或收入的 100% 中较低者

续表

年份	主要内容
1986	参加 IRA 条件的资格日趋严格，减税缴费限制增多
1996	《小企业就业保护法案》提出雇员储蓄激励计划（Savings Incentive Match Plan for Employees，SIMPLE）IRA
1997	建立罗斯 IRA（Roth IRA），允许税收收入缴费，投资和领取免税
2001	《经济增长与税收减免调整法案》（EGTRRA）规定自 2002 年起提高年度缴费额：2002—2004 年每年缴费上限为 3000 美元；2005—2007 年每年 4000 美元；2008 年为 5000 美元；此后每年与通胀挂钩，增加 500 美元，直到 2010 年结束。鼓励年龄超过 50 岁的老年雇员增加养老储蓄，2002 年可追加 500 美元，2006 年为 1000 美元

资料来源：根据美国各类养老金法案整理。

美国第三支柱个人退休账户（IRA）设立的初衷是为那些未能参与第二支柱单位养老金的雇员提供附有税收优惠的退休储蓄路径，并帮助已参与单位养老金计划的雇员在转换工作时，可将积累的单位养老金转移到个人退休账户内，以保障个人退休权益。个人退休账户属于个人账户，不仅可以由个人自主建立，也可由单位帮助个人建立并为个人账户缴费，个人退休后待遇取决于缴费和投资收益。经过三十余年的发展，IRA 已经成为美国养老金体系中与 401（k）计划并驾齐驱的支柱型养老金制度，根据美国 ICI《2017 美国基金业年鉴》统计数据，截至 2016 年年底美国 IRA 资产已经达到 7.9 万亿美元，占美国养老金总资产的比重超过 30%。

个人退休账户起到了两个作用：一是鼓励没有被单位养老金计划覆盖的雇员建立税收递延的退休储蓄账户，后来扩展到已参加单位养老金计划的雇员；二是准许退休人员和变换工作的雇员把之前在单位养老金计划中积累的资产转存至 IRA。因此，IRA 既为雇员继续保存其单位养老金计划资产提供了渠道，同时自身也成为一种可累积的养老储蓄工具。由于 IRA 本身具有的灵活性以及转移便捷等优势，加之政府税收优惠的激励，IRA 在正式推出后受到了美国各阶层的欢迎，显示出了其强大的生命力，成为三支柱养老金体系的重要组成部分，也是美国近30年来养老金资产持续增长的重要来源（见表5-6）。

表5-6　美国家庭持有个人退休账户IRA的数量及占比情况

IRA类别		创立年份和法案	参与家庭数量（万个）	占比（%）
传统IRA		1974年《雇员退休收入保障法》	3610	28.1
罗斯IRA		1997年《纳税人救助法》	2490	19.4
单位支持个人账户计划	SEP IRA	1978年《收入法》	780	6.1
	SAR-SEP IRA	1986年《税收改革法》		
	SIMPLE IRA	1996年《小企业就业保护法》		
任意IRA		—	4640	36.1

资料来源：www.icifactbook.org。

（一）多元化的IRA制度设计，满足不同类别人群需求

美国的IRA账户涵盖了三种类型，即传统的个人退休账户（Traditional IRA）、罗斯个人退休账户（Roth IRA）和单位支持的个人账户计划，其中单位支持的个人账户计划又包括简易员工养老计划（SEP IRA）、工薪减税简易雇员养老计划（SAR-SEP IRA）和员工储蓄激励匹配计划（SIMPLE IRA）[1]。

Traditional IRA[2]是美国IRA养老金制度中的主体，个人可以在银行、保险公司和经纪公司等具备相应资质的金融机构建立个人账户，享受EET个人税收递延的税收优惠激励，即个人可以将税前的一定额度范围内的资金注入个人退休账户，账户内的资金在投资运作过程中的收益享受免税待遇，当个人达到法定退休年

---

[1] 由于Traditional IRA和Roth IRA累计占比超过了90%，占据IRA的主体，后文分析中以传统IRA和罗斯IRA为主。

[2] 参加Traditional IRA的个人不能超过70.5岁且拥有应纳税的薪酬。

龄时，可从账户领取个人养老金并根据相应税率缴纳个人所得税。具体而言，在缴费阶段，计划参与者收入15%的缴费可以免税，但有最高额度限制，目前最高不超过每年5500美元，为了让更多年老雇员积累更多养老资产，允许50岁以上雇员每年追加1000美元缴费，即50岁以上个人缴费上限是6500美元[①]。在领取阶段，Traditional IRA对待遇领取有一定的要求，即必须达到59.5岁才能开始领取，提前领取需缴10%的惩罚税，同时，参加者超过70.5岁后必须从账户中提取最低资金以上的养老金。Traditional IRA的资产总额庞大，占据IRA的主体，截至2020年年底，Traditional IRA资产总额达到102900亿元，占整个IRA的比重达84%，占比有一定下降。

Roth IRA也是美国IRA的重要组成部分，其运作方式同Traditional IRA具有一定的差异（如表5-7所示）。

表5-7　　　　　美国Traditional IRA和Roth IRA比较

	Traditional IRA	Roth IRA
资金来源	个人税前收入	个人税后收入
开设条件	年龄不超过70.5岁；参与的金额来自劳动和服务的收入，包括：工资或薪资、佣金、自雇收入、赡养费	无年龄限制，即年龄超过70.5岁的人群也可以参与；根据税收调整后的个人总收入的多少设立准入门槛及拟投入的资金额度，高收入的人群不能参与
额度限制	在2011年，50岁以下的个人免税额度为5000美元/年；50岁以上的个人资金额度为6000美元/年	根据税收调整后的个人总收入，设立个人缴费额度。在2011年，50岁以下的个人最高额度为5000美元/年，50岁以上的个人最高额度为6000美元/年
资金领取	个人在达到规定年龄时必须从账户中领取资金；提前领取将要求补缴以前的税收，否则将被处一定的税收惩罚	账户中的资金可以比较灵活的领取，而且不受到达规定年龄必须提取资金的约束

① 这一缴费额度限制不仅仅针对Traditional IRA，不管参加者有几个类型的IRA账户，其每年缴费总额都要受到上述额度限制。

Roth IRA 采取的是 TEE 的税收优惠机制,即个人在金融机构开立个人账户后,可以税后收入的方式在一定的额度范围内向个人账户注资,个人账户资金在运作过程中免收投资收益的个人所得税,同时,在满足条件领取 Roth IRA 时也免收个人所得税。与传统 IRAs 比,在账户建立阶段,Roth IRA 没有年龄方面的限制,在领取阶段也不要求参加者 70.5 岁后必须从账户提取资金,只要缴费达到 5 年,即可从账户中提取资金,若不足 5 年则需缴纳一定比例的惩罚税,当然当参加者符合年龄达到 59.5 岁或者首次购房、大额医疗支出、意外死亡等特定情况时可免缴惩罚税。Roth IRA 发展迅速,在整个 IRA 中的占比呈现上升趋势,2020 年年底 Roth IRA 资产总额已经达到 12100 亿美元,占整个 IRA 体系的比重约为 10%。

SEP IRA 是 1978 年美国《税收法》正式提出建立的,单位可为雇员设立 SEP IRA,雇员需满足三个条件:年满 21 岁,近五年至少有三年在该公司工作且年薪至少达到 600 美元。参加 SEP IRA 的雇员还必须有一个传统 IRAs,方便单位缴费,这一缴费虽在传统 IRAs 中,但需注明是 SEP 缴费,这就决定了 SEP 需要遵循传统 IRA 的基本规则。SEP IRA 的特征是成立与运营简单、行政成本相对较低,年度缴费数量灵活,单位必须为全部符合条件的雇员等额缴费。

SAR-SEP IRA 的参加条件同 SEP IRA 基本一致,只在缴费要求方面存在细微差别,由于美国法律规定 1996 年后禁止设立 SAR-SEP IRA,只有在此前建立的 SAR-SEP IRA 计划可继续运营和吸收新员工加入,因此 SAR-SEP IRA 参与率不高。近年来,SEP 和 SAR-SEP IRA 资产总额在不断上升,到 2020 年年底达到 5500 亿美元,在整个 IRA 体系中的占比相对稳定,保持在 5% 左右。

SIMPLE IRA 是专门针对小企业设立的一种计划,雇员在 100 人以下,主要由单位设立,其参加条件是员工任意两年年薪在 5000 美元以上,且预期当年年薪有 5000 美元,同时单位没有除集体谈判协议决定以外的其他退休计划。该计划允许满足一定条件的雇员在税前缴纳一定资金,收入的纳税被递延到资金领取阶段,也是一种 EET 的税收优惠模式，而单位需根据雇员缴费情况提供匹配缴费，即便员工没有缴费，单位也都要为符合条件的雇员提供一定比例的缴费，同样 SIMPLE IRA 的单位缴费在符合条件的范围内允许税收扣除。截至 2020 年年底，SIMPLE IRA 资产规模约为 1600 亿美元，占比为 1%，在整个 IRA 体系中占比较小（见图5-10）。

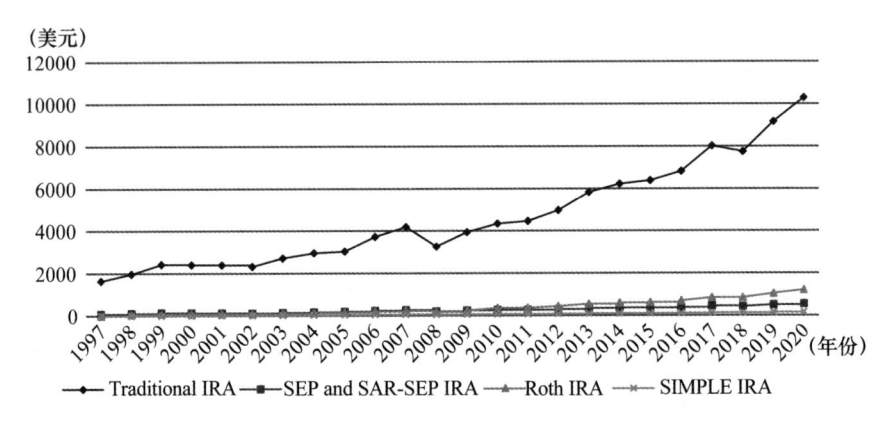

图 5-10　1997—2020 年美国各类 IRA 资产累计情况

注：Traditional IRA 包括捐赠与 IRA 转账，Roth IRA 包括捐赠、养老账户和 IRA 转账。

资料来源：Investment Company Institute. 2020. "The US Retirement Market, Fourth Quarter 2020". https://www.ici.org/system/files/private/2021-04/ret_20_q4_data%20.xls.

（二）采取 TEE 和 EET 相结合的双向税收优惠，激励机制灵活

自 1974 年制度建立以来，美国 IRA 的发展始终没有离开税收优惠政策的引导。在税收优惠等一系列激励机制推动下，美国 IRA 获得了快速发展，制度发展飞快。到 2020 年年末，IRA 资产已由 1974 年的不足 10 亿美元增长至 12.21 万亿美元，占退休总资产的比重由 0.3% 增长至 35%，成为美国退休资产的最大来源。

税收优惠激励是美国 IRA 快速发展的重要原因，美国为不同类别的群体建立了不同类型的 IRA 计划，采取不同税收优惠激励方案，最大限度地鼓励不同个体加强退休养老储蓄，美国采取了不同的税收激励措施（见表 5-8）。

表 5-8　　　　　　　美国主要 IRA 计划税收优惠模式比较

IRA 计划类别	税收优惠模式	特征	税收优惠安排
Traditional IRA	EET	自愿参加，税前缴费	在缴费阶段，计划参与者收入15%的缴费可以免税，但有最高额度限制，目前最高不超过每年5500美元，为了让更多年老雇员积累更多养老资产，允许50岁以上雇员每年追加1000美元缴费，即50岁以上个人缴费上限是6500美元。在投资阶段，收益免税；领取阶段纳税
Roth IRA	TEE	自愿参加，税后缴费	Roth IRA 可与 Traditional IRA 共同拥有，该计划缴费金额为税后收入，投资收益和领取阶段均享受免税待遇

资料来源：根据美国 IRA 相关规定整理。

（1）Traditional IRA 账户采取 EET 模式，在缴费环节享有税收优惠政策，允许个人在税前向账户缴费，账户资产的增值部分无须缴纳投资收益税；只有在账户资金领取时全部收益都按照初始收入计税，并由个人主动申报。（2）Roth IRA 账户采取 TEE 模式，资金入 IRA 账户前由个人主动申报扣税，但账户资金的增值可以免税，领取时如果投资者年龄不低于 59.5 岁，且第一次领取距第一次缴款五年以上，则收益部分不产生应缴税款。（3）个人可以在一定条件下，将职业年金转入 IRA，并享受税收减免政策。

美国 IRA 计划获得了政府巨大税收优惠支持，但在制度的运作和参与过程中，个人必须严格按照 IRA 计划相关的规定执行，当个人出现了超过规定缴费限额、提前支取 IRA 账户资金、从事禁止交易等情况下，将会按照一定比例征收惩罚税，例如，当个人未满 59.5 岁，提前支取传统 IRA 资金，将被额外征收 10% 的税收惩罚。美国正是通过 IRA 计划的税收优惠激励机制和惩罚机制的结合，一方面为广大国民参加 IRA 计划提供了巨大的激励；

另一方面也通过税收惩罚措施，避免了缴款人通过这种方式逃税，从而有效地保证了 IRA 资金的规范性和资金的长期积累。

（三）依托账户将优惠落实，保障税收优惠公平性并向多元化的金融产品开放

美国 IRA 计划的一个重要特征就是采取账户制，个人参与第三支柱 IRA 可以自主选择在银行或者由美国财政部批准的具有保管业务的其他金融机构开立个人账户，并由其作为受托人或保管人。

由于美国 IRA 缴款具有一定额度限制，美国税务总局要求所有的金融机构开立的 IRA 账户必须通过固定的格式汇总到税务总局，进行总体监管，防止个人缴费超过规定的额度，这在很大程度上保障了税收优惠的公平性，避免对富人过度税收优惠。同时，美国 IRA 对不同金融产品持开放态度，鼓励各类金融产品均可参与，个人参与者可购买不同的金融产品进入到其开立的 IRA 个人账户中，个人根据受托人提供的投资选项可以选择相应的投资产品，以实现资金的保值增值。IRA 刚推出时，大部分民众选择在银行开立个人退休账户，主要投资银行存款等低风险收益产品。随着美国资本市场的发展和投资者的成熟，目前大部分居民委托共同基金管理其 IRA 资产，如图 5-11 所示。

（四）第二、第三支柱养老金之间建立了账户联通机制，保障参保者权益流动

美国建立了不同的养老金账户之间的转账机制，通过这一机制将第二、第三支柱养老金之间建立了一个通道，个人可以将不同账户的资金按照相关规定转到相应的其他类别账户，具体账户之间的转账规定如表 5-9 所示。通过第二、第三支柱之间不同账户之间的联通机制建设，一方面，可以实现合理避税，因为账户所有人资产从一个退休金账户转移到另一个退休金账户中，直到资金支取前均不用缴税，转入的养老金计划费用叫转账缴费；另一方面，当雇员发生职业流动从某个第二支柱职业养老金计划中退出时，将原有计划资产转入 IRA 账户可以更好地实现自身权益的流动；除此之外，

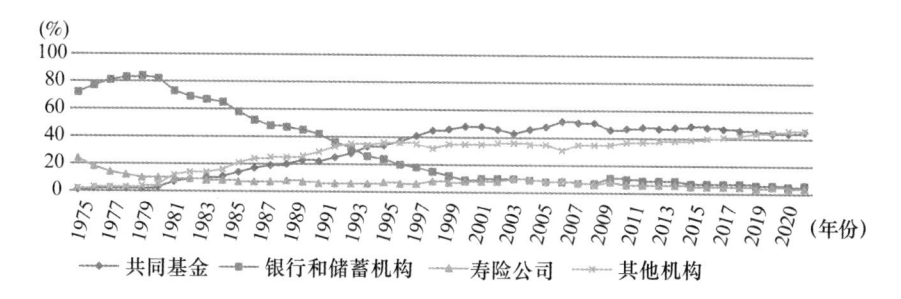

第五章 他山之石：典型国家养老金结构性改革路径　　153

图 5-11　美国历年不同金融机构 IRA 个人退休账户资产占比情况

注：其他机构包括股票、债券、封闭式基金、ETF 等。

资料来源：美国投资基金公会，Investment Company Institute. 2020. "The US Retirement Market, Fourth Quarter 2020". https://www.ici.org/system/files/private/202104/ret_20_q4_data%20.xls。

由于 Traditional IRA 缴费年龄限制在 70.5 岁之前，但 Roth IRA 账户无此限制，计划参与者无论多大年龄均可向 Roth IRA 转账或缴费。

表 5-9　美国第二、第三支柱养老金计划账户转账制度安排

	Roth IRA	Traditional IRA	SIMPLE IRA	SEP IRA	457 (b)	合格计划	403 (b) 计划	指定 Roth 账户
Roth IRA	是[1]	否	否	否	否	否	否	否
Traditional IRA	是[1,2]	是[1]	否	是[1]	是[2,3]	是	是	否
SIMPLE IRA	是[1,2]，2年后	是[1]，2年后	是[1]	是[1]，2年后	是[2,3]，2年后	是，2年后	是，2年后	否
SEP IRA	是[1,2]	是[1]	否	是[1]	是[2,3]	是	是	否
457 (b)	是[1,2]	是	否	是	是	是	是	是[1,2,3,4]
合格计划	是[1,2]	是	否	是	是[2,3]	是	是	是[1,2,3,4]
403 (b)	是[1,2]	是	否	是	是[2,3]	是	是	是[1,2,3,4]
指定 Roth 账户	是	否	否	否	否	否	否	是[4,5]

注：合格计划指的是税前，包括利益共享计划、401 (k)、现金计划和 DB 计划等。1. 每 12 个月只能转账一次；2. 必须包括收益；3. 必须是分离的账户；4. 必须是计划内转账；5. 领取时不包括收益。

资料来源：美国国税局，https://www.irs.gov/pub/irs-tege/rollover_chart.pdf。

(五)投资渠道多元化和默认投资基金工具的设立,实现资金的保值增值

第三支柱 IRA 计划采取的是完全积累制,因此 IRA 积累的资金保值增值目标的实现是 IRA 制度的有效保障。美国 IRA 赋予了个人投资选择权,且个人可根据受托人提供的不同的投资组合选择自己的投资方案,同时,设立默认投资基金为那些没有做出投资选择的参保者,根据其年龄等不同特征进行合格默认投资,以保障其投资收益。

投资渠道多元化是 IRA 最突出的特点之一,在个人自我选择权放开的背景下,个人可以根据自己的风险收益偏好,灵活、自主地配置个人 IRA 资产。根据美国投资基金公会统计数据,目前美国 IRA 账户平均配置的资产类别为 3 类,超过 70% 的家庭选择 IRA 个人账户作为资产配置的首选,此外,个人股票投资、ETF 产品等也都是 IRA 持有者重要的投资选择(见表 5 – 10)。正是多元化的资产投资组合,才赋予了 IRA 账户持有者在不同风险收益偏好下的需求满足,也可以通过投资风险的分散来满足资产保值增值的目标。

表 5 – 10 美国家庭持有的 IRA 的投资类型及占比 单位:%

	Traditional IRA	Roth IRA	IRA 整体
1. 共同基金(合计)	73	71	75
股票基金	50	49	52
债券基金	26	24	27
混合基金	39	37	40
货币市场基金	29	22	28
2. 个人股票投资	45	40	47
3. 寿险公司年金产品	29	20	30
固定收益年金	20	13	21
可变年金	18	14	19

续表

	Traditional IRA	Roth IRA	IRA 整体
4. 银行存款	20	12	20
5. 个人购买债券	21	15	22
6. 美国储蓄债券	12	9	13
7. ETF 产品	20	23	22
8. 其他	3	1	3
IRA 配置资产的平均种类（种）	3 种	3 种	3 种

资料来源：ICI Research Perspective, Appendix: Additional Data on IRA Ownership in 2017, https://www.ici.org/pdf/per23-10a.pdf。

除投资多元化之外，2006 年美国《养老金保护法案》设立的"合格默认投资选择"（QDIA）机制也在 IRA 资产运作中发挥着重要功能，其中根据年龄等因素设计的目标日期基金成为 IRA 持有者重要的投资选择。

第二节 加拿大多支柱养老金体系改革实践探索

一 加拿大养老金体系构成多支柱养老金制度的功能定位

加拿大拥有典型的多支柱养老金体系结构，各个支柱之间相互配合，为减少老年贫困、保障老年人较高水平的退休生活待遇发挥了重要作用。加拿大养老金多支柱体系结构合理，保障充分，在历年墨尔本美世全球养老金指数（Melbourne Mercer Global Pension Index）和德国安联"养老金可持续指数"（PSI）排名中，始终居于前列，被视为养老金体系建设较为成功的国家。

加拿大的养老金体系由多个支柱构成，大致包括如下四个部分：零支柱为非缴费型的老年保障金制度（Old Age Security Pension，OAS），第一支柱是现收现付制的加拿大/魁北克养老金计划（CPP/QPP），第二支柱为单位主导的企业年金计划，第三支柱为个人自愿参与的储蓄养老计划。

零支柱是加拿大养老金体系中的兜底性制度安排,个人无须缴费,旨在实现社会再分配、减少老年贫困,主要是源自联邦政府财政预算的老年保障金制度(Old Age Security Pension, OAS)及其与之配套的收入保障补贴(Guaranteed Income Supplement, GIS)和配偶津贴(Allowance)制度。

第一支柱是政府强制性的公共养老金计划,即加拿大/魁北克养老金计划(CPP/QPP),该计划属于政府强制性的现收现付制养老金计划,待遇给付方式为 DB 型,缴费主要来源于单位和雇员共同缴费,均为工资的 4.95%,自雇者则需自行承担全部缴费,除了可以提供退休后的养老收入保障外,还可以提供残疾津贴并在缴费者去世后补偿给其配偶和子女,其中 CPP 由加拿大社会发展局管理,QPP 则由魁北克省政府进行管理,二者其他的结构和运作方式则基本相同。

第二支柱是单位主导的企业年金计划,由单位自愿发起建立的养老金计划,由单位和雇员自主缴费并享受一定的税收递延优惠,旨在为退休者提供职业养老收入替代,主要包括注册养老金计划(Registered Pension Plans, RPP)和集合注册养老金计划(Pooled Registered Pension Plans, PRPP)等。目前第二支柱企业年金计划已经成为加拿大退休金计划中的重要组成部分,尤其是大大提升了正规就业者的养老金待遇水平。

第三支柱是个人养老金计划,由个人自愿参与进行退休养老储蓄,经过税务机关注册认可后可以享受一定额度范围内的税收递延优惠,旨在为个人提供更高水平的退休金待遇。加拿大第三支柱个人养老金计划包括注册退休储蓄计划(Registered Retirement Saving Plan, RRSP)和免税储蓄账户(Tax Free Savings Account, TFSA)。

加拿大养老金体系中不同的支柱分工明确,为满足不同群体的养老金需求提供了有效保障。目前除公共养老金提供的基本保障制度外，第二支柱和第三支柱私人养老金制度在加拿大养老金体系中发挥着越来越大的作用，覆盖面分别达到了32.2%和25.2%（郑秉文，2015），且第二、第三支柱积累的养老金资产已经达到了24039亿美元，占加拿大当年GDP的159.2%（见表5-11）。

表5-11 加拿大三支柱养老金体系基本情况

	公共养老金	职业养老金	个人养老金
覆盖面（%）	—	32.2	25.2
替代率（%）	41	34.2	
资产积累（亿美元）	2492	24039	
资产占GDP的比重（%）	17	159.2	

资料来源：根据OECD（2017），Pensions at a Glance 2017：OECD and G20 Indicators, OECD Publishing, Paris. http：//dx.doi.org/10.1787/pension_glance-2017-en 数据整理而来。

二 加拿大第一支柱公共养老金计划改革优化方案

（一）明确缴费基数确定机制和征缴方案，确保足额收缴

加拿大CPP缴费基数为参保人员的年工资报酬（Annual Earnings）。对受雇者，征税对象为雇主全年对每个雇员支付的薪金工资（Employment Income），其可缴费工资报酬（Pensionable Earnings）在缴费基数上下限之间；对自雇者，征税对象为净营业收入（Net Business Income）（扣除相关费用后），若出现可缴费收入低于缴费基数下限或是缴费太多的情况，那么在缴纳所得税时，可申请退回该部分社会保障税。

加拿大CPP计划设有年度缴费基数上下限，以确保储蓄成分不会过高以影响到消费水平，并且可以有充足的资金为退休人员提供足够的养老金。

从年度缴费基数上限看，它是指每年需要用于CPP缴费的就业收入限额，一般在前一年的1月修改，每年会以一定比例增长。以

此计算出来的数值如果不是 100 的倍数，则舍去不足 100 加元的部分，但在计算下一年的年度缴费基数上限时仍以上一年的确切数值为基础。在任何情况下，年度缴费基数上限都不能比上一年的少。2016 年度 CPP 缴费上限为每年 53600 加元，每年依据消费价格指数进行调整。

从年度缴费基数下限看，它是指参加 CPP 所必需的就业收入下限，年度基本免除额以下的收入不用缴费。1998 年之前，年度基本免除额一般为年度缴费基数上限的 10%，在必要的时候进行四舍五入。1997 年之后，年度基本免除额固定为 3500 加元，是一个固定值（fixed）；与美国不同，加拿大对于缴费基数下限的规定是工资水平低于缴费基数下限的部分不需要缴纳基本养老保险费，以保证雇主和雇员收入的前 10% 可以免除缴费。加拿大每年 3500 加元的基本免除额是不需要缴费的，也就是说每年的缴费区间是 3500 加元至缴费基数上限，但是在计发养老金时计算的收入区间是 0 至缴费基数上限。这意味着，尽管收入的前 3500 加元不产生任何缴费收入，但 CPP 待遇的计发考虑了这些收入。

（二）建立早减晚增的领取退休金年龄机制，平衡养老金收支

早在 20 世纪 60 年代中后期，加拿大就出现了老龄人口稳定增长的态势，在人均预期寿命延长以及生育率下降的背景下，加拿大就预见了人口老龄化将给加拿大养老金带来巨大挑战。在 1965 年前，加拿大把领取退休金的年龄确定为 70 岁，但考虑到部分群体可能无法享受到养老金权益以及国民对提前领取养老金的期盼，1965 年加拿大把领取退休金的年龄调整为 65 岁，但在随后十余年间，加拿大发现固定的领取退休金年龄可能会影响到国民的自我选择，1987 年，加拿大允许老年人灵活选择退休时间，但领取退休金的年龄至少为 60 岁，同时，加拿大配套出台关于"早减晚增"的养老金待遇领取机制，即将 65 岁作为全额领取退休金的年龄，如果在 65 岁以前领取退休金，则待遇会扣减一

些,每提前一个月退休金减少0.5%,也就意味着每提前一年退休,退休金待遇就减少6%;同样如果在65岁以后领取退休金,则会相应增加待遇,每延迟1个月退休金增加0.5%,也就意味着每推迟一年退休,退休金待遇就会增加6%。加拿大采取这种灵活的"早减晚增"的激励机制引导国民延迟退休,取得了良好的成效。

三 加拿大第二支柱职业养老金计划实践探索与发展经验

加拿大第二支柱单位养老金计划是单位自愿发起和建立的一项养老金计划,主要包括注册养老金计划(Registered Pension Plans,RPP)和集合注册养老金计划(Pooled Registered Pension Plans,PRPP)以及团体养老计划(Group RPSP)和利润分享计划(Deferred Profit Sharing Plans,DPSPs)。[①] 加拿大RPP计划最早可以追溯到20世纪初,早在1917年,加拿大联邦政府就专门制定了RPP的税收优惠等一系列激励政策,推动其注册养老金计划的发展。注册养老金计划可由不同类别的企业、公共部门等机构发起,包括缴费确定型DC计划和待遇确定型DB计划以及将二者综合起来的综合计划,近年来,缴费确定型DC计划已经逐步超越待遇确定型DB计划成为单位养老金的主要形式。

截至2019年年底,加拿大已经建立了16608个RPP计划,覆盖职工达641万人,占全部雇员的比重达37.9%,占全部劳动年龄人口的比重达32.2%,为加拿大退休老年人养老金待遇水平的提高发挥了重要作用。

(一)如何吸引加入——EET税收递延激励机制的完善

为激励单位和雇员加入单位养老金计划,加拿大制定了EET税收递延机制。具体而言,单位为雇员进行的RPP计划缴费享受免税

---

① 加拿大单位养老金计划中注册养老金计划是主体,本书仅介绍加拿大注册养老金的相关情况。

待遇，雇员每年按照上年度个人收入的 18%①进行税前缴费，但要在税务局规定的最高额度限制范围之内。按照法律要求，最高缴费额度会根据实际情况不断变化，税务总局的最高缴费额度限制不仅涵盖了单位养老金中个人缴费部分，也包括其他注册享受税收优惠的养老金计划如个人养老金计划等，不同年份缴费最高限额可以累计使用，具体的缴费确定型计划的最高缴费限额如表 5-12 所示。

表 5-12　　加拿大缴费确定型单位/个人养老金缴费限额情况

年份	2008	2009	2010	2011	2012	2013	2014	2015
缴费限额（加元）	20000	21000	22000	22970	22970	23820	24270	25000

资料来源：根据加拿大统计局 www.statcan.gc.ca 相关数据整理。

在投资环节，加拿大注册养老金计划的投资收益也享受免税待遇，只有在雇员退休领取养老金时才按照相关规定缴纳个人所得税。在个人税收递延优惠的激励机制作用下，加拿大注册养老金收获了较大的吸引力，覆盖了超过 1/3 的劳动年龄人口，并在不断扩大。

（二）如何扩大覆盖面——集合注册养老金计划的推出

由于注册养老金计划（Registered Pension Plans，RPP）面临着相对较高的运营和管理费用，2012 年加拿大正式推出集合注册养老金计划（Pooled Registered Pension Plans，PRPP），旨在为激励中小型单位和自雇者参与注册养老金计划提供便利，其中，联邦集中登记养老金计划法案和集中登记养老金计划规定为 PRPP 计划的建立与实施提供了保障。PRPP 计划采取的是缴费确定型 DC 计划，单

---

① 加拿大对私人养老金制度采取综合税率的制度，综合税率将第二支柱和第三支柱联系起来，并对税收优惠造成的税收损失有总量控制，参加单位或个人养老金计划的缴费总额限制在 18% 以内，如果雇员加入单位计划，可在 18% 的范围内缴费，相应的个人养老金计划缴费率为 18% 减去单位计划的缴费率，若雇员未加入单位计划，则个人养老金计划的缴费率最高可达到 18%，这些缴费可享受税前抵扣的优惠政策。

位和雇员共同缴费用于雇员未来的养老储备,采取同 RPP 类似的 EET 税收递延优惠激励。由于 PRPP 计划采取的是单位雇员缴费由第三方机构如银行等金融机构集中管理,从而降低了单位的管理费用支出,对于拓展中小企业参加单位养老金计划发挥了重要作用。

(三) 运营效率的提升——市场化投资运营

加拿大单位养老金计划中,无论是企业还是公共部门发起的,均采取市场化运作的方式,政府允许众多的私营机构参与单位养老金的投资管理,政府的责任通过一系列有效的监管机制的建立保障基金的安全,并通过控制风险树立国民对于养老金基金投资的信心。具体来看,加拿大单位养老金计划主要以信托的形式存在,单位对于计划积累的资产不再具备支配权,只需要同雇员一起选择相应的投资方案,在政府规定的"计划文本"中选择相应的投资组合。在相对较为完全的竞争环境下,市场机构通过多元化投资渠道的选择实现风险分散并选择最佳的资产配置方案以获得最佳的回报,不仅有利于养老金的保值增值,也可以助推养老金与资本市场的互动,从而有利于养老金基金从发达的资本市场中实现较低风险和较高收益的目标,实现双赢。

四 加拿大第三支柱个人养老金计划实践探索与发展经验

加拿大是较早利用税收优惠手段激励个人退休储蓄的国家。个人退休储蓄账户的特征是个人自愿选择建立,在金融机构开立个人账户之后,经过税务登记机构的认证和审核,可以在一定额度范围内享受税收递延优惠,缴费方式相对灵活,不仅可以本人缴费,也可由配偶缴费,不仅可以以现金方式缴费,也可通过评估后的实物资产进行抵缴。加拿大个人养老金计划的类型主要包括两种,即注册退休储蓄计划(Registered Retirement Saving Plan, RRSP)和免税储蓄账户(Tax Free Savings Account, TFSA)。

RRSP 计划早在 1957 年就开始建立和实施,主要面向未参加任何单位养老金计划的雇员和自雇者,当然参加了单位养老金计划的雇员也可在综合税率和最高限额的范围内加入该计划，目的是通过税收优惠鼓励中高收入者及早进行退休规划，积累更多的养老金资产，以提高养老金待遇水平。2009 年为进一步激励低收入人群加入个人养老金计划中，加拿大于当年推出了免税储蓄账户（Tax Free Savings Account，TFSA），个人可以开立多个 TFSA 账户，但所有账户缴费总额不超过 5500 加元（2016 年），限额内的缴费享受 TEE 的税收优惠模式，大大吸引了低收入人群的参与。RRSP 计划和 TFSA 计划各具特色，见表 5 – 13。

表 5 – 13　　加拿大注册退休储蓄计划（RRSP）与免税储蓄账户计划（TFSA）的对比

项目	注册退休储蓄计划（RRSP）	免税储蓄账户（TFSA）
性质	享受税收优惠的退休储蓄计划	
税收优惠形式	EET	TEE
推出时间	1957 年	2009 年
参与条件	71 岁以下（截至 71 岁时年末）	18 岁及以上
经办机构	银行、信用合作社、信托基金或保险公司	
缴存额	与收入关联，为上年收入的 18%	与收入无关，固定值
资金来源	本人或其配偶	任何人（有利于收入和财产分割）
缴存额上限	25000 加元（2015 年）	5500 加元（2016 年）
未使用的缴存限额	可结转（1991 年起实施）	可结转（2009 年起实施）
提取	69 岁之后可提取；71 岁之后必须提取	任何时间、任何理由均可提取；没有强制提取的年龄规定
提取后是否可补回	否。住房计划和终身教育计划可借款，但需分别在 15 年和 10 年内还清	是。可补款到账户中直至累计缴费上限
与 RRP	与 RRP 合计不能超过缴存上限	缴存上限与 RRP 无关
超量缴费的处理	按每月 1% 征税	
与其他福利	提取时计入收入，会影响保障养老金（在临近退休时提取并转入 TFSA，则可避免此问题）	不影响保障养老金 GIS 的领取

资料来源：中国社会科学院世界社保研究中心：《中国养老金个人退休账户顶层设计》，2016 年中国证券投资基金业协会委托课题报告。

RRSP计划采取的是 EET 递延纳税的激励机制，对于中高收入水平的个人具有较大的吸引力，而对于本身就无须缴纳个人所得税的低收入人群而言，毫无疑问，丧失了其吸引力，而 TFSA 则恰好与 RRSP 形成互补，TEE 的税收优惠模式对于低收入人群而言相当于免税，同时加上提款灵活、便携性强、可接受 RRSP 转入的资金、可为贷款提供担保、不影响获取 GIS 的获取资格，这些便利条件对低收入者很有吸引力。总体来看，RRSP 计划对于高收入者的吸引力最大，8 万加元以上的个人参与 RRSP 计划的比重在 2003 年达到了 68%，到 2013 年略有下降，但也是参与该计划最多的群体，年收入在 4 万加元以下的个人参与 TFSA 计划的比重则大大高于参与 RRSP 计划的比重，表明 TFSA 计划对低收入者具有强大吸引力，当然 4 万加元以上的中高收入者对 TFSA 的参与率也不低，表明加拿大双向税收优惠的个人养老金计划具有巨大的吸引力（见表 5-14）。

表 5-14　　　　　不同收入组的 RRSP 计划和 TFSA 参与率　　　　单位:%

		2万加元以下	2万加元—4万加元	4万加元—6万加元	6万加元—8万加元	8万加元以上	全部
RRSP	2003 年	5	41			68	26
	2013 年	3	16	36	44	61	23
TFSA	2009 年	11	18	24	26	30	19
	2013 年	18	26	32	33	38	27

*注：2007 年之前，2 万加元—8 万加元放在一组统计。
资料来源：加拿大金融机构监督办公室（Office of the Superintendent of Financial Institutions）http：//www.osfi-bsif.gc.ca/eng/oca-bac/fs-fr/Pages/FS_RPP_2015.aspx。

（一）EET 和 TEE 双向税收优惠的激励机制，大大提高了制度的吸引力

为了满足不同类别人群的需求，加拿大通过完善税收优惠的激励机制，鼓励个人进行退休养老储蓄，建立了不同类型的个人

养老金计划，并采取了 EET 和 TEE 双向税收优惠的激励机制。（1）RRSP 计划采取 EET 的税收递延缴费模式，在缴费环节享有税收优惠政策，允许个人在税前向账户缴费，账户资产的增值部分无须缴纳投资收益税；只有在账户资金领取时全部收益都按照初始收入计税；个税递延模式下，由于将纳税递延到养老金领取阶段，对于中高收入者具有吸引力，因为中高收入者在缴费阶段收入较高，需要承担的税率更高，而领取退休金阶段收入相对较低，可以只负担较低的税率。（2）TFSA 计划采取 TEE 模式，个人在税后缴费，账户资金的投资收益可以免税，个人可以随时免税取出，对于低收入者而言相当于免税，因此对其有较大的吸引力。（3）除此之外，TFSA 计划还可以接受 RRSP 计划的转出，在转入 TFSA 时缴纳相应的税费，相当于 TFSA 缴费，投资和领取阶段则享受 TFSA 计划同样的税收优惠政策。

（二）灵活的账户制设计，保障了税收优惠的公平性和制度的灵活性

加拿大个人养老金计划采取的是账户制的制度设计，即参与个人养老金计划的个人可以选择在银行、信托公司、基金公司或保险公司等金融机构开立 RRSP 或 TFSA 个人账户，经过税务机关登记后可以享受相应的税收优惠，尽管加拿大第三支柱个人养老金参与者可以在不同金融机构开立多个个人账户，但由于最终都统一到了税务机关，同第二支柱单位养老金合并计算享受对应的私人养老金最高缴费限额，相当于账户具有唯一性，这在最大程度上避免了个人通过参与不同的账户逃税，保障了税收优惠的公平性。

同时，由于 RRSP 计划具有严格的支取限制，为保障个人需要的同时增加制度的吸引力，RRSP 计划规定，当个人达到年满 69 岁的支取账户资金的条件之前，如发生购买首套住房或参与终身教育计划等紧急需求时，可在限额内提前支取一定额度的资金（分别是 25000 加元和 20000 加元），但所支取资金必须分别在 15 年和 10 年内还回 RRSP 账户，可免受税收惩罚。

除此之外,加拿大 RRSP 或 TFSA 个人账户之间还具有转换的灵活性,由于 RRSP 计划只能到 60 岁之后可以提取且到 71 岁之后必须提取,而 TFSA 账户则在任何时间、任何理由均可提取且没有强制提取的年龄规定,由此加拿大明确规定 RRSP 的资金可转到 TFSA,从 RRSP 转出则视作支取、按 EET 形式纳税,转到 TFSA 则视为缴费、按 TEE 形式纳税。从而保障了账户的灵活性,为个人参加制度提供了更加灵活的选择,也更增加了制度的吸引力。根据加拿大金融机构监督办公室统计数据,退休人员持有 TFSA 的比例远高于 RRSP,主要原因是 RRSP 有达到 71 岁必须支取账户基金的规定,已退休和接近退休的人会选择将 RRSP 账户基金转入 TFSA,从而继续享受税收优惠(见表 5-15)。

表 5-15　　　　　不同年龄的 RRSP 计划和 TFSA 参与率　　　　　单位:%

年龄组		25 岁以下	25—34 岁	35—44 岁	45—54 岁	55—64 岁	65 岁及以上	全部
RRSP	2003 年	8	31	37	40	33	3	26
	2013 年	6	27	34	37	31	6	23
TFSA	2009 年	9	15	15	18	24	26	19
	2003 年	19	28	23	25	29	32	27

资料来源:加拿大金融机构监督办公室(Office of the Superintendent of Financial Institutions) http://www.osfi-bsif.gc.ca/eng/oca-bac/fs-fr/Pages/FS_RPP_2015.aspx。

(三)个人投资选择权的放开与投资多元化,提高基金的运作效率

为保障投资的有效性并满足不同群体的风险偏好,加拿大的第三支柱个人养老金计划中的 RRSP 和 TFSA 账户资金均赋予个人投资选择权,个人可以在符合《个人所得税法案》所列的合格投资产品中选择自主投资方案,也可以选择委托金融机构投资运营的信托管理模式,投资管理人推出若干合格投资产品,由计划参加者根据自身风险偏好自由选择。总体来看,无论是个人自主投资还是委托

投资，加拿大个人养老金计划的投资方案都提供了多元化的投资组合供计划参加者选择，以保证满足不同参加者风险偏好差异的同时，分散基金的投资风险，以保证基金的投资运作效率。在基金的整个投资运作环节，政府的作用是负责监督相关机构的合规性和投资资产的合格性，不参与具体投资方案的选择。

第三节 典型国家养老金结构性改革对中国的启示

一 明确不同支柱养老金制度在整个养老金体系中的定位

从世界范围来看，保障水平较高、可持续发展能力较好的养老金体系均是通过多支柱养老金的协调发展来实现的，任何只依靠单一公共养老金或私人养老金的养老金体系均无法应对诸多的系统风险，也难以满足不同老年群体的多元化需求，因此，将私人养老金定位于养老金体系的重要支柱，让不同群体均有机会参与到私人养老金计划中来，是私人养老金制度在整个养老金体系中的基本定位。

中国自20世纪90年代就开始提出要发展第二、第三支柱养老金制度，但经过数十年的发展，只有企业年金计划于2004年开始试点，第三支柱个人养老金计划迟迟没有落地，且经过十余年的实践探索，中国企业年金的补充功能并未发挥，仅覆盖了部分高收入的行业和群体，面临着"富人俱乐部"的诟病。从中国整个养老金体系来看，正是由于制度的定位不够清晰，将不同类型的养老金计划简单放在一个统账结合的制度中，不仅容易引起主体责任的不明晰，还对各利益主体的需求造成矛盾，在人口老龄化不断加深的背景下，导致公共养老金制度发展危机四伏，而作为补充保障的养老年金制度又难以发展。出现这一问题的症结在于中国养老金制度体系的目标定位并没有理顺，政府、单位和个人责任架构混合在一起导致制度发展难以发挥其应有的作用。从国际经验来看，保障水平好、可持续性能力强的养老金体系往往采取的是多支柱的制度定位，这样的制度可以明确将政府、单位和个人责任厘清，不同支柱发挥不同作用，有利于在保基本的公共制度基础上激励多主体共同参与实现更高水平的养老保障。因此，中国养老金体系在未来发展过程中，应逐步明确私人养老金制度在整个养老金体系中的支柱地位，使其真正为老年人退休生活待遇水平提升一个新的台阶贡献力量。

二　关注多支柱养老金制度与资本市场的协调发展

多支柱养老金体系协调发展并不一定意味着第一、第二、第三支柱完全均衡发展。从典型国家的发展经验来看，第一、第二、第三支柱养老金的目标均是提供退休后的养老收入保障。不少国家更清晰地界定了不同支柱养老金之间的界限，第一支柱是国家主导的面向全体国民的兜底养老保障，第二支柱主要对象是正规就业者，而第三支柱的主要对象则是面向没有单位或单位没有提供职业养老金的雇员以及灵活就业者或无工作者等，如美国、英国等均是通过这种方式满足不同群体的需求，形成了第一、第二、第三支柱协调发展，为不同群体参与多支柱养老金提供了多元化的选择，为提高退休收入水平发挥了重要作用。同时，另外一些国家，如澳大利亚，由于其第二支柱采取的是强制性的超级年金计划，其覆盖面超高，大部分工作者均参与了第二支柱，因此第三支柱个人养老金的覆盖范围相对有限。中国在发展不同养老金制度过程中，也应将第二、第三支柱统筹考虑，第二支柱职业养老金计划的主要对象是正规就业者，采取的是自愿原则，第三支柱更多的是面对灵活就业者或无工作者，为其积累更高水平的养老金提供制度化的安排。

此外，养老金基金尤其是积累制的养老金作为长期资产面临着十分迫切的保值增值的需求，客观上要求通过进入资本市场运作追求长期高收益的投资回报。从国际经验来看，养老金作为长期大规模资金，作为机构投资者，进入资本市场后可以增加资本市场的资金供给，形成长期资金，为资本市场长期稳定发展提供良好的条件，同时发达的资本市场反过来又可以为养老基金的保值增值提供有效保障。

在中国，资本市场是影响养老金基金保值增值的重要因素之一。以股市为例，中国股市长期以来表现低迷的关键就是投资者结构失衡，中国股市投资以散户居多，缺乏长期的机构投资者。近年来中国资本市场发展逐步完善，共同基金和保险公司等长期机构投资者开始初具规模，同时基本养老保险基金、职业养老金也已经开始进入资本市场为中国第三大机构投资者——养老基金的发展提供基础，不仅可以进一步为资本市场的稳定发展注入新鲜活力，同时，逐步完善的资本市场也可以为私人养老金的保值增值提供更多的保障。因此，推动养老金的快速发展，就必须重视养老金计划与资本市场的协调发展，一方面，在养老金尤其是私人养老金建设时必须明确基金的市场化投资方向，积极培育契约型私人养老金投资管理机构，允许合格的金融机构作为私人养老金的受托人和投资管理人，并实现充分合理竞争，提高私人养老金的投资运作效率的同时，也为资本市场提供有效的长期资金；另一方面，通过逐步完善资本市场运作，为养老金投资收益率的提升提供保障。

三 重视私人养老金制度参与者内生动力培育和政府激励机制建设

从国际经验来看，私人养老金计划之所以在很多国家具有巨大的吸引力，其原因在于私人养老金计划的受益人广泛，对于单位而言，可以通过私人养老金的供给加强人力资本建设，提高员工的忠诚度，有助于企业的稳定发展；对于雇员而言，私人养老金可以为其提供更高水平的养老金待遇水平；对于国家而言，可以减少公共养老金支出，减缓财政支出的压力；对于社会而言，在实现养老金待遇水平提高的同时可以促进社会稳定，因此，私人养老金计划的发展具有强大的内生动力。但从中国来看，由于制度发展不健全，导致私人养老金发展的内生动力不足，于单位而言，一方面企业年金制度的条件苛刻，不少企业难以企及；另一方面中国劳动力市场相对充足，通过建立企业年金吸引人才的动力有限。随着中国人口老龄化的不断加剧，劳动力供给将不断缩减，在此背景下，需要完善企业年金制度设计，降低企业年金制度门槛，激励企业通过建立职业养老金计划等方式满足其高质量的劳动力需求。对于个人而言，应大力宣传养老金责任供给的分担机制，让个人意识到职业养老金在个人养老待遇保障体系中的重要功能。对于国家和社会而言，则应通过精算和设计，在牺牲当前税收的基础上推动职业养老金制度的长期发展，获得长期的收益，弥补税收损失。

除制度发展的内生动力外，职业养老金计划的发展离不开政府激励机制建设，从国外发展经验来看，建立适合本国国情的税收优惠等激励措施必不可少，这也是单位和个人建立参与私人养老金计划建设的重要手段。同时，不少国家在发展私人养老金制度时还实施了财政补贴的激励机制，如智利、德国等，在自愿性个人退休储蓄制度建设过程中引入政府缴费补贴机制。从中国现实来看，在税收优惠激励机制的不统一和税收优惠力度有限的背景下，导致单位参与第二支柱职业养老金的动力不足，同时第三支柱个人税收递延养老金计划迟迟没有落地，限制了第三支柱个人养老金计划的发展。因此，在中国私人养老金制度的未来发展过程中，一方面应强化税收优惠的激励机制，通过加强精算，在财政的可承受能力范围内，最大限度地通过税收优惠政策，激励第二、第三支柱私人养老金制度的发展，从长期角度缓解财政压力；另一方面，可以逐步探索财政补贴制度，推动第三支柱个人养老金计划快速发展。

此外，国外不少典型国家私人养老金制度快速发展的重要因素就是具备了完善的外部环境。第一，能够将私人养老金置于整个养老金体系中统筹考虑，明确第一、第二、第三支柱的责任架构，为政府、单位和雇员参与相应的养老金支柱建设预留了发展空间，不仅可以有效减轻各方的潜在负担，还可以通过三支柱的组合提高老年人退休生活待遇；第二，私人养老金计划的发展趋势是缴费确定型的 DC 模式，DC 模式有效运转的一个重要保障就是完善、发达的资本市场，只有促进资本市场的理性发育，DC 型私人养老金基金才能实现有效的保值增值；第三，职业养老金计划发展的一个重要障碍就是中小企业参与的动力和能力不足，不少典型国家通过降低管理费、扩大规模效应等方式构建集合年金等专门的、特殊的职业养老金计划，吸引中小企业参与职业养老金计划中，同时，职业养老金的建设主体是企业和其他单位，盈利能力决定着其建设企业年金计划的意愿和能力，因此，为企业发展营造良好的发展环境、提高企业的盈利能力和盈利水平也是发展职业养老金的重要保障；第四，个人养老金计划的顺利发展需要依托个人参与意愿和能力，在中国基尼系数偏高、人均收入相对较低的背景下，进一步通过均衡发展，提高广大国民的收入水平显得尤为重要。

中国目前私人养老金计划的发展面临着不太理想的外部环境，导致了私人养老金在十余年的发展过程中进展缓慢。一方面，中国第一支柱公共养老金制度一支独大，缴费率偏高，挤压了第二、第三支柱私人养老金制度的发展空间，正是由于第一支柱承担了养老金体系的主要职能，而广大国民对于不断提高的养老金待遇水平又有着极大的需求，所以导致公共养老金制度面临着长期可持续的困境，亟须通过三支柱养老金体系的统筹协调，降低第一支柱的缴费率，为第二、第三支柱私人养老金发展释放空间，通过政府、单位和个人责任的分担，完善三支柱的养老金体系，通过多元化的运作方式，提高老年人养老金待遇水平；另一方面，中国资本市场还不太完善，需要通过第二、第三支柱私人养老金等长期资本的引入，相互促进，推动资本市场完善的同时提高职业养老金的保值增值能力；同时，目前中国企业年金主要覆盖了国有企业等大型企业，中小企业集合年金发展缓慢，必须在今后的发展中通过制度设计吸引中小企业参与到计划中来，且在中国经济发展进入新常态的背景下，企业面临着盈利能力下降等一系列的挑战，需要不断优化企业的发展环境，提高企业盈利水平，为提高企业职业养老金计划参与能力提供保障；此外，还应通过各地区的均衡发展，逐步缩小贫富差距，提高人均收入水平，为个人参加第三支柱养老金计划提供基础。

四 强调私人养老金制度设计的灵活性和循序渐进

私人养老金制度建设不可能一蹴而就，从国外发展经验来看，也是经历了一个循序渐进的过程，私人养老金制度的发展是伴随着经济发展水平到一定阶段才开始出现的，随着经济社会发展水平的提高，个人养老需求水平也开始提升，才有了发展私人养老金计划的需要，也才有了私人养老金发展的可能性。国外私人养老金制度在发展过程中也是最先覆盖部分群体，然后逐步通过制度的规范化发展，将覆盖人群逐步提高。同时，私人养老金制度发展过程中，制度设计的灵活性不仅是制度成功的关键，也是增强制度吸引力的重要手段，如美国、英国等国家在探索第二支柱职业养老金计划的自动加入机制时，给予个人自主选择退出的机会，从而有利于制度的顺利实施；同时，在制定税收优惠政策时，不少国家不仅有 EET 的税收递延模式，还有 TEE 的税收优惠模式，这些灵活的制度设计都为中国私人养老金制度的完善提供了经验借鉴。

中国在发展私人养老金制度时也应循序渐进，不仅要密切关注中国目前所处的经济社会发展阶段，还应注重制度的长期可持续发展，而不仅是短期效应。因此，在中国私人养老金制度建设过程中，应首先不断加强制度的基础设施建设，为第二、第三支柱私人养老金制度的发展打好坚实的基础，如建立明确的税收激励机制、投资运作机制、基金的监管机制等。此外，还应注重制度的灵活设计，比如给予个人投资选择权的同时加强默认投资基金工具的建立，注重第二、第三支柱之间转换通道的建设等，从而逐步发挥中国的私人养老金制度的作用。

第四节 本章小结

从世界范围来看，保障水平较高、可持续发展能力较好的养老金体系均是通过公共养老金和私人养老金的协调发展来实现的，任何只依靠单一公共养老金或私人养老金的养老金体系均无法应对诸多的系统风险，也难以满足不同老年群体的多元化需求。本章选取了美国和加拿大这两个养老金体系相对比较完善的国家，在对其三支柱养老金的总体概况进行描述的基础上，重点分析了其在第二、第三支柱养老金制度发展过程中积累的经验。结果表明，第一，养老金体系的改革和完善必须首先明确不同支柱养老金制度在整个养老金体系中的功能定位；第二，私人养老金制度承担着提高广大国民养老金水平和减轻公共养老金财政负担的双重功能，具有私人属性，需要通过内生动力培育和外部激励机制的完善加以推动；第三，私人养老金基金通常属于长期资金，面临着长期的保值增值需求，需要协调其与资本市场的发展关系；第四，私人养老金制度的改革和发展需要注重其与公共养老金制度及第二、第三支柱之间的统筹和协调，且改革需要注重灵活性和循序渐进。

第 六 章

改革框架：中国多支柱养老金功能定位与发展空间

　　中国自20世纪90年代开始就明确提出要不断建立和完善国家主导的基本养老保险制度、单位主导的补充养老保险制度和个人主导的储蓄型养老保险制度这一多层次多支柱的养老保险改革目标。经过数十年的发展，中国国家主导的公共养老金制度取得了较大成效。但第二、第三支柱私人养老金制度进展缓慢，其中第二支柱职业养老金制度仅覆盖了不到10%的正规就业群体，占整个劳动力人口的比重就更低了，第三支柱个人养老金制度则处于试点阶段，发展还十分有限。前文通过理论和国际国内的实践分析已经明确了中国养老金体系多支柱改革具有其客观必要性。在必要性和现实发展的不足性之间存在偏差的情况下，就必须首先明确中国不同支柱养老金制度的功能定位，并进一步探索中国私人养老金制度的发展空间。一方面，需要考虑私人养老金制度的发展会受到哪些因素的制约，目前中国私人养老金制度是否跨越了这些制约条件，这是探索中国私人养老金制度发展空间的第一步；另一方面，需要基于中国的具体实践，从私人养老金计划的参与主体出发，分析其参与意愿和参与能力。

第一节　中国多支柱养老金体系功能定位与养老金体系目标模式

建立多支柱的养老金体系已经成为目前世界上大多数国家的共同选择，其中，第一支柱是通过政府主导的公共养老金为广大国民提供基本的退休生活保障；第二支柱则是单位主导的职业养老金计划，旨在通过延期工资收入的方式为就业者提供更高水平的退休生活待遇；第三支柱是个人主导的自愿参与的个人养老金计划，旨在通过税收优惠等制度化的安排，激励个人自愿进行退休储备，可以灵活地将全部国民都纳入提高个人养老生活待遇的计划之中，而不仅仅局限于就业群体。第二、第三支柱是养老金体系的补充层次，其最终的功能定位是为全体国民提供制度参与机会，以实现更高水平的退休生活保障。

目前中国初步确立三支柱的养老金目标体系，但总体来看，由于三个支柱的定位不够明确，目前中国养老金体系以第一支柱为主，第二、第三支柱私人养老金制度发展不够充分，发挥的作用极其有限。为进一步健全和完善中国多支柱的养老金体系，实现养老金体系的健康可持续发展，必须明确中国养老金不同支柱的功能定位，并逐步确定中国养老金体系的总体目标，在此基础上，明确各支柱的发展方向，实现养老金体系的均衡发展。

一　中国多支柱养老金体系责任架构

（一）中国养老金体系由"强政府+弱市场"走向平衡的必然性

1. 现阶段中国养老金体系"强政府+弱市场"的产生

从中国目前养老金体系的构成来看，政府主导的基本养老金制度一支独大，雇主和个人作为市场主体主导的第二、第三支柱私人养老金制度进展缓慢，反映了中国养老金体系"强政府+弱市场"

的重要特征。从中国经济社会发展历程和养老金体系改革的发展阶段而言，中国养老金体系"强政府＋弱市场"的形成具有其必然性和合理性。

中国的养老金体系的改革和变迁同经济社会转型的历史过程是一脉相承的，第一阶段是1997年以统一企业职工基本养老保险为标志的初建期，主要解决当时养老体制与经济体制改革不相配套的问题，重点是建立企业职工养老基本保障机制；第二阶段是以2009年和2011年先后推出城乡居民养老保险为标志的制度扩展期，主要解决养老金制度覆盖面问题；第三阶段是机关事业单位和城镇职工基本养老金制度二元并轨时期，主要解决的是制度的公平性问题。总体来看，这一阶段对于中国养老金体系而言，是解决"有无"和"公平性"的问题，从而政府主导的养老金制度的必然性就凸显出来，因为在既定的行政体制下，只有政府才有能力整合不同方面的资源推动新旧制度的变迁，打破制度缺失的局面，从这方面而言，政府比市场的力量更有效。如果这个阶段以市场为主导，则很难解决弱势群体的基本养老生活保障，而政府主导的养老金体系则可以通过发挥其再分配功能，为广大公民特别是弱势群体提供基本的保障。随着中国政府主导的基本养老金制度保基本的功能的实现，以及长期以来人们对于政府协调关系的依赖，导致市场机能在中国养老金体系的前一段发展过程中力量相对较弱，从而产生"强政府＋弱市场"的局面。

2. 中国养老金体系政府与市场走向平衡的必然性

随着经济社会的快速发展，"强政府"的角色在养老金体系建设过程中面临着一系列的挑战，一方面，在经济快速发展的刺激下，广大公民的养老需求不断上升；另一方面，人口老龄化的不断加深，老年群体不断扩大，给养老金体系带来巨大挑战，在此背景下，"强政府"在满足老年人养老金需求的过程中面临着可持续性的挑战。

在中国市场经济逐步推进以及逐步发挥市场在资源配置中的决

定性作用等背景下，市场在中国经济发展过程中的作用越来越重要，而且市场的功能也越来越完善。因此，中国的养老金体系改革应进一步延续与经济社会发展阶段相适应的原则，积极推动养老金体系建设中市场角色的培育，对养老金体系中市场角色的定位进行系统谋划，努力构建政府与市场互动的格局，实现政府与市场责任分工明确、保障目标多元化、满足不同群体需求的养老金体系。具体而言，政府的主要功能是为全体公民，尤其是弱势群体提供满足其基本生活水平的养老金待遇，并对整个养老金体系进行监管，保障参保者的合法权益，同时要鼓励市场功能的发挥，通过政策激励市场化的私人养老金制度发展，推动资源的有效配置，这一目标的实现需要政府与市场的有效合作、相互补充并走向平衡。

（二）公共养老金制度：政府主导，市场参与

在整个养老金体系中，基本养老金制度是以政府为主导的，政府在基本养老金制度建设过程中，不仅承担着制度建设和运作规范制定的责任，还对整个基本养老金制度的长期可持续发展担负着财政兜底的责任。因此，在基本养老金制度中，政府一方面要综合整个人口结构变化、经济发展阶段和社会变迁等多方面的因素，构建一个更加高效、平衡的基本养老金制度架构；另一方面，要不断通过财政划拨、财政预留等方式为应对基本养老金制度长期可持续发展可能面临的挑战做好准备，以保障基本养老金制度的有效运行。

除政府的主导作用外，市场在基本养老金制度建设中也承担着不可忽视的责任。一是雇主或个人的缴费责任。基本养老金制度通常采取的是现收现付制的筹资安排，即在职一代人缴费供养退休一代，其实现路径是通过雇主和个人缴费责任的履行，因此，雇主或个人在基本养老金制度运作过程中肩负着缴费责任。二是市场化的金融机构有参与基本养老金基金的投资运作的责任。尽管基本养老金制度采取的是现收现付制度，但在很多情况下，基本养老金在实际运作过程中往往会有一部分结余，这部分资金的保值增值是金融机构发挥其投资运作特长的重要体现。

（三）私人养老金制度：市场主导，政府引导和监管

中国私人养老金制度包括职业养老金制度和个人养老金制度两项安排，其中雇主养老金制度由雇主主导建立，个人养老金制度则由个人自愿选择，二者都分别由雇主和个人两大市场角色为主导。

在制度建立过程中，雇主肩负着建立和选择职业养老金计划的重任，个人则需要自主选择相应的养老金产品，两项计划的建立和参与均带有自主性和自愿性。在投资运作过程中，雇主在职业养老金计划中作为委托人有选择受托人等方面的责任，个人则对于投资方案和投资组合的选择权有着相应的责任。

除市场的主导作用外，政府在私人养老金制度中也发挥着重要的引导和监管的作用，是私人养老金制度有序发展的保证。一方面，政府通过制定适当的财政和税收支持政策，对私人养老金制度的发展发挥其引导作用；另一方面，政府还需要对私人养老金基金运作过程、税收优惠政策的实施、账户的管理等方面进行监管，以保证制度的公平性以及参保者权益的实现。

二 中国多支柱养老金体系功能定位

（一）第一支柱公共养老金制度功能定位

1. 满足国民基本养老收入保障的关键制度安排

第一支柱公共养老金计划是由政府立法实施的养老金制度安排，一般采取强制实施的方式。一般而言，公共养老金制度由国家财政承担兜底责任，目标是防止老年贫困，保障国民的养老安全。由于其具有一般公共服务的性质，其强制实施能够有效满足国民的基本养老收入保障。

2. 实现生命周期养老财富分配的有效路径

第一支柱公共养老金制度一般是通过国家强制力建立并提供财政支持的制度安排，人们年轻时预先积累的用于退休阶段的收入，目的是防范年老时收入的不稳定性和长寿风险。通常而言，个人或

单位在工作期向公共养老金体系中缴纳相应的社会养老保险费，积累的费用往往用于当期退休群体的养老金待遇支付。当个人到达退休年龄后，如果满足相应的缴费时间等条件，则可以按月领取养老金待遇。这种模式通过年轻人和老年人的代际赡养关系将个人的养老财富实现了全生命周期的消费转移，可以有效平衡个人在工作期和退休期的收入，从而保证退休后一定水平的生活质量。

（二）中国第二支柱职业养老金制度功能定位

1. 满足国民日益增长的养老需求的有机组成部分

习近平总书记在党的十九大报告中对中国当前社会的主要矛盾有了最新论述，在养老领域也存在着人民对于美好的老年生活的向往与养老金供给的不充分之间的矛盾。随着中国经济社会的快速发展，人们对于老年生活的需求已经不仅仅局限在基本生活保障的层面，开始向多元化的养老需求转变，而这种转变的实现需要以配套的、不断增加的养老金待遇水平作为基础。尽管十余年来，中国城镇职工基本养老保险制度已经连续十三年上调，但仍然难以满足广大国民的多元化养老需求。其原因在于，公共养老金制度的目标是保基本，如果希望单单以公共养老金制度满足高水平的养老金需求，则一定会带来不可持续的风险。从国外经验以及中国实践来看，发展私人养老金制度是满足国民更高水平的养老金需求的重要手段。然而，长期以来，中国对于职业养老金的基本定位停留于"小补充"的层面，没有形成与公共养老金制度具有类似功能的支柱性作用，实则是一种可有可无的制度安排，因此导致广大国民对养老金需求的满足集中于公共养老金制度一身，导致财政压力连年增加的同时，也难以实现养老金水平的提升。

因此，为了更好地满足老年人多元化的需求，必须通过多元化的渠道提高老年人的养老金待遇水平，这就要求重视职业养老金的支柱性地位，为职业养老金制度的发展营造良好的环境，通过加强税收优惠力度等方式激励不同性质的单位建立职业养老金计划，为职工提供更高水平的养老金待遇保障。

2. 企业人力资源管理的有效工具

从国外经验来看，职业养老金计划之所以在不少国家取得了快速发展，其中一个重要原因是经济发展水平相对较高，国民收入水平提高之后，除基本生活保障需求之外开始转向其他高层次的需求，企业的纯货币工资的激励效果开始弱化，员工福利之类的激励效用开始体现，这种时候在国家激励机制的作用下，企业开始有动力大力发展职业养老金计划。过去十余年间，尽管中国职业养老金计划开始有了探索，但发展十分缓慢，其中的重要原因，一方面是由于中国经济发展水平还不是太高；另一方面是由于中国劳动力市场供给充足，企业对于劳动力的激励动力不足，而目前中国经济发展水平有了较大幅度的提升，广大国民的养老需求也逐步提升，与此同时随着中国人口老龄化的不断加深，劳动力供给开始下降，企业对于劳动力的需求不能再像以前那么容易。在这种情况下，将职业养老金定位与企业人力资源管理的有效工具，通过税收优惠等激励措施鼓励企业建立不同类别的职业养老金计划，就成为其吸引人才、留住人才的重要优势。因此，中国职业养老金在发展过程中应不断注重其在企业人力资源管理中的重要功能，引导企业通过该功能的发挥，实现企业人力资源的稳定性的同时，提高职业养老金的参与率并拓展退休人员的养老金收入来源。

3. 平衡养老金体系与财政压力的重要支撑

在中国目前公共养老金制度一支独大的背景下，广大国民日益增加的养老金待遇需求全部落在了公共养老金制度上，其保基本的制度目标在不断增长的待遇供给上出现了巨大的矛盾，从长期来看将给制度的发展带来巨大的财政压力，影响制度的可持续发展。职业养老金作为养老金体系中单位责任的重要体现，通过单位主导的制度安排的发展，可以有效提高公众的养老金待遇水平，从而降低不断增加的公共养老金待遇水平的需求程度，推动整个养老金体系的有效平衡，实现政府、单位等不同主体的责任分担，化解不断增加的财政压力。因此，中国的职业养老金制度的发展，还应定位于养老金体系的有机组成部分，成为平衡养老金体系和缓解财政压力的重要支撑。

(三) 中国第三支柱个人养老金制度功能定位

1. 为灵活就业及无工作者参与更高水平养老金计划提供制度保障

第三支柱个人养老金制度的重要功能之一在于将灵活就业者和无工作者纳入到制度化的私人养老金体系中来。私人养老金制度包括单位主导的职业养老金计划和个人主导的个人养老金计划，单位主导的职业养老金计划的一个重要局限就是无法将灵活就业人员及无工作者纳入到制度中来，无疑会将不少群体排除在制度化的私人养老金计划之外。个人养老金计划则是以个人为主导，不受工作情况等不同条件的制约，可以将有意愿的人群通过不同的激励手段纳入到制度中来，以实现第二、第三支柱养老金制度各有侧重，从而推动中国私人养老金体系的完善。

2. 作为激励个人养老储备的有效工具

个人养老金制度的发展激励国民形成长期养老规划，同时还可以通过科学的制度设计，兼顾国民短期资金需求。个人养老金计划主要是通过制度化的设计，鼓励个人在工作期间就开始根据自身情况及早制定养老储蓄规划，使得国民在年老时的经济保障较为充分。个人养老金制度是个人自愿建立、自己缴费形成的完全积累型制度，资产归属个人。另外，第三支柱在参加退休之后才产生真正养老金领取需求，在此前几十年的工作阶段，资金处于逐步积累状态。而在此过程中，个人难免面临一些特殊的情况或经济难题，如紧急的大额医疗支出、首套房购房支出、子女教育支出等。为了兼顾上述需求，增加制度吸引力和灵活性，第三支柱往往允许个人在特殊情况下申请临时支取前期积累的养老资产，并在一定时期内将提前支取的养老金补回原来账户，从而在满足国民长期养老规划的同时，兼顾其短期需求，使得养老金第三支柱成为国民的以养老为主的综合性支持账户。

三 中国多支柱养老金体系目标模式

目前中国公共养老金一支独大的背景下，养老金体系在长期来看面临着充足性和不可持续性的双重困境，未来应该在借鉴国际经验的基础上，充分考虑中国国情，统筹考虑养老金体系建设过程中政府、单位和个人责任的分担，综合考虑第一支柱公共养老金、第二支柱职业养老金和第三支柱个人养老金的目标模式安排，进而确定不同支柱的政策定位。考虑中国经济发展水平的实际情况，中国将在相当长一段时间内处于社会主义初级阶段，因此中国应继续采取以公共养老金制度为主体的方案，并将职业养老金和个人养老金建设成为养老金体系的重要支柱，以作为公共养老金的有力补充。国内外大量研究成果显示，当养老金替代①达到70%—80%时，基本可以保持退休生活水平不下降（赵雨田，2010）。在中国全面建成小康社会以及逐步实现社会主义现代化强国的目标支持下，保持退休生活水平不下降应该成为中国养老金体系的重要实现目标，鉴于中国老龄化压力的影响，建议将中国整个养老金体系的目标替代率确定为70%。通过三支柱养老金制度的统筹协调，实现最终的养老金体系目标模式。

首先，第一支柱公共养老金制度的目标是保基本，其价值取向是公平为重，实现制度全覆盖。目前中国第一支柱公共养老金制度采取的是单位缴费20%，雇员缴费8%，制度设计的目标替代率为59.2%，在制度建立初期，由于人口年龄结构相对年轻，公共养老金替代率水平远远超过目标替代率，达到70%以上，但由于人口老龄化以及个人账户空账等问题的影响，养老金替代率水平持续下降，到2019年仅为44.19%。从OECD国家的发展经验来看，公共养老金的缴费率平均水平在20%左右，最终实现的替代率在40%左右，中国统账结合的养老金存在效率问题，因此，建议通过统账

---

① 指个人退休后养老金待遇水平占退休前工资水平的比重。

分离，第一支柱仅保留现收现付的统筹部分，完全由20%的企业缴费构成，通过有效的制度运作和一系列的参量改革，最终实现40%的目标替代率。

其次，第二支柱职业养老金的目标是给雇员提供更高水平的养老金待遇，其价值取向是效率优先，兼顾公平，因此在制度设计时要同时考虑制度的激励和约束。目前中国第二支柱职业养老金中企业年金缴费最高不超过12%，其中给予的税收优惠为企业5%，个人为4%，考虑到职业养老金市场化运作的效率，以税收优惠额度约为9%的缴费计算，约可以实现20%的职业养老金替代率。

最后，第三支柱个人养老金的目标也是为广大国民提供更高水平的养老金待遇，在效率和公平之间应实现兼顾，其制度设计也是激励与约束的平衡。由于第三支柱个人养老金以个人为主导，参保对象可以延伸到全体国民，其中重要功能是吸引灵活就业者和无工作者的加入，由于估计到税收优惠的公平性，第三支柱个人养老金计划通常采取金额制的限额缴费方式，为实现整个养老金体系70%的目标替代率，第三支柱个人养老金计划则应承担10%的替代率。

总体来看，养老金体系中的第一、第二、第三支柱各有侧重，目标各异，其中发展第二、第三支柱私人养老金的前提和基础是做好现收现付制的第一支柱这一基石，因此在整个养老金体系中，第一支柱公共养老金制度的目标替代率设定为40%[①]，第二、第三支柱的目标替代率分别设定为20%和10%，通过第一、第二、第三支柱"4-2-1"的目标结构模式设计，在满足公平基本养老需求的同时，通过参与其他类别的养老金制度满足多元化、多层次的养老需求。当然，"4-2-1"的养老金目标结构并不是一成不变的，

---

① 目前中国公共养老金替代率超过了40%，这里并非要直接降低养老金的绝对量，而是通过在第二、第三支柱逐步发展和完善的前提下，通过降低第一支柱的增长速度，从相对量上逐步降低其替代率，从而更好地发挥政府、单位和个人的责任。

第二支柱职业养老金的参与主体是正规就业者，这就使得其他群体无法获得第二支柱职业养老金的养老替代，从而可以提高第三支柱个人养老金的替代水平。

第二节 中国私人养老金制度的发展空间
——基于世代交叠模型

一 基于世代交叠模型[①]的私人养老金制度的约束条件分析

世代交叠模型是由萨缪尔森于1958年提出，1965年经过戴蒙德扩展并逐步加以完善定型，所以也称为戴蒙德模型。世代交叠模型的核心特点在于人口存在着世代交替，这同养老金制度有着共同的特征，也使得世代交叠模型可以很好地解释养老金制度的内在逻辑。

为实现研究的便利性并更好地体现一个人工作和退休两个阶段的特征，本书以一个简单的两期交叠模型对第二、第三支柱私人养老金制度的约束条件进行分析。假设每个人都生活在两个时期，其中，第一期用来工作，属于工作期，第二期是退休养老，属于退休期。如果不考虑家庭等非正式制度安排，当一个人没有参加第二、第三支柱私人养老金制度时，退休后将完全依靠政府提供的公共养老金制度维持退休生活，但往往公共养老金存在着充足性有限的问题。因此，通常个人在参加公共养老金制度之外，会选择继续参加第二、第三支柱私人养老金制度；如果存在第二、第三支柱私人养老金制度，无论是单位主导的职业养老金还是个人主导的个人养老金制度，都意味着个人除了要给公共养老金制度缴费，还需要拿出额外的资金进行第二、第三支柱私人养老金的储蓄，这种情况下，

---

① 本节关于世代交叠模型的分析受到孟庆平2010年发表于《南方金融》的文章《中国补充养老保险的发展空间分析与制度环境设计》一文的启发，特表感谢，参考文献列于文后。

个人除了可以获得公共养老金待遇，还可以获得增值后的第二、第三支柱私人养老金储蓄额。

本书分析公共养老金制度和私人养老金制度同时存在时，影响私人养老金制度发展制约因素。假设一个人在 t 时期的工资为 W_t，基本养老保险缴费占工资的比例即缴费率为 θ，私人养老金制度的储蓄额为 S_t。个人在第一期的消费 C_{1t} 为：

$$C_{1t} = (1-\theta)W_t - S_t \qquad (6-1)$$

在 $t+1$ 期（退休期）个人领取的养老金待遇包括两个部分，一部分是政府主导的现收现付制的公共养老金 b_{t+1}，第二部分是第 t 时期个人的储蓄及其增值的部分，即私人养老金，假定资本边际收益为 ρ，则个人在 $t+1$ 的消费 $C_{2,t+1}$ 为：

$$C_{2,t+1} = S_t(1+\rho) + b_{t+1} \qquad (6-2)$$

为了探究制约补充养老保险因素，我们试图求出一个最佳的储蓄量 S_t，也就意味着使 $U[(C_{1t} + \lambda C_{2,t+1}^{\alpha})]$ 取得最大值，其中，$C_{2,t+1}^{\alpha}$ 表示个人预期的退休期消费：

$$C_{2,t+1}^{\alpha} = S_t(1+\rho) + \alpha b_{t+1} \qquad (6-3)$$

其中，λ 表示个人对退休效用预期的权数，用以衡量个人的短视程度。如果 $\lambda > 1$，表明个人更看重未来退休效用，即个人短视程度较低；如果 $\lambda < 1$，说明个人更重视当前效用，表明个人相对短视；如果 $\lambda = 1$，说明个人对退休效用与当前效用同等看待。α 表示个人预期养老金与实际养老金的比值，当 $\alpha > 1$ 时，表明个人对于退休后的养老金预期要高于实际情况；当 $\alpha < 1$ 时，表明个人对于退休后的养老金预期要低于实际情况；当 $\alpha = 1$ 时，表明个人对于退休后的养老金预期同实际情况一致。

基于以前相关学者的研究，本书为了计算简单，令：

$$U(C_{1t}) = \ln C_{1t} \qquad (6-4)$$

$$U(C_{2,t+1}^{\alpha}) = \ln C_{2,t+1}^{\alpha} \qquad (6-5)$$

那么，则求使 $\ln C_{1t} + \lambda \ln C_{2,t+1}^{\alpha}$ 最大的 S_t，约束条件是：

$$C_{2,t+1}^{\alpha} = S_t(1+\rho) + \alpha b_{t+1} \qquad (6-6)$$

第六章 改革框架：中国多支柱养老金功能定位与发展空间

$$b_{t+1} = \theta W_t(1+n) \qquad (6-7)$$

其中 n 是工资增长率。

根据式 (6-1)、式 (6-3)、式 (6-4)、式 (6-5) 可知，

$$U(C_{1t}) + \lambda U(C_{2,t+1}^\alpha) = \ln C_{1t} + \lambda \ln C_{2,t+1}^\alpha$$
$$= \ln C_{1t} + \ln(\ )^\lambda$$
$$= \ln[C_{1t} \cdot (\ )^\lambda]$$

令 $z = C_{1t} \cdot (C_{2,t+1}^\alpha)^\lambda = [(1-\theta)W_t - S_t][S_t(1+\rho) + \alpha b_{t+1}]^\lambda$

求 S_t 最大值，即求 $\dfrac{dz}{dS_t}$，令其等于零，即

$$\frac{dz}{dS_t} = -[S_t(1+\rho) + \alpha b_{t+1}]^\lambda +$$

$$\lambda[(1-\theta)W_t - S_t][S_t(1+\rho) + \alpha b_{t+1}]^{\lambda-1} \cdot (1+\rho) = 0$$

通过整理可得：

$$\lambda[(1-\theta)W_t - S_t][S_t(1+\rho) + \alpha b_{t+1}]^{\lambda-1}(1+\rho)$$
$$= [S_t(1+\rho) + \alpha b_{t+1}]^\lambda$$
$$\lambda[(1-\theta)W_t - S_t](1+\rho) = S_t(1+\rho) + \alpha b_{t+1}$$
$$\lambda(1-\theta)W_t(1+\rho) - \alpha b_{t+1} = S_t(1+\rho)(1+\lambda)$$

由此可得：

$$S_t^* = \frac{\lambda(1+\rho)(1-\theta)W_t - \alpha b_{t+1}}{(1+\lambda)(1+\rho)}$$

由以上推导可以看出，个人针对私人养老金制度进行的最优储蓄不仅受到个人对未来效用的认知即短视程度 λ 的影响，而且还会受到资本回报率 ρ 的影响，此外，个人对政府提供的养老金 αb_{t+1} 也是影响私人养老金制度最优储蓄的重要因素。为进一步明确不同因素对于私人养老金最优储蓄的影响方向，通过私人养老金最优储蓄 S_t^* 分别对个人短视情况 λ、资本回报率 ρ 和政府提供的公共养老金 αb_{t+1} 进行一阶求导，即

（1）通过私人养老金最优储蓄 S_t^* 对个人短视情况 λ 进行一阶

求导可知：

$$\frac{dS_t^*}{d\lambda} = \frac{(1-\theta)(1+\lambda)(1+\rho)^2 W_t - \lambda(1-\theta)(1+\rho)^2 W_t + \alpha b_{t+1}(1+\rho)}{(1+\lambda)^2 (1+\rho)^2}$$

$$= \frac{(1-\theta)(1+\rho)^2 W_t (1+\lambda-\lambda) + \alpha b_{t+1}(1+\rho)}{(1+\lambda)^2 (1+\rho)^2}$$

$$= \frac{(1-\theta)(1+\rho)^2 W_t + \alpha b_{t+1}(1+\rho)}{(1+\lambda)^2 (1+\rho)^2}$$

因为 $\theta < 1$，所以 $(1-\theta)(1+\rho)^2 W_t + \alpha b_{t+1}(1+\rho) > 0$。

也就是说，$dS_t^*/d\lambda > 0$，表明 λ 同个人私人养老金最优储蓄有正向关系呈正相关，λ 越大，即个人短视程度越低时，个人更倾向于为私人养老金制度进行更多的储备；λ 越小，即个人短视程度越高时，个人愿意为私人养老金制度进行的储备就越少，当一个人完全短视时，其可能愿意进行的养老储备为 0。

（2）通过私人养老金最优储蓄 S_t^* 对资本回报率 ρ 进行一阶求导可知：

$$\frac{dS_t^*}{d\rho} =$$

$$\frac{\lambda(1-\theta)W_t(1+\lambda)(1+\rho) - \lambda(1-\theta)(1+\rho)(1+\lambda)W_t + \alpha b_{t+1}(1+\lambda)}{(1+\lambda)^2 (1+\rho)^2}$$

$$= \frac{\alpha b_{t+1}(1+\lambda)}{(1+\lambda)^2 (1+\rho)^2}$$

$$= \frac{\alpha b_{t+1}}{(1+\lambda)(1+\rho)^2}$$

由于 $\frac{\alpha b_{t+1}}{(1+\lambda)(1+\rho)^2} > 0$，也就是说 $dS_t^*/d\rho > 0$，即表明资本边际回报率 ρ 同个人私人养老金最优储蓄有正向关系，ρ 越高，个人更愿意参加私人养老金制度，因为个人可以预期通过储蓄获取更高的收益；资本边际回报率 ρ 越低时，个人愿意为私人养老金制度进行的储备就越少，因为个人会预期储蓄会给自己的收益带来损害。

(3) 通过私人养老金最优储蓄 S_t^* 对政府提供的公共养老金 αb_{t+1} 进行一阶求导可知：

$$\frac{dS_t^*}{d\alpha b_{t+1}} = -\frac{1}{(1+\lambda)(1+\rho)} < 0$$

由此可见，个人对政府提供的养老金 αb_{t+1} 的预期同个人私人养老金最优储蓄有负向关系，个人对政府公共养老金 αb_{t+1} 的期望越高，个人越不愿意进行私人养老金储备；个人对政府提供的养老金 αb_{t+1} 的预期越少，个人更倾向于为私人养老金制度进行更多的储备。

二 不同约束条件下中国私人养老金制度发展空间分析

（一）从居民的短视程度分析，中国第二、第三支柱私人养老金制度发展空间巨大

衡量居民短视程度的最直观指标是国民储蓄，如果居民的短视程度比较高，则其可支配收入将更多地用于消费，而不会为了不确定性而储蓄；如果居民短视程度低，则其会为了应对未来诸多的不确定性因素，将可支配收入中的一部分进行预防性储蓄。自改革开放以来，中国的国民储蓄率总体上呈现增长趋势（见图6-1），根据国际货币基金组织、世界银行和美国中央情报局联合发布的2015年度《世界概况》的相关研究显示，中国居民储蓄率排名居于世界第三位（中金网，2016）。中国居民储蓄率的增长在很大程度上反映出居民的预防性动机相对较强，中国人民银行于2006年开展的一项针对居民储蓄动机的调查（孟庆平，2010）表明，中国居民具有相对较强的风险防范意识，短视程度相对较低，这在一定程度上反映出中国第二、第三支柱私人养老金制度的发展空间巨大。

（二）资本市场相对较高的回报率为第二、第三支柱私人养老金制度发展提供了激励动机

资本回报率越高，个人通过储蓄获取更高收益的预期也就更强，从而可以激励个人进行更高水平的储蓄。第二、第三支柱私人

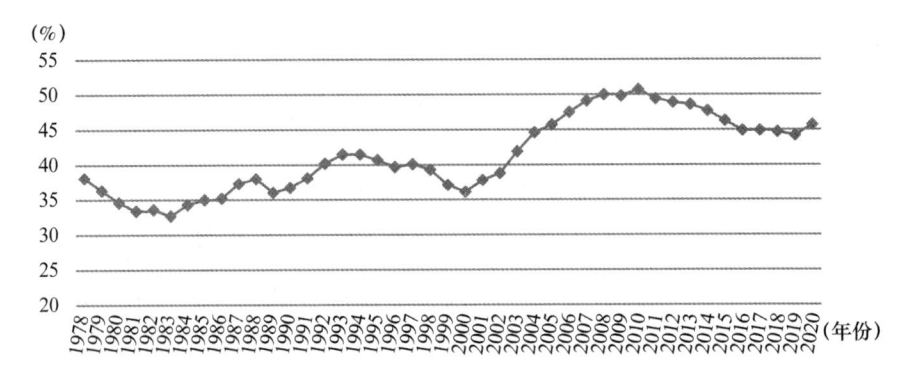

图 6-1　改革开放以来中国居民储蓄率变化情况

资料来源：根据历年《中国统计年鉴》相关数据整理，其中国民储蓄率的计算方法是根据支出法国内生产总值 GDP 中 1 - 最终消费率计算得到。

养老金制度通常采取的是完全积累的方式，基金的保值增值在很大程度上取决于资本市场的回报率。目前中国采取市场化运作的养老金基金主要包括两个部分，一是企业年金基金，二是全国社保基金。在市场化机制的引导和政府监管作用下，企业年金和全国社保基金均通过合理的投资组合获取了相对较高的投资回报率。近十余年来企业年金的平均投资收益率为 7.3%，全国社保基金理事会在更宽松的投资范围内二十年的平均投资收益率达到了 8.14%，远远超过历年的通货膨胀率，取得了较好的投资回报，在此背景下，公共养老金也开始逐步引入市场化投资，以期更好地实现基金的保值增值。在良好的资本市场投资回报的预期下，个人更倾向于为第二、第三支柱私人养老金制度进行更多的储备，从而激励个人第三支柱个人养老金的参与动机。

（三）政府公共养老金制度的有限性为第二、第三支柱私人养老金制度发展提供了动力

中国政府主导的公共养老金制度的目标是"全覆盖、保基本和可持续"，这就决定了公共养老金制度是为了给全体国民提供长期可持续的保障其基本生活水平的养老金待遇。然而随着中国经济社

会的快速发展，中国目前正处于全面建成小康社会的攻坚阶段，广大国民对于养老生活的需求也不再仅仅限于保障基本生活水平，而是要实现保障退休生活水平不下降的目标。国内外大量研究成果显示，当养老金替代率达70%—80%时，才基本可以保持退休生活水平不下降（赵雨田，2010），而目前中国公共养老金的替代率水平仅仅为43%左右，表明中国公共养老金制度只能提供一个基本水平的养老金待遇保障，正是由于公共养老金制度待遇保障的有限性，广大国民才有动力继续参与更多的养老储备，从而为中国第二、第三支柱私人养老金制度的发展提供了动力。

第三节 中国第二支柱职业养老金供需关系测度

一 中国第二支柱职业养老金市场需求和参与意愿测量

前文通过理论探讨以及国际国内实践的总结，分析了中国发展第二、第三支柱私人养老金制度的必要性。作为第二、第三支柱私人养老金制度的重要组成部分，对中国第二支柱职业养老金制度参与意愿的衡量有助于从需求角度明确制度未来的发展方向。职业养老金制度的需求方主要包括两个主体，即雇员和单位，雇员是职业养老金的直接受益者，单位则可以通过职业养老金计划的实施更好地吸引和留住人才。本部分主要通过借助"中国企业单位—雇员匹配数据调查"的微观数据，了解雇员和单位对于职业养老金计划的需求和参与意愿情况。

"中国企业单位—雇员匹配数据调查"是由中国人民大学主导设立的长期跟踪调查数据库项目。本书使用的是2013年开展的调查数据，该次调查于2013年8—12月展开，选取了包括北京、广州、福州、济南、成都、长春、郑州、太原、齐齐哈尔、咸阳、苏州、襄阳12个大中城市，调查共获得444个有效企业调查样本和4532个员工调查样本，其中企业样本不包括小微企业，企业抽样方式选择的是按照企业规模进行分层的多阶段抽样，以2008年全国经济普查中各城市企业名录为抽样框；员工抽样则是进入相应调查企业后，按照一线员工、技术人员和管理层员工以 6∶2∶2 的比例进行随机抽样。样本具有一定的全国代表性。

为了解雇员对于企业年金的参与意愿情况，调查问卷中设计了"您是否愿意参加企业年金"（企业补充养老保险）的题目，调查结果显示，78%的被访雇员表示愿意参加企业年金计划，这一数字远远超过了当前企业年金计划的参与情况（见图 6-2），在一定程度上可以反映出雇员对于企业年金计划具有强烈的参与意愿。

与此同时，调查问卷中还设计了"您目前是否参加企业年金"（企业补充养老保险）的题目，调查结果显示，19%的受访雇员表示参加了企业年金计划，这一数字高于目前宏观统计数据中大约9%的企业年金参与率，这主要是因为本调查对象不涵盖小微企业。员工实际的企业年金参与率很低，很大程度上是由于大多数企业并未建立企业年金计划，也在一定程度上表明企业建立计划的动力不足。

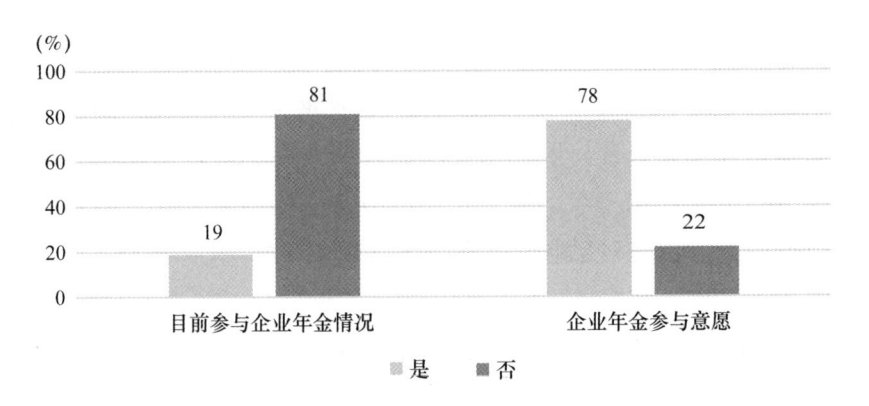

图 6-2　调查对象企业年金目前参与情况及参与意愿

从国外经验来看，企业年金是企业吸引人才、留住人才的重要福利供给。目前中国企业参与企业年金的数量相对有限、动力不足的原因在很大程度上是由于中国劳动力相对比较充足，企业可以用相对低廉和容易的方式获得人才。但随着中国劳动力市场供求结构的变化,劳动力供给将不再持续保持高水平的位置,企业对于劳动力的需求存在相当大的竞争压力。在此背景下,企业获取劳动力将不再那么容易,吸引和留住人才的欲望将大大提升,企业年金计划则是其有效保障人才供给的重要手段,因此,在未来企业对于企业年金计划的需求也将在一定程度上呈现上升趋势。

二 中国第二支柱职业养老金供给和参与能力测量

第二支柱职业养老金是由单位主导的,单位的参与能力从本质上决定了制度建立的可能性。以企业年金为例,中国企业年金制度正式运作已经超过了十年,但十余年的发展十分缓慢,前文分析发现,企业年金制度发展从理论与实践的角度来看,均具有其发展的必要性,对于需求方而言也具备着相应的需求,那么其发展存在困境的原因可能是由于供给方的能力不足。因此,本部分通过对企业年金计划中不同性质的企业缴费能力进行测算,了解企业对于企业年金计划的供给和参与能力,从而为职业养老金制度的完善和发展提供相应的借鉴。

(一) 企业年金最高缴费率的测算思路分析

企业的社会保险缴费能力在很大程度上受到企业劳动力成本、企业利润等因素共同制约,王增文等(2009)曾对企业社保缴费能力进行探析,从实际情况来看,中国企业年金的参与者主要集中于国企及其他一些大型企业,但研究并未对企业性质进行区分,翟永会(2014)则利用2011年的统计数据分析过不同性质企业的企业年金缴费能力,但某一年份的截面数据往往存在偏差。鉴于各类企业的劳动力成本和利润水平存在差异,兼顾数据的连续性,本书按企业经济类型对企业进行分类,基于多年连续的统计数据,探讨和考察国有企业、私营企业、外资企业的企业年金缴费能力。

企业年金也属于社会保险的重要组成部分,企业社会保险的缴费能力取决于该企业的利润水平以及劳动力报酬支出等多方面的因素。但由于中国职工的货币收入不仅仅以工资化的形式体现,从而导致工资水平并不能完全代表企业劳动力成本。因此,我们无法对劳动者报酬进行直接统计,为了更为准确地展示劳动者报酬的真实情况,则需进行合理测算,进而确定企业的实际利润水平及社保的最大缴费能力[①]。基于此,本书在借鉴已有研究的基础上,分四个步骤对企业最高缴费能力进行测算:

第一步,根据柯布—道格拉斯生产函数模型估计劳动者报酬占企业产出的份额。柯布—道格拉斯生产函数的表现形式为:

$$Y = AL^{\alpha}K^{\beta} \tag{6-8}$$

式(6-8)中,Y 代表的是产出值,L 指的是劳动要素投入,K 指的是资本要素的投入,α 是劳动力产出系数,β 是资本的产出系数,α 和 β 满足如下条件:$\alpha + \beta = 1$。假设劳动者的劳动边际产出同其劳动者报酬是相等的,那么,由此可以计算出劳动者报酬占企业产出的份额 E 为:

$$E = \frac{\partial Y}{\partial L} \times \frac{L}{Y} = \alpha \tag{6-9}$$

第二步,根据劳动者报酬占企业产出的份额 E 及企业产出,可算出企业利润及其占总产出的比重。根据支出法企业产出的计算公式可知:

企业产出 = 劳动者报酬 + 税金 + 固定资产折旧 + 企业利润

假定企业总产出为 1,E 表示劳动者报酬占企业产出的份额,D 表示固定资产折旧占企业产出的份额,T 表示税金占企业产出的份额。据此可以算出企业利润占产出的份额 P 可以通过如下公式表示:

$$P = 1 - E - D - T \tag{6-10}$$

[①] 翟永会:《供给视角下不同类型企业的年金缴费能力分析》,《云南社会科学》2014 年第 5 期。

第三步，根据前面计算出来的企业利润和劳动者报酬占产出的比重，可算出企业社会保险缴费的最大承受能力。假定测算不考虑企业亏损和利润分配，只进行一定程度的扩大再生产，其他的利润空间则用来进行社会保险缴费。假设企业用于扩大再生产占产出的比重为I，由此可算出企业最高可以承担的社会保险缴费费率c'_{max}，用公式表示如下：

$$c'_{max} = (P - I)/E \qquad (6-11)$$

第四步，根据第三部计算出来的企业最高可承担的社会保险缴费率以及当前中国各项强制性社会保险缴费项目，可以计算出，企业可以额外用于企业年金缴费的最高缴费率。目前，中国强制性的社会保险缴费项目包括基本养老保险费c'_1、基本医疗保险费①c'_2、工伤保险费c'_3、失业保险费c'_4及住房公积金c'_5，由此可以计算出企业可额外用于企业年金缴费的最高费率c'_{6max}可以表示为：

$$c'_{6max} = c'_{max} - c'_1 - c'_2 - c'_3 - c'_4 - c'_5 \qquad (6-12)$$

（二）数据来源及统计结果分析

本研究的数据主要来源于国家统计局2010—2015年②发布的历年《中国工业经济统计年鉴》统计数据，其中，主要选取中国大陆31个省份国有及国有控股企业、私营工业企业、外商（不包括港澳台商）投资工业企业三种类型企业历年的各项经济指标数据。在实际指标选择上，用工业增加值③代表企业产出Y，用固定资产净值代表资本要素投入K，用年度从业人口平均人数代表劳动要素投

---

① 2017年1月19日，国务院办公厅《关于印发生育保险和职工基本医疗保险合并实施试点方案的通知》（国办发〔2017〕6号）正式将基本医疗保险和生育保险合并，实现社会保险降费的目标。

② 其中2013年统计数据中"年从业人口平均人数"变量缺失，做了剔除处理。

③ 在2010—2015年的《中国工业经济统计年鉴》中尚未对工业增加值指标进行统计，本研究基于《中国统计年鉴》统计分析基础上发现：国有企业的工业增加值为其营业收入的1/3；私有企业、外资企业的工业增加值为其营业收入的1/4，在此基础上，本书按照1/3的营业收入、1/4的营业收入作为国有企业、私有企业和外资企业的工业销售增加值。

入 L，用历年累计折旧指标计算出来的当年固定资产折旧指标，税金包括主营业务税金及附加和增值税两个指标之和。

根据因变量的特征及数据本身的属性，本书采取 Pooled – Data Regression 的方式探索不同因素对于企业产出的贡献比重，具体分析时运用 SPSS 23.0 进行回归分析，根据回归结果确定劳动要素的投入 L 和资本要素的投入 K 对于产出的比重。在回归之前，先对函数（6-8）对式两端取对数的方式进行线性化处理：

$$LnY = LnA + \alpha LnL + \beta LnK \qquad (6-13)$$

在回归方式的选择方面，分别对国有企业、私营企业、外资企业分别进行统计分析，企业产出、劳动投入和资本投入分别对应不同的 Y、L、K。根据模型（6-13）及相关统计数据进行回归分析，结果见表 6-1。

表 6-1　　　国企、私企、外资企业产出占比的回归结果

	$\ln L$	$\ln K$	F 值	调整后 R^2
国有企业	0.347***	0.653***	943.566***	0.924
私有企业	0.442***	0.558***	3816.641***	0.980
外资企业	0.449***	0.551***	2839.796***	0.974

注：*** 表示在 99.99% 的水平下显著。

回归结果显示，不同类型企业的统计数据对于回归方程的拟合优度均较高，调整后的 R^2 都在 90% 以上，且回归系数也通过了检验，表明回归结果有效。结果表明，在国企、私企和外企中，企业产出增加值中分别有 34.7%、44.2% 和 44.9% 用于劳动者报酬支出，即为劳动者报酬占企业产出增加值的份额 E。

根据《中国工业经济统计年鉴》的统计数据，可以分别计算出税金占企业产出增加值的比重 T 以及固定资产折旧占企业产出增加值的比重 D，根据公式（6-9）以及前文测算出来的劳动者报酬占

企业产出增加值的份额 E，可以算出企业利润在企业产出增加值中的比重 P，不同性质企业利润占产出的比重见表 6-2。

表 6-2　不同企业劳动者报酬、税金、固定资产折旧等占产出的比重　单位:%

	劳动者报酬占比	税金占比	固定资产折旧占比	利润水平占比
国有企业	34.7	25.07	14.19	26.04
私有企业	44.2	14.54	11.73	29.53
外资企业	44.9	15.01	10.70	29.39

由公式（6-12）可知，企业的利润水平中，还需要拿出一部分用于企业的扩大再生产，剩余部分才是企业可能承担的最高社会保障缴费。根据 2010—2015 对应年份的《中国统计年鉴》，中国在六年时间的平均固定资本形成率为 44.38%（见表 6-3），这意味着企业利润中 44.38% 的部分将要用来进行固定资本投资即扩大再生产。

表 6-3　2010—2015 年中国企业固定资本形成率及其平均值　单位:%

年份	2010	2011	2012	2013	2014	2015
固定资本形成率	44.1	44.6	44.5	44.6	44.6	44.0
平均固定资本形成率	44.38					

资料来源：根据 2010—2015 年《中国统计年鉴》数据整理。

假定企业的社会平均投资率 I 基本维持在企业利润的 44.38% 左右，也就是说，企业能够承担的最高社会保障缴费为企业利润的 55.62%。根据公式（6-10）可得企业的最高缴费率，测算结果如表 6-4 所示。

表6-4　　　不同性质各要素占产出的比重及最高社保缴费率　　　单位:%

企业类型	劳动者报酬比重	下年投资比重	社保缴费比重	最高缴费率
国有企业	34.7	11.56	14.48	41.74
私有企业	44.2	13.11	16.42	37.16
外资企业	44.9	13.04	16.35	36.41

最高缴费率测算的是整个社会保障的最高缴费率,根据公式(6-11)可知,中国目前企业需要强制性缴纳的社会保障费用包括四险一金,企业社会保障最高缴费率扣除强制性的社会保障缴费之后的余额,即是企业可以负担的企业年金最高缴费率。根据目前中国各项强制性社会保障项目费率计算不同类型企业能够承担的企业年金最高缴费率如表6-5所示。

表6-5　　　不同类型企业社会保障项目费率及其能够承担的企业年金最高缴费率　　　单位:%

	基本养老	基本医疗	失业	工伤	住房公积金	企业年金最大缴费率
国有企业	20	6	1—1.5	0.5—2	5	7.74—9.24
私有企业	20	6	1—1.5	0.5—2	5	3.16—4.66
外资企业	20	6	1—1.5	0.5—2	5	2.41—3.91

结果表明,目前中国不同性质的企业均有能力承担一定水平的企业年金缴费,但不同性质的企业缴费能力存在差异,其负担能力由强到弱依次是:国有企业、私有企业、外资企业,可承担的企业年金最高缴费率分别为7.74%—9.24%、3.16%—4.66%、2.41%—3.91%。近年来,中国将职工基本养老保险单位缴费率降至16%,进一步增加了企业年金的参与潜力。

三　中国第二支柱职业养老金市场发展空间判断

总体来看,尽管缴费能力存在差异,但中国不同性质的企业均有一定能力承担企业年金缴费,同时,私营企业和外资企业的最大企业年金缴费率均没有达到企业年金计划中企业年金的税收优惠额度,在一定程度上反映了这类企业在参与企业年金计划方面存在一定困难,而国有企业则因其缴费能力相对较高,其参与的积极性也相对较高。

在中国企业年金具有其必要性的同时,广大公众对于企业年金也有着巨大的需求,私营企业和外资企业由于缴费能力有限,从而导致其游离于企业年金计划之外。从世界发展经验来看,中国企业的宏观税负和社会保险负担相对较高,压缩了企业的利润水平和企业年金的缴费能力。近年来,中国开始采取了一系列措施降低企业宏观税负,且通过社会保险项目合并以及降低部分社会保险费率的方式降低企业的社会保险负担。在此背景下,可以预见,私营企业和外资企业的利润水平和企业年金缴费能力将会有一定程度的提升。同时,随着中国劳动力供求关系的逐步紧张,企业对于人才的需求将持续加大,通过企业年金等非现金方式的福利供给则是留住人才的重要手段。在制度必要性确定的前提下,公众和企业的需求也在逐步提升,随着四险一金缴费负担的逐步见底及激励机制的不断完善,可以预见,企业缴费能力将有所拓展,职业养老金计划可能有一定的发展空间。

第四节 中国第三支柱个人养老金市场需求与发展前景测度

第三支柱个人养老金计划因其灵活性的安排及税收优惠的激励,对于广大公众,尤其是无法参与到单位主导的职业养老金的非正规就业者而言,是其参加第二、第三支柱私人养老金制度的有效安排,这也是第三支柱个人养老金制度建立的初衷。实际上,前文已经通过一系列理论和实践分析,明确了第三支柱个人养老金制度的必要性,但实际上,第三支柱个人养老金计划的未来发展更大程度上取决于广大公众的需求和参与意愿及其参与能力。因此,本部分内容主要通过微观调查数据和宏观统计就第三支柱个人养老金计划的个人参与意愿和参与能力进行测量，进而确定第三支柱个人养老金计划的发展空间。

一 中国第三支柱个人养老金市场需求和参与意愿测量

第三支柱个人养老金市场需求和参与意愿情况属于主观认知，为了解广大公众对于第三支柱个人养老金计划的参与意愿，本部分内容依据中国养老金融50人论坛于2021年开展的中国养老金融调查（CAFF50 Survey）数据对中国第三支柱个人养老金计划的参与意愿情况进行分析。

（一）养老资产储备与预期落差的存在，为参与第三支柱提供了内在推动力

在步入老年后，个人将失去劳动时期的劳动收入，收入骤减，因此必要的养老资产储备是老年时期基本生活的重要保障，也是防止老年贫困的最基本的一环。调查对象对养老资产储备规模的预期在一定程度上可以反映居民对整个养老生活需求的判断，而调查对象养老资产储备情况是居民对于退休养老生活准备的具体实践的反映。通过对调查对象养老资产储备情况的了解，可以较好地反映出居民的养老储备是否能够达到退休储备金的需求情况，同时也可以反映出目前中国养老金融市场的发展潜力。

调查数据显示，从调查对象对整个养老期间养老资产储备规模的预期以及目前养老资产储备的实际情况来看，尽管目前大多数调查对象都已经通过参加养老金制度和购买养老金融产品开始进行养老储备，但有近七成（66.71%）的人群尚未达到预期的养老资金储备需求（见图6-3）。调查对象对于现有养老资产储备与预期储备之间落差的存在，在很大程度上为广大居民参与第三支柱提供了内在动力。

（二）第三支柱个人养老金计划的强烈参与意愿体现了制度的巨大需求

中国自20世纪就提出要研究推出第三支柱个人养老金制度，

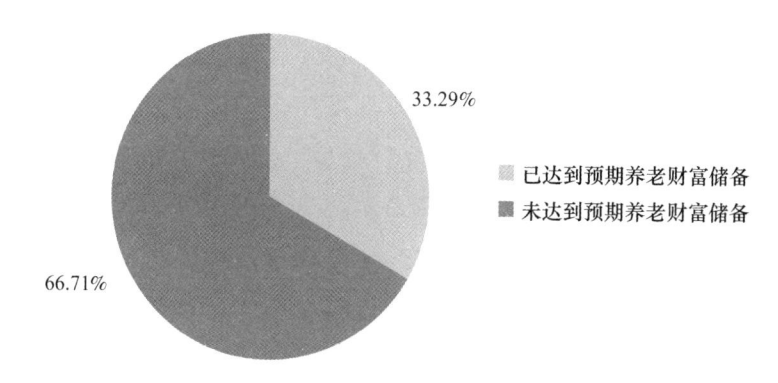

图 6-3　调查对象已储备养老资产对预期养老资产储备的满足情况

资料来源：根据中国养老金融调查（2021）相关数据整理。

党的十八届三中全会对其予以进一步明确。2014年的新国十条提出适时推出个人税延商业养老保险，2017年7月国务院下发了《加快发展商业养老保险的若干意见》，国家"十三五"规划也明确提出"发展个人税收递延养老保险"。总体来看，政策层面对第三支柱个人养老金制度的重视已经逐步明确。从参保者角度了解其对第三支柱个人养老金计划参与意愿情况，有助于了解居民对于第三支柱的看法和认知程度，为推进第三支柱的建设提供理论支持与政策参考。

为了解调查对象对第三支柱个人养老金制度的参与意愿，课题组设计了"如果中国建立自愿性的个人养老金账户制度，允许你的工资在缴纳个人所得税之前向该账户缴费并进行合理投资，直到退休方可领取，您是否愿意参加？"的题目。调查数据显示，超过九成（93.05%）的调查对象表示愿意参加个人税延养老金计划，仅有6.95%的调查对象表示不愿意或不确定是否参加（见图6-4）。调查数据表明，中国居民对于第三支柱个人养老金的参与意愿相对较高，也在一定程度上反映出，在中国基本养老保险不断完善的同时，居民对于更高水平的养老保障有了新的需求。

第三支柱个人养老金参与意愿情况

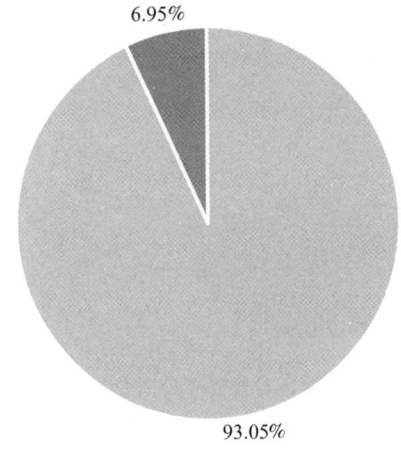

6.95%

93.05%

■ 愿意　■ 不愿意或不确定

图 6-4　第三支柱个人养老金参与意愿情况

资料来源：根据中国养老金融调查（2021）相关数据整理。

二　中国居民第三支柱个人养老金参与能力测量

前文已经通过理论分析和国内外实践探讨，明确了中国个人主导的第三支柱个人养老金制度的建立和发展具有客观必要性，同时，微观调查数据又表明，广大公众对于中国第三支柱个人养老金计划具有巨大的需求，但第三支柱个人养老金制度的发展，还取决于另外一个因素，即广大国民的参与能力。

第三支柱个人养老金计划的参与能力主要在于个人是否具有相应的缴费能力。个人缴费能力则取决于其收入 s 和支出 z，其中收入由其所有经济来源构成，支出则包括消费性支出、社保缴费以及预防性支出。考察居民个人第三支柱的缴费能力就需要了解居民收入和支出之间的差额，如果收入高于支出，即 $s-z>0$，则表明居民在满足其消费性支出、社保缴费和预防性储蓄之外还有能力缴费；如果，收入小于或等于支出，即 $s-z<0$ 或 $s-z=0$，表明个人无力再承担第三支柱个人养老金制度缴费。因此，只有当 $s-z>0$ 且 $s>0,z>0$ 时，个人才有能力参与第三支柱个人养老金缴费。

在计算居民的支出时,需要首先对其预防性储蓄进行计算。相关研究表明中国城乡居民收入不确定性而引起的预防性储蓄至少能够解释城乡居民人均金融财产积累的20%—30%(雷震,2013)。同时,相关研究表明从20世纪80年代初的国民储蓄率从33%左右持续上升到了近年来的50%左右,保持稳定状态(冯明,2017),基于此,我们认为储蓄中有25%可以由预防性储蓄解释,也就意味着预防储蓄额度占农村人均总收入的10%和城市人均总收入的15%左右。

基于以上分析,将城镇、农村居民家庭人均消费性支出、预防性支出界定为城镇居民家庭人均总支出,根据中国2010—2020年《中国统计年鉴》中城镇人均收入、消费支出等相关数据,分别测算出中国城镇、农村居民在2010—2020年的消费支出的具体情况,见表6-6。

表6-6 2010—2020年中国城乡居民人均收入、支出及收支差额情况 单位:元

	城市				农村			
年份	人均收入	消费支出	预防性储蓄	收支差额	年份	人均收入	消费支出	预防性储蓄	收支差额
2010	19109	13471	2866	2772	2010	5919	4382	592	945
2011	21810	15161	3272	3378	2011	6977	5221	698	1058
2012	24565	16674	3685	4206	2012	7917	5908	792	1217
2013	26955	18488	4043	4424	2013	8896	7485	890	521
2014	29381	19968	4407	5006	2014	9892	8383	989	520
2015	31195	21392	4679	5124	2015	11422	9223	1142	1057
2016	33616	23079	5042	5495	2016	12363	10130	1236	997
2017	36396	24445	5459	6492	2017	13432	10955	1343	1134
2018	39251	26112	5888	7251	2018	14617	12124	1462	1031
2019	42359	28063	6354	7942	2019	16021	13328	1602	1091
2020	43834	27007	6575	10252	2020	17132	13713	1713	1706

资料来源:根据2010—2021年《中国统计年鉴》相关数据整理。

由上可知，对第三支柱个人养老金参与，城镇居民和农村居民均有一定的经济承受能力。由表6－6可知，（1）城镇居民的收入在满足正常消费和预防性支出并缴纳社会保险费之后仍存在剩余，也就意味着在经济上具备第三支柱个人缴费承受能力；（2）农村居民的收入在满足正常消费和预防性支出之后仍存在剩余，也就意味着农村居民在经济上也具备第三支柱个人缴费承受能力；（3）对于第三支柱个人缴费的经济承受能力，城镇居民的承受能力远远高于农村居民。

第五节　本章小结

总体来看，建立多支柱的养老金体系已经成为目前世界上大多数国家的共同选择，其中，第一支柱定位于为保障广大国民的基本退休生活水平；第二、第三支柱是养老金体系的补充层次，其最终的功能定位是为全体国民提供制度参与机会，以实现更高水平的退休生活保障。目前中国三支柱养老金体系尤其是第二、第三支柱私人养老金制度的功能定位还不够明确，发展不够充分，发挥的作用极其有限。基于此，本章通过理论分析明确了中国第二、第三支柱私人养老金制度的功能定位，并提出了养老金体系的总体目标。同时本章通过理论探索和定量分析，对于中国第二、第三支柱私人养老金制度的发展空间进行了分析和研究。

第一，中国第二、第三支柱私人养老金制度具备一定的发展空间。根据世代交叠模型的分析，个人短视程度、资本边际回报率和个人对政府提供的养老金的预期等，都是影响广大国民第二、第三支柱私人养老金储备需求的重要因素。具体而言，个人短视程度越低、资本边际回报率越高、个人对于政府提供的养老金预期越低等因素都会激励个人通过第二、第三支柱私人养老金制度进行养老储备。中国居民的储蓄率长期偏高，在一定程度上反映出广大居民的短视程度相对较低，企业年金和全国社保基金相对较高的投资收益率可以有效提振个人投资收益的信心，同时中国公共养老金制度待遇水平有限降低了个人对政府提供的养老金水平预期，这些因素为中国第二、第三支柱私人养老金制度的发展提供了空间。

第二，中国不同性质的企业对于职业养老金均有一定的缴费能力，但存在差异。国有企业缴费能力相对较高，私营企业和外资企业缴费能力相对较低，目前私营企业和外资企业参与职业养老金计划在很大程度上可能是受制于其缴费能力的不足。在中国降低企业税负和社会保险降费的背景下，可以为私营企业和外资企业职业养老金缴费能力的提高提供一定的保障，并且随着税收优惠政策的不断完善，职业养老金计划在巨大的市场需求推动作用下，也有一定的发展空间。

第三，个人有意愿也有能力参与第三支柱个人养老金计划。微观调查数据显示，由于第三支柱个人养老金计划具有便捷性和税收优惠的激励性，对于广大公众具有相当大的吸引力，将近八成（78.9%）的调查对象表示愿意参加个人养老金计划。不仅如此，通过宏观数据分析，近年来中国城乡居民可支配收入不断提高，消费水平也在不断提高，相当大规模的群体还进行了预防性储蓄并还存在着消费剩余，这为广大公众参与第三支柱个人养老金计划提供了基础性的前提。因此，在个人巨大的意愿和能力的支撑下，第三支柱个人养老金计划将会有巨大的市场。

第七章

夯实基础：第一支柱公共养老金改革与完善路径

目前中国初步形成了多支柱养老金体系的基本框架，第一支柱公共养老金制度是中国养老金体系的基础和核心组成部分。由于公共养老金制度一支独大，第二、第三支柱养老金体系发展相对缓慢，在人口老龄化不断加深以及经济发展速度放缓等一系列背景的影响下，第一支柱公共养老金制度面临着长期可持续发展的巨大挑战，亟须通过一系列参量改革路径完善第一支柱公共养老金运作。

第一节 中国第一支柱公共养老金制度发展的总体判定

一 第一支柱公共养老金是再分配的核心，旨在防范老年贫困

从国际上来看，第一支柱公共养老金制度通常采取现收现付制的运作模式，通过代际赡养实现不同群体之间的再分配，从而保障退休人群的基本养老收入。20世纪90年代开始，中国养老金制度改革中，为了综合考虑公平和效率的平衡，在建立第一支柱公共养老金制度时采用了社会统筹和个人账户相结合的模式，其中社会统筹部分采取现收现付制的模式，工作期由单位和个人共同缴费，退休后按月领取养老金，从而实现代际之间的再分配；同时，个人账户部分采取基金积累制模式，由个人工作时进行缴费，资金进入个人账户，退休后根据个人账户积累以及投资收益情况领取相应的个人账户养老金。但由于在制度转型过程中没有处理好转轨成本，加之社会统筹账户和个人账户资金混账管理，导致当前中国公共养老金制度的实际运作模式仍为现收现付制。

中国现行公共养老金制度的代际赡养模式仍为其主要组成部分，一方面，年轻群体缴纳社会保险费支付年老群体的养老金待遇，实现不同群体之间的再分配；另一方面，通过公共养老金制度的缴费标准、待遇计发办法等，促进公共养老金在高收入群体和低收入群体之间的再分配，从而实现公共养老金的公平目标。同时，第一支柱公共养老金制度的基本目标是"保障人民的基本生活"，由于财政承担着兜底作用，公共养老金待遇不能无限制扩张，需要同经济发展水平和财政承受能力相适应，提供满足国民基本生活需求的待遇保障，防止老年人因退休失去工资收入而陷入贫困。

二 第一支柱公共养老金面临可持续挑战，亟须强化参量改革

中国已经初步建立起了一个覆盖范围广泛、多方主体参与的规模庞大、制度复杂的多层次养老金体系。但总体来看，中国养老金体系仍面临着一系列挑战，尤其是在人口老龄化风险加剧的背景下，中国养老金体系面临长期的供需矛盾，最突出的挑战是养老金体系的结构性失衡，公共养老金制度压力过大，基本养老金制度一支独大，私人养老金制度进展缓慢，待遇水平充足性有限；同时还面临着一系列的制度管理困境，一系列综合因素导致中国第一支柱公共养老金制度面临着长期可持续发展不足的风险。

一方面，基金收缴存在不足：由于中国社会保障总体缴费水平偏高，加之基本养老保险费的强制力有限，企业为了减轻缴费压力，通过降低缴费基数的方式降低基本养老保险；同时，中国基本养老保险规定的最低缴费年限仅为15年，导致部分群体缴费年限达到之后就断缴或停缴，也有部分群体为了实现15年的最低缴费目的，等到退休前15年才开始缴费，从而导致基本养老保险基金

不能足额收缴。另一方面,基金待遇支付面临挑战:中国领取基本养老保险待遇的基本条件为缴费满 15 年,男性年满 60 岁,女干部年满 55 岁、女职工年满 50 岁即可领取基本养老保险待遇,这一退休年龄远低于世界上其他国家的平均水平,同时也与中国当前预期寿命逐步延长的实际情况不符;同时连续 17 年的养老金待遇快速增长、缺乏科学的待遇调整机制,也给养老金支付带来相当大的压力。因此,中国的公共养老金制度亟须通过一系列参量改革,从基本养老保险制度缴费端和待遇端综合发力,推动中国公共养老金制度可持续发展。

第二节 中国第一支柱公共养老金缴费端改革措施与路径

一 加强征缴管理,实现缴费基数真实化足额化

目前政策规定养老保险缴费基数可在当地社会平均工资的 60%—300%确定,许多企业就以最低水平确定缴费基数。公共养老金制度下,应当消除当前基本养老金缴费基数不实的问题,否则养老金收支将受到较大影响,也不利于真实评估养老金运行情况。如果能够实现缴费基数的真实化,就意味着缴费效率提高,从而为降低缴费负担提供可能。

从中国实际情况来看,上述问题的解决一是要优化征缴管理体制。应当说,税务部门掌握的用人单位工资情况比较真实可信。目前很多地区的社保缴费由人社部门负责,而用人单位往往向税务部门和社保部门提供两份不同的职工工资水平记录。我们建议从政策上规定用人单位社保缴费基数与纳税基数必须保持一致,以此确保征缴基数的真实化。二是建立激励机制。许多国家的养老金计发中,一般以工作期间工资最高的若干年的平均工资为基数,比如以工作 40 年间,工资最高的 10 年平均水平计算养老金。这种制度设计下,缴费基数与养老待遇存在正向关联,能够激励多缴多得。建

议在公共养老金待遇计发中,强化个人缴费与待遇计发之间的正向激励。这就需要我们完善缴费记录。

二 优化缴费年限,增强公共养老金可持续性

"长缴多得、多缴多得"的基本原则已经由中央层面予以确认,并且也在社会上形成了广泛的共识。政策层面已经确认由税务机关统一征收社会保险费,这意味着未来参保人的缴费会更加规范化,此时缴费年限成为缴费意愿的重要体现。

中国目前对缴费年限的规定体现在两个方面:第一是"最低缴费年限",即获取养老金所需的最低年限,这是限制性的资格条件。中国最低缴费年限是15年,"15年最低缴费年限"的真实含义是"获取基础养老金的最低要求是缴费15年"。第二是"计算缴费年限",即将缴费年限折算进养老金待遇计发办法中,这是激励性的条件。目前中国的相关规定是每缴费一年加发1%[①]。实际上,世纪之交基本养老保险制度改革时,曾考虑过借鉴美国等国家的方法"作减法"[②],即年限不足则扣减。当时的判断是中国民众更习惯于做加法,就定下15年支付20%基础养老金,多缴一年增加1个百分点的方案。后来2005年的38号文件将"15年支付20%基础养老金"改为强调激励性的计发办法,但却将"多缴一年增加1个百分点"的规定保留了下来。结合表7-1可以发现,中国基本养老保险制度所要求的缴费年限门槛较高(15年),缴费年限的激励性以每缴费1年发1%体现;美国社会保障退休金制度所要求的缴费年限门槛较低(10年),激励性则以减法的形式予以体现。

---

① 基础养老金=(统筹地上年度在岗职工月平均工资+本人指数化月平均缴费工资)/2×缴费年限×1%。

② 美国社会保障退休金在计算缴费年限时采用"减法",即以35年为计算单位,不足35年时余缺年份按0补齐,超过35年时仅选取最高35年的指数年薪。

表 7-1　　　　中美基本养老保险制度对缴费年限设计差异

	门槛年限	待遇计算年限	激励效果
中国基本养老保险制度	15 年	每缴费 1 年发 1%	提高门槛做加法 激励性刺激缴费
美国社会保障退休金制度	10 年	选取最高 35 年缴费，不足 35 年的按 0 缴费补足	放低门槛做减法 惩罚性刺激缴费

在缴费资格年限方面，建议维持 15 年的最低缴费年限标准。这主要考虑保护灵活就业人员和阶段性就业人员，缴费年限的"门槛"不宜太高。同时，必须从制度设计上鼓励参保人"长缴多得"，以实现制度正向激励的作用。在待遇计算年限方面，需设定标准待遇年限数（如美国是 35 年），缴费不足标准的年份，指数化缴费工资按 0 补足。在缴费激励机制方面，无论做减法还是做加法，目标并无差别，更多的是适应心理、文化的技术表达问题。但是需要明确的问题是，激励性措施和惩罚性措施在效果上却有较为明显的差别，尤其是在退休金领取年龄这一问题上。

同时，从深化改革视角看，在待遇计发年限方面，中国需要引入全额领取养老金的缴费年限计算办法和"早减晚增"式调节机制，尤其是要增强"早减"机制的惩罚力度。具体实施方面，在分离劳动关系"退休年龄"和社会保险关系"领取年龄"的基础上，可在"十四五"规划期内，引入"全额领取年龄"和"早减晚增"调节机制，将养老金全额领取年龄确定在 62 岁；在"十五五"规划期（2026—2030 年）内，再采取过渡办法逐步将全额领取年龄提高至 65 岁。

三　推进全国统筹，解决养老保险收支不平衡

传统的以省市为基础的基础养老金体系已经不能适应劳动力流动、经济结构调整、产业升级、区域均衡发展的总体格局，中央调剂金政策能够发挥的作用也相对有限，为更好地解决养老保险收支不平衡问题，基础养老金的全国统筹应当加快推进。

第一,统一基本养老保险制度参量。统一的基本养老保险缴费基数、缴费率、待遇计发办法等是基本养老保险制度全国统筹的前提和基础。需要借鉴省级统筹过程中积累的经验,按照支出项目、待遇计发、基金上解、预算编制和业务规程等从国家层面给出统一的指导意见和时间表。

第二,改变统账结合"混账管理"的模式。社会统筹账户和个人账户分属两种不同的养老金制度模式,其建立之初的目标是希望实现公平和效率的共同目标,但实际运作过程中二者没有严格独立管理,导致个人账户空账,不利于基础养老金全国统筹目标的实现,这就要求在做实个人账户的基础上,要将统筹账户和个人账户独立管理,杜绝账户资金相互借用的现象。

第三,建立统一监管和经办机构垂直管理体制。探索实行社会保险经办机构垂直管理,统一基本养老保险业务经办规程和管理制度,全国执行统一的数据标准、使用统一的应用系统,由人力资源和社会保障部统一监管养老金制度运作,省级人社部门根据其财政责任承担相应的监管责任,地市级及以下机构负责执行,提高养老金基金运作效率。

第四,建立全国统一的养老保险经办管理和信息管理系统。与基本养老保险全国统筹"六统一"要求相结合,按照中央统一要求,将各地方相互分割的养老保险信息系统进行升级改造,联网对接,形成各类信息资源统一向中央信息系统整合。依托该信息系统,人社部可以及时准确了解全国养老保险的信息,可以有效规范和监控全国统筹的运作状态。

第三节 中国第一支柱公共养老金待遇端改革措施与路径

一 改革公共养老金计发办法,实现激励与再分配融合

第一支柱的核心功能之一是实现收入再分配,主要体现在养老

金给付方式上。目前基本养老保险社会统筹部分养老金以本人退休时当地上一年度在岗职工月平均工资和本人指数化月平均缴费工资的平均值为基数，缴费每满1年发给1%。在这种计发方式下，养老金待遇与当地社会平均工资相关联，能在统筹区域内实现一定社会再分配。但是由于不同区域的社会平均工资不同，各统筹区域间参保职工的养老金待遇悬殊，在统筹区域之间没有任何社会再分配功能，这也是当前职工养老保险转移困难的根本原因。

因此，应该对基本养老金计发方式进行改革，在更大范围内实现收入再分配，并解决养老保险的可携带性问题。这可参考美国养老保险第一支柱——老年、遗属和伤残保险（OASDI）计划的养老金计算办法。首先，OASDI计划的养老金只与参加者本人的平均指数化月工资①有关，与居住地的社会平均工资没有关系，也不管在何地缴费何地领取，因此参保者退休后的养老金待遇不会因为居住地变化而产生差异，因此不存在养老金转移问题。其次，OASDI计划养老金按照平均指数化月工资的不同水平进行分段分比率计算，表现出较好的再分配效果，具体讲，如果参保者指数化月工资较低，养老金给付比例就较高；如果参保者平均指数化月工资较高，养老金给付的比例就越低。因此，第一支柱基本养老金待遇水平仅与个人平均指数化工资挂钩，与"当地社会平均工资"脱钩，避免因为与各地平均工资挂钩产生的区域差异；计发时根据平均指数工资进行分段、分不同比例发放，如此，高工资者养老金替代率水平就会相对较低，而低工资者养老金替代率水平就会相对较高，实现不同收入者之间的收入再分配。

---

① 平均指数化月工资（Average Indexed Monthly Earning, AIME）计算方法为：参加OASDI计划的退休前的历年缴费工资乘以某一调整系数（该调整系数由缴费当年到退休当年的CPI指数以及工资增长率等决定），得到标准化后的缴费工资，从历年的标准缴费工资中选择35年中最高的缴费工资除以35（不足35年的，余缺年份按0缴费工资补足为35年），得到平均指数化年工资，并将其除以12得到AIME。

二 适时延迟全额领取养老金年龄，缓解养老金支付压力

"退休年龄"是劳动意义上的概念，是指劳动力正式退出劳动力市场的年龄①；"领取养老金年龄"是社会保险意义上的概念，是指参保者开始领取养老金的年龄。在中国基本养老保险制度中，"退休年龄"与"领取养老金年龄"实际上是合二为一的，也就是说劳动力只有正式退出劳动力市场才可以开始领取养老金，这也是造成中国延迟退休年龄政策迟迟难以出台的原因之一。本书认为，与其二者胶着，不如让养老金问题先行一步：

第一，将劳动意义上的"退休年龄"与社会保险意义上的"领取养老金年龄"相分离，在养老金待遇确定机制改革中仅考虑"领取年龄"改革，而将"退休年龄"问题交给劳动力政策改革去解决，不再同步考虑其对劳动力市场、岗位更替、新老交替等的影响。

第二，从国际经验看，"领取养老金年龄"往往不止一个，并且参保人"领取养老金年龄"选择和养老金待遇水平相挂钩。美国社会保障退休金制度中设有最早领取年龄、全额领取年龄、延迟领取退休金最大增值年龄，并据此设计了个人领取退休金的"早减晚增"调节机制。德国法定养老保险的待遇确定机制中设有调节因子 α。德国的法定退休年龄是 65 岁，如果在 65 岁之前退休，每提前 1 年退休调节因子就要减少 3.6%；如果个人提前 5 年退休，则调节因子要减少 18%，调节因子的减少将带来养老金待遇的下调。

第三，"领取养老金年龄"设计不宜搞"一刀切"，因行业和职业差异而设计不同的"领取年龄"才是真正体现了全生命周期的公平。实际上，中国现行的退休政策中也有类似的政策规定：1978年发布的《国务院关于工人退休、退职的暂行办法》明确提出，"从事井下、高空、高温、特别繁重体力劳动或者其他有害身体健

---

① 现实中存在部分人员退休后返聘、兼职等形成重新进入劳动力市场的情况，但一般而言这并不属于正式就业，其获得收入也不需要再缴纳社保费。

康的工作"的工人,满足工龄条件时可提前退休。这一规定客观反映了不同行业和职业间的差异,具有积极意义,至今仍然有效。2016年的中欧社会保障改革合作项目对"具有艰苦职业的工人是否应该与其他人同龄退休?"进行了专题研究,也对欧盟一些国家的政策进行了总结以供参考对比(见表7-2)。中国在实现劳动关系(退休)和社会保险关系(领取养老金)相对分离的基础上,在确定全额领取年龄时不宜"一刀切",可按照行业和职业差异确定不同的全额领取基本养老金年龄,保证重体力劳动者和特别职业法定全额领取年龄的适度区间。

表7-2 部分欧盟国家的艰苦职业工人退休政策

国家	相关政策
法国	62岁的最低退休年龄允许那些已经长期工作、从事繁重劳动或丧失工作能力的受保人提前退休
罗马尼亚	"特殊工作条件"下的艰苦、危险工作者,可以根据缴费年限,选择在1—13年,每年降低6个月,实现退休,领取养老金。很多其他类别(采矿、艺术、受核辐射工人)的养老金领取年龄更低
葡萄牙	养老金领取年龄各不相同(采矿工人的45/50岁到马德拉刺绣工人的60岁不等),均根据缴费年限计算
西班牙	斗牛士和艺术家可以分别根据缴费年限于55岁或60岁退休,但60岁之后每一提前退休年份的退休金下降8%;还有一些职业(采矿工人与匠人)有专门的年龄-降额系数
德国	矿工的养老金领取年龄根据缴费年限各不同,介于60—62岁,但若该行业经济下滑,则可以提前退休
希腊	WAHJ的养老金领取年龄为62岁(全额领取);某些门类的WAHJ在60岁时可领取减额养老金(建筑行业、城市清洁行业),其他则可以在57岁时领取(采矿、水下、空中行业,部分艺术行业)
意大利	WAHJ如果达到规定的缴费年限,可在61岁7个月时退休,即在SPA之前5个月领取退休金

资料来源:法国资料来源于法国《关于全民退休金制度的法案》(国民议会第2623号),其余资料来源于2016年中欧社会保障改革合作项目报告。

三　完善养老金待遇科学调整机制，平衡养老金待遇

选取全国物价消费指数增长率（CPI 增长率）作为中国养老金待遇调整。CPI 是社会经济发展的"晴雨表"，是市场经济活动与政府货币政策的重要参考指标，CPI 增长率与经济增长存在长期的均衡关系，GDP 增速与 CPI 增速呈现同向性变动的特点（周文、赵果庆，2012），并且在经济发展中发挥重要的调节作用，作为反映居民家庭一般所购买的消费商品和服务价格水平变动情况的宏观经济指标，它是度量一组代表性消费商品及服务项目的价格水平随时间而变动的相对数，反映居民家庭购买消费商品及服务的价格水平的变动情况。从国际养老金待遇调整的趋势看，在人口老龄化的超高压力下，调待也有与物价挂钩的倾向（古钺，2018）。

CPI 指数在实际操作中具有很多作用。首先，CPI 可以度量通货膨胀，通常以 CPI 增长率衡量通货膨胀程度（范琛，2017）；其次，反映货币购买力变动[①]：CPI 上涨，货币购买力下降，反之上升，即 CPI 的倒数就是货币购买力指数；随后，反映对职工实际工资的影响，CPI 的上升意味着职工实际工资的减少，反之上升，CPI 借此将名义工资转化为实际工资。

通货膨胀将严重影响老年人的生活质量。通货膨胀将导致老年人手中养老金的实际购买力下降，进而影响老年人的消费结构层次，减少老年人对物品与服务的购买数量，降低老年人的消费品质，甚至最终改变老年人的生活方式（夏海勇、杨帆，2008）。通货膨胀的存在将导致养老金难以保障并维持老年人的基本生活水平。

为了积极应对通货膨胀并避免其带来的损害，养老金待遇的调整办法应与物价建立直接的关联。将 CPI 增长率作为养老金待遇调整的参考依据，即以 CPI 增长率作为养老金待遇调整比例。

[①] 货币购买力是指单位货币能够购买到的消费品和服务的数量。

具体而言,物价上涨的指数应当作为养老金待遇调整的法定指标,即应当通过养老金待遇增长将物价上涨的损失弥补回来,保障靠养老金为生的老年人实际收入不下降,生活水平不降低。为了抵御通货膨胀风险,依据 CPI 增长率调整养老金待遇,使基本养老金免受侵蚀,确保基本养老金的实际购买力不下降。因此,建议以全国 CPI 增长率作为养老金待遇调整比例。

表 7-3 待遇调整比例与国家规定待遇调整比例对比

年份	方案一待遇调整比例:CPI 增长率	国家规定待遇调整比例
2005	1.78%	工资增长率的 60%
2006	1.65%	工资增长率的 100%
2007	4.82%	工资增长率的 70%
2008	5.93%	上年人均基本养老金的 10%
2009	-0.73%※	上年人均基本养老金的 10%
2010	3.18%	上年人均基本养老金的 10%
2011	5.55%	上年人均基本养老金的 10%
2012	2.62%	上年人均基本养老金的 10%
2013	2.62%	上年人均基本养老金的 10%
2014	1.92%	上年人均基本养老金的 10%
2015	1.44%	上年人均基本养老金的 10%
2016	2.00%	上年人均基本养老金的 6.5%
2017	1.59%	上年人均基本养老金的 5.5%
2018	2.07%	上年人均基本养老金的 5%
2019	2.90%	上年人均基本养老金的 5%
2020	2.50%	上年人均基本养老金的 5%

注:通常情况下,如 CPI 出现负增长,则养老金待遇调整幅度为 0。

资料来源:国家统计局。

同时,老年人有分享经济社会发展成果的权利,因此,在以物价作为养老金待遇调整的基础上,可综合考虑 GDP 增长情况,当 GDP 增长超过一定幅度(触发调待标准)时,可在物价的基础上加权 GDP 增长幅度作为当年总的调待标准，以保障老年人分享经济社会发展成果的权利及其基本生活水平。

第四节　本章小结

公共养老金制度是中国养老金体系的基础和核心，需要通过一系列参量改革推动其稳定和可持续发展。在缴费方面，应进一步加强基本养老保险制度的征缴管理，实现缴费基数真实化足额化，并强化基本养老保险缴费的"少减多增"的激励机制，激励基本养老保险参保者长缴多得、多缴多得，同时加快推动基本养老保险制度全国统筹目标的实现。在待遇领取方面，要逐步改革退休年龄为全额领取退休金年龄，将全额领取退休金年龄逐步提高，配套建立"早减晚增"的激励机制，激励国民延迟领取退休金，此外，还应探索依托全国物价消费指数增长率（CPI 增长率）为主要标准的养老金待遇调整机制，保证国民能够更好地分享经济社会发展成果。

第八章

补齐短板：第二支柱职业养老金改革与完善路径

从世界范围来看，在公共养老金制度的基础上建立补充的职业养老金制度是大部分国家的发展趋势。职业养老金制度对于改善劳资关系和完善人力资源管理具有不可替代的作用，与此同时还具有稳定社会的作用，同时还能有效提高退休者的养老金水平，得到了广大雇员的支持，因此在多方的共同推动下，职业养老金发展迅速。然而，中国职业养老金制度经过十余年的发展，目前在覆盖面和基金规模方面仍十分有限，需要通过优化制度设计、强化配套建设等综合手段推动第二支柱职业养老金加快发展。

第一节 中国第二支柱职业养老金制度发展的总体判定

一 中国职业养老金肩负社会使命，应进一步深化发展

职业养老金发展的最初动因不外乎两个：一是企业或者其他单位为了吸引人才和稳定员工队伍；二是政府为更好地发挥其保国安民的职能，通过一定的政策优惠鼓励。从世界范围来看，在公共养老金制度的基础上建立补充的职业养老金制度是大部分国家的发展趋势。职业养老金制度对于改善劳资关系和完善人力资源管理具有不可替代的作用，与此同时还具有稳定社会的作用，同时还能有效

提高退休者的养老金水平，得到了广大雇员的支持，因此在多方的共同推动下，职业养老金发展迅速。

对于政府而言，如何满足老年人多元化的养老需求，保障老年人体面养老，是随着经济社会不断发展过程中政府的职责之一。在三支柱的养老金体系中，公共养老金制度的目标是保基本，提供的是最基本的生活保障，难以满足多元化的养老需求。在税收优惠等激励机制的引导下，第二支柱职业养老金制度可以撬动单位和个人责任，提高退休者的养老金待遇水平，有助于实现社会稳定。

对于单位而言，发展和完善职业养老金是单位增加员工福利、吸引人才的重要方式。养老是关乎每个人未来退休后几十年生活的重大问题，也是每个人需要从年轻时开始就要未雨绸缪的问题。职业年金作为非强制性的保障方式，其征缴需要企业和个人共同参与，国家也对此给予了一定的税收等优惠，其积累的基金存入个人账户。对于职工个人而言，这一补充性质的养老储备是单位福利的一部分，有助于企业吸引人才，留住人才。

对于个人而言，发展职业养老金制度，可以拓宽个人养老金储备渠道，增加退休后收入来源。无论是企业年金还是职业年金，其积累的基金都计入个人账户，权益属于劳动者个人，相比于现收现付的养老保险制度，积累制的制度更能够保护未来人口老龄化背景下的个人权益。同时，参与职业养老金计划，可以丰富个人的养老金储备渠道，增加个人养老金储备积累，为劳动者退休后的生活提供更加充足而安全的保障。

总体而言，从政府、单位和个人角度来看，职业养老金计划都承担着重要的社会使命，在中国养老金体系改革和完善过程中，应进一步通过统筹协调和政策激励，促进中国职业养老金计划的深化发展。

二 中国职业养老金发展面临瓶颈，需多渠道综合发力

前文通过理论和实践探索证明了中国职业养老金制度发展不仅

有其必要性，而且通过微观调查数据的分析表明中国职业养老金制度还存在着巨大的市场需求，此外，不同性质的企业也都有一定的缴费能力。但从中国企业年金为代表的职业养老金计划的发展实际来看，中国职业养老金计划发展面临着一系列的发展困境。一方面，在相对较高的社会保险缴费负担的影响下，部分企业缴费能力受到限制，尤其是利润水平相对较低的中小企业，缴费能力相对有限，第五章的测算表明，私营企业和外资企业最多能够承担2%左右的职业养老金缴费，这也在很大程度上影响了其参与职业养老金缴费的动力；另一方面，中国职业养老金税收优惠力度有限且不具备长期可持续性，目前中国相关制度规定，企业年金缴费时，企业在缴费基数的5%以内的部分可以税前列支，个人在缴费基数的4%以内的部分暂从个人当期的应纳税所得额中扣除，这一优惠力度同国际上许多国家相比还有相当大的差距，除此之外，财政部103号文件规定企业年金在缴费和投资阶段的税收优惠政策都是"暂不缴纳"，导致税收优惠不具备连续性，激励有限；此外，中国职业养老金计划还存在着治理机制尚不规范、投资风险依然很大等一系列瓶颈。从未来发展来看，必须多渠道综合发力，逐步破除中国职业养老金计划发展中的阻力，推进中国职业养老金健康发展。

第二节 中国第二支柱职业养老金制度改革方向与运作管理

一 中国职业养老金税收优惠激励机制完善思路

中国企业年金计划的税收优惠政策经历了不断完善的过程，2004年《企业年金试行办法》等文件的出台，标志着中国企业年金制度正式建立，2017年《企业年金办法》进一步完善了企业年金的制度方案，但针对该制度的税收优惠模式始终没有明确，2013年《财政部、国家税务总局、人力资源和社会保障部关于企业年金职业年金个人所得税有关问题的通知》（财税〔2013〕103号）文件正式明确了中国企业年金在借鉴国外经验的基础上，实施 EET 的税收优惠模式，对于缴费、投资和领取三个环节的税收优惠政策予以明确，改变了之前只针对缴费环节的部分免税的单一环节税收优惠的规定，但目前中国企业年金税收优惠政策仍有诸多亟须完善的地方，一方面，缴费环节享受税收优惠的比例偏低，且没有最高限额[①]，导致经营效益相对较差的企业缴费动力不足，且最高限额的缺失会导致部分高收入群体利用税收优惠进行避税，违背了制度的初衷；另一方面，对于养老金领取环节的征税按照"工资、薪金所得"税率执行，但没有对领取时的具体政策进行明确，如通过税收优惠引导个人进行年金化领取等。

（一）以法律形式确定税收优惠模式，保障税收优惠持续性

有关企业年金税收优惠的最新政策体现在 2013 年《财政部、国家税务总局、人力资源和社会保障部关于企业年金职业年金个人所得税有关问题的通知》（财税〔2013〕103 号）文件中，明确了中国企业年金和职业年金采取缴费和投资环节免税，领取环节征税的 EET 递延纳税的税收优惠模式，但由于该文件属于部门联合下发的通知，在法律效力层面缺乏一定的权威性，而且《财政部、国家税务总局、人力资源和社会保障部关于企业年金职业年金个人所得税有关问题的通知》（财税〔2013〕103 号）文件提出的缴费和投资环节的明确表述是"暂不缴纳"，政策的持续性难以确定，从而影响企业年金和职业年金最终税收优惠的激励效应。因此应尽快建立《企业年金法》或《职业养老金法》，以法律的形式明确企业年金的地位，并对企业年金税收优惠模式等内容进行明确规定，从而保障税收优惠的权威性和可持续性，增强税收优惠的吸引力。

---

① 人社部在 2016 年《企业年金规定（征求意见稿）》中提出，企业应当合理确定本单位当期缴费计入职工企业年金个人账户的最高额与平均额的差距。国有及国有控股企业当期缴费计入职工企业年金个人账户的最高额与平均额的差距不得超过 5 倍。但该意见稿截至目前仍未正式出台，且限额只明确了国企相关规定，对其他性质的企业仍无明确的最高限额。

（二）加大企业年金税收优惠幅度，降低企业年金的参与成本

2014年1月1日起中国开始正式执行最新的企业年金税收优惠政策，企业缴费总额在工资总额5%以内的部分，从成本中列支，个人在不超过本人缴费工资计税基数的4%标准内的部分，暂时从个人当期的应纳税所得额中扣除，这一税收优惠比例同OECD国家平均15%的企业年金税收优惠比例①相比还有很大的差距，对于企业尤其是中小企业的激励极其有限。现阶段《企业年金办法》明确规定了企业缴费不超过上年度职工工资总额的8%，企业和个人缴费的合计不超过上年度职工工资总额的12%，在此基础上确定的企业年金的目标替代率在20%左右，但由于税收优惠不足，企业和个人缴费积极性受到限制，在实际参加企业年金缴费的情况来看，缴费比例仅限于税收优惠范围以内的比例，使得20%的企业年金目标替代率难以实现。

不仅如此，税收优惠的幅度大小还影响着企业年金的需求弹性，从马斯洛需求层次来讲，相对于公共养老金制度保基本的目标，企业年金制度是为了满足更高退休待遇水平的制度安排，属于较高层次需求。根据需求的价格弹性理论，对于满足基本需求或生活必需品的消费，需求弹性小，对于非生活必需品的消费，需求弹性大。企业年金制度安排属于非生活必需品，因此企业年金成本的大小会影响到其需求量，通过合理的税收优惠，可以降低企业年金的成本，从而提高其需求量，税收优惠的幅度越高，对于需求的敏感性越强，对于参与者的激励作用也就越大。

因此，为进一步推动中国企业年金的发展，应逐步上调中国企业年金税收优惠比重至企业年金缴费上限左右，即企业缴费总额在工资总额8%以内的部分从成本中列支，个人在不超过本人缴费工

---

① 部分OECD国家企业年金税前列支的比重大大高于中国，如德国为10%，美国为15%，加拿大为18%，澳大利亚为20%，法国为22%。

资计税基数的4%标准内的部分从个人当期应纳所得税中扣除,以提高企业和个人的缴费积极性。同时,还应继续明确缴费上限的规定,即企业工资总额的300%以上部分、个人月平均工资超过当地上一年度职工月平均工资300%以上的部分,不计入企业和个人缴费计税基数,通过最高限额的缴费限制,保障税收优惠的公平性。

通过提高企业年金税收优惠的比例,也可在很大程度上提高企业参与企业年金计划的缴费空间。在第六章关于中国不同性质的企业参与企业年金的缴费空间来看,私营企业和外资企业在现行规定下的缴费空间仅为2%—4%,如果进一步加大税收优惠的幅度,可以在一定程度上降低企业的参与成本,提高其参与能力,从而有利于企业年金覆盖面的扩大。

(三) 明确支付环节征税规则,引导待遇年金化领取

目前中国企业年金采取的是EET的税收递延优惠模式,在缴费和投资阶段免税时为了激励广大企业和雇员参与企业年金计划,在领取阶段适当征税可以避免财政税收的过度损失,同时也为了保障税收的公平性。为了避免领取阶段的征税影响到雇员参与的积极性,应进一步明确企业年金在支付(领取)环节的征税规则,同时企业年金作为养老体系的重要组成部分,其目标是保障退休员工的养老生活,因此可以考虑在一定的限额内适当减免,并探索通过税收优惠引导计划的参加者以年金化的方式领取待遇,从而一方面可以保障企业年金继续保值增值,另一方面可以更好地应对计划参与者面临的长寿风险。

(四) 加大税收优惠激励力度后的财政承受能力分析

税收优惠实施力度大小的一个重要因素就是财政承受能力的大小,因为税收优惠的直接结果就是导致税收收入的减少。因此,如果加大中国企业年金税收优惠力度,测算其对财政收入的影响尤为重要。本书拟在EET的税收递延情况下,以加大税收优惠力度后的税收优惠比例计算在缴费和投资阶段的税收优惠总额占整个财政收入的比重,以此来衡量财政的承受能力。

1. 企业年金缴费阶段的税收优惠成本测算

根据《企业年金办法》规定，企业缴费每年不超过本企业上年度职工工资总额的8%，企业和职工个人缴费合计一般不超过本企业上年度职工工资总额的12%，以及本书具体提出的加大税收优惠力度的建议，即企业缴费总额在工资总额8%以内的部分从成本中列支，个人在不超过本人缴费工资计税基数的4%标准内的部分从个人当期应纳所得税中扣除，做出如下假设：

假设1：企业年金缴费为职工工资总额12%[①]以内的部分免征所得税。

假设2：企业年金缴费中，企业以员工上年度职工工资总额8%以内缴费部分免征企业所得税。

假设3：企业年金缴费中，个人以上年度职工工资总额4%以内缴费部分免征个人所得税。

根据中国《企业所得税法》和《个人所得税法》相关规定，做出如下假设：

假设4：企业免征的企业所得税税率为25%。

假设5：个人免征的个人所得税税率为10%。

假设6：某年中国职工工资总额为M亿元。

根据如上假设，中国在该年度给企业年金缴费阶段税收优惠的成本如下：

企业年金缴费总额 = M×12% = 0.12M（亿元）

企业年金企业免税总额 = M×8%×25% = 0.02M（亿元）

企业年金个人免税总额 = M×4%×10% = 0.004M（亿元）

在缴费阶段，企业年金免税总额 = 0.02M + 0.004M = 0.024M（亿元）

[①] 企业年金缴费中，企业缴费基数是上年度职工工资总额，个人缴费则是个人上年度月平均工资，为了便于计算，也为了计算最大口径的财政支出，因此，均取了职工工资总额为基数，其实这个数据比实际数据大。

2. 在投资阶段的税收优惠

中国近十年来企业年金平均投资收益率为7.56%，全国社保基金理事会在更宽松的投资范围内十六年平均投资收益率达到了8.37%，随着企业年金投资范围的逐步放开，预期企业年金平均长期投资收益率为8%，据此做出如下假设：

假设7：企业年金投资收益率为8%。

中国《个人所得税法》明确规定利息、股息、红利所得等适用20%的比例税率，因此，企业年金投资收益计入个人账户部分享受的免税税率也为20%。

假设8：企业年金投资收益记入个人账户部分的个人所得税率为20%。

因此在投资阶段应纳的投资所得税 = 0.12M × 8% × 20% = 0.00192 M（亿元）

3. EET模式下中国企业年金免税的财政成本模拟

根据国家统计局历年统计数据，2009—2016年中国职工工资总额与财政收入情况如表8-1所示。

表8-1　　2009—2020年中国职工工资总额与财政收入情况　　单位：亿元

年份	工资总额	财政收入	年份	工资总额	财政收入
2009	40288.2	68518.3	2015年	112007.8	152269.23
2010	47269.9	83101.51	2016年	120074.8	159604.97
2011	59954.7	103874.43	2017年	129889.1	172592.77
2012	70914.2	117253.52	2018年	141480.0	183359.84
2013	93064.3	129209.64	2019年	154296.1	190390.08
2014	102817.2	140370.03	2020年	164126.9	182894.92

资料来源：国家统计局。

根据前述假设以及计算安排，在EET税收递延模式激励下，中国企业年金税收优惠的成本及占财政收入的比重情况如表8-2所示。

表 8-2　EET 模式下中国企业年金税收优惠成本及占财政收入的比重情况

年份	企业年金缴费额（亿元）		企业年金缴费阶段免税额（亿元）		企业年金投资阶段免税额（亿元）	企业年金免税总额（亿元）	免税总额占财政收入比重（%）
	企业缴费额	个人缴费额	企业免税额	个人免税额			
2009	3223.06	1611.53	805.76	161.15	77.35	1044.27	1.52
2010	3781.59	1890.80	945.40	189.08	90.76	1225.24	1.47
2011	4796.38	2398.19	1199.09	239.82	115.11	1554.03	1.50
2012	5673.14	2836.57	1418.28	283.66	136.16	1838.10	1.57
2013	7445.14	3722.57	1861.29	372.26	178.68	2412.23	1.87
2014	8225.38	4112.69	2056.34	411.27	197.41	2665.02	1.90
2015	8960.62	4480.31	2240.16	448.03	215.05	2903.24	1.91
2016	9605.98	4802.99	2401.50	480.30	230.54	3112.34	1.95
2017	10391.13	5195.56	2597.78	519.56	249.39	3366.73	1.95
2018	11318.40	5659.20	2829.60	565.92	271.64	3667.16	2.00
2019	12343.69	6171.84	3085.92	617.18	296.25	3999.35	2.10
2020	13130.15	6565.08	3282.54	656.51	315.12	4254.17	2.33

资料来源：笔者根据上述假设和相关文件计算而来。

根据 EET 模式测算结果，如果将企业年金的税收优惠幅度提高到企业工资总额的 8%、个人缴费基数的 4% 时，企业年金税收优惠的财政成本在 2% 以内，且在测算时部分指标取的是最高值，实际的成本应比该数值略有降低。国际上企业年金税收优惠的隐性财政成本占比平均为 2.19%（张英明，2017）可见该成本在国际通行的标准以内，也是在中国经济发展水平逐步提高的背景下财政有能力承担的。除此之外，企业年金计划推行还有间接的增税效应，一是企业年金资金积累有助于加速资本积累，从而提高产出，增加税收收入；二是通过免税可以降低企业的劳动力成本，单位可雇用更多的劳动力，增加产出的同时增加税收收入。

二 中国职业养老金扩面选择——适时探索自动加入机制

（一）中国职业养老金自动加入机制建立的背景与必要性

随着中国经济社会的快速发展，广大国民对于社会生活的各个方面的需求也与日俱增，党的十九大报告也明确指出当前社会的主要矛盾已经转变为"人民日益增长的美好生活需要和不平衡不充分的发展之间的矛盾"。就城镇职工公共养老金制度而言，尽管截至2017年公共养老金待遇已经连续十三年上调，但制度的替代率依然在持续下降，难以实现制度的预期目标，与广大国民的养老需求还有很大差距。与此同时，第二支柱职业养老金进展缓慢，第三支柱个人养老金制度尚未落地，所以养老金体系的主要压力均集中在公共养老金制度中，导致城镇职工公共养老金制度面临着严峻的挑战。一方面，在公共养老金制度名义缴费率高企的背景下，不少企业要求降费的呼声不断高涨；另一方面，受到人口老龄化程度不断加深等因素影响，公共养老金制度长期可持续发展面临着诸多挑战。因此，为进一步明确国家、单位和个人责任，应不断完善三支柱的养老金体系，大力发展第二、第三支柱私人养老金制度，缓解第一支柱养老金压力的同时，也通过单位和个人责任的分担，提高老年人退休生活待遇。

就第二支柱企业年金制度而言，经过十余年的发展，取得了一定进展，但总体上来看其支柱作用尚未发挥，截至2021年年底，企业年金制度的参保人数仅为城镇职工基本养老保险制度参保人数的8.23%，占全部就业人口的比重只有3.85%，企业年金积累的基金规模也仅占当年GDP的2.31%。综观世界上其他建立了养老金制度的国家，有1/3的国家覆盖了超过1/3的劳动人口，一些国家如丹麦等覆盖率几乎达到了100%，英国、美国、加拿大等国也都在50%以上，为国民养老金待遇水平的提升作出了重要贡献。

中国企业年金制度进展缓慢存在诸多原因，仅看制度本身，除了税收优惠等激励机制不完善，制度参与的条件和门槛过高是其最直接的影响因素之一。因此，要促进企业年金制度的发展，其中一个重要措施就是应该为企业年金的高门槛松绑，其实，由于中国企业年金制度采取的是完全积累制的 DC 模式，门槛的设置从本质上来说意义并不大。

近年来，不少国家为推动职业养老金制度的快速发展，相继推出了自动加入机制，即合格的雇员在满足其最低要求之后，单位将其自动纳入合格的职业养老金计划；雇员除了在一定时间内可选择退出外，不需要提供任何的信息或材料，同时，个人可以对职业养老金基金的投资进行自我选择，如不提供投资选择，则由国家提供的默认投资工具进行默认投资。事实证明，自动加入机制的建立是职业养老金制度快速发展的有效措施。因此，为进一步明确政府、单位和个人责任，提高老年人退休待遇水平，适时降低中国企业年金制度的参与门槛，并引入自动加入机制则成为完善中国养老金体系的重要举措。

（二）中国引入职业养老金自动加入机制建立的实施方案

第一，明确符合自动加入机制的职业养老金的基本条件。从国外经验来看，职业养老金计划引入自动加入机制也并非针对所有的单位和雇员无条件加入，一方面，应该有适合各类单位参与的职业养老金计划，另一方面，雇员也应满足一定条件。就适合各类单位参与的职业养老金计划而言，应针对不同类别的企业建立符合其需求的职业养老金计划，比如针对大型企业的单一计划和针对中小企业的集合计划等；同时，合格的职业养老金计划不仅要明确单位雇员的缴费责任，而且还应对所有的雇员一视同仁，单位为雇员缴费不能带有歧视，同时计划还应给予雇员一定的投资选择权。从而可以使得相应的职业养老金计划适应不同单位和雇员的需求，保障各方的权益不受损失。就雇员应满足的条件而言，国外的职业养老金自动加入计划通常会在年龄、收入等方面进行一定的限制，以保证自动加入计划既不过分增加单位的压力，也可以使雇员在一定条件下实现相应的职业养老金积累，满足其退休需求。

第二，建立引入自动加入机制职业养老金计划的过渡安排。适时引入自动加入机制是扩大企业年金覆盖面的重要策略，但不可操之过急，如果不顾一切将所有符合条件的所有单位雇员同步实施自动加入计划，可能导致不少企业难以承受重负，结果可能适得其反。因此，应当参考英国的做法，通过市场分析和调研，在完善配套措施的基础上，循序渐进，逐步将不同类别的企业纳入到自动加入机制的职业养老金计划中，给予不同企业充足的时间准备，从而有助于自动加入机制的推广，提高单位和雇员的参与度。

第三，明确自动加入职业养老金的退出机制。强制性的最大弊端是，政府一旦给予强制，就必须担负兜底责任，这时，如果将强制性的职业养老金计划交由完全的市场化运作，则与强制性的安排相互矛盾，澳大利亚即面临着这样的难题；如果政府负责强制性职业养老金基金的运作，则难以实现效率最大化。因此，不建议中国的职业养老金计划采用强制性制度安排，而应效法英美等国家，给予自动加入机制自我退出选择权，并在一定周期后会被再次纳入自动加入计划，同时明确单位不可诱导或强制雇员退出，这样可以有效保障单位和雇员的权益。

（三）中国职业养老金自动加入机制建立的配套安排

第一，应将职业养老金自动加入机制同城镇职工公共养老金制度改革统筹考虑。中国城镇职工公共养老金制度缴费率偏高已经成为越来越多企业的共同呼声，尽管中国城镇职工基本养老保险制度存在缴费基数不实等问题，实际缴费率并没有名义缴费率那么高，但仍给企业带来了较大负担，也挤压了其参与职业养老金制度的动力和能力。尽管中国已经决定从2016年5月1日开始在两年内实行阶段性降费的措施，但与绝大多数企业的期望值还有较大差距。因此，应将职业养老金计划和公共养老金计划统筹考虑，在做实缴费基数的基础上，适当降低公共养老金制度的缴费率，降低公共养老金的替代率，为职业养老金自动加入的实施留下空间，以进一步发挥单位的作用，通过补充的养老金制度安排，提高老年人退休生活待遇。

第二，应通过加大税收优惠支持力度提高自动加入的职业养老金计划参与能力。第一支柱养老金制度的目标是保基本，从目前来看，降费的空间也不大，因此单单通过降低第一支柱的缴费率增加第二支柱职业养老金的缴费能力也存在较大限制，而通过加大税收优惠的支持力度则可以从另一个角度增加企业参加职业养老金制度的积极性。目前中国企业年金制度的税收优惠安排采取的是 EET 模式，企业缴费总额在工资总额 5% 以内的部分和个人缴费工资计税基数的 4% 标准内的部分可以免税，这同英美等国家的税收优惠幅度相比幅度偏低，大大降低了对企业的吸引力，因此应进一步提高企业年金的税收优惠力度。

第三，有效投资和高效监管体制的建立。职业养老金基金的安全和保值增值是自动加入机制建立的重要保障。应在给予个人投资选择权和建立默认投资机制的基础上，强化职业养老金的多元化投资渠道，以获取职业养老金基金的高额回报。同时，还应提升对职业养老金的监管效率，目前中国对于企业年金的监管采取的是数量限制和市场准入等全方位的监管，且对受托人、账管人和投管人等都进行了严格的准入规定，但全方位的监管并不一定带来最大的监管效率，且目前的多头监管在一定程度上被证明是不专业且有失高效的，应借鉴英国等国家的经验，建立专门的养老金监管机构，对养老金运作的重点领域和环节进行监管，提高其运作效率。

三 中国职业养老金扩面选择——加强中小企业集合年金制度建设

（一）中小企业参与职业养老金的困境及完善集合年金计划的重要性

目前，中小企业参与意愿不足是中国职业养老金计划扩面的主要障碍。统计数据显示，中国中小企业总数超过了 4000 万家，占全部企业总数的比重达 99%，提供了近 80% 的城镇就业岗位，创造了 50% 的税收收入和 60% 的 GDP，中小企业在促进中国经济发展、增加就业和改善民生等方面发挥着重要作用。中国中小企业参与企业年金计划存在困境的原因主要集中在以下方面：一是企业年金参与门槛相对较高，民主决策机制建立和稳定的盈利能力是大多数中小企业难以达到的；二是中国中小企业平均存活寿命比较短，仅在2.5年左右（普华永道，2011），主观上不具备建立企业年金计划的主动性；三是中国社会保险费及其他税负高企，而中小企业利润空间小，客观上缺乏建立企业年金计划的能力；四是针对中小企业的企业年金产品供给不足，现有的中小企业年金计划规模偏小，在受托人市场谈判中处于劣势，且中小企业年金基金投资渠道有限，收益率不高。

由于单一单位企业年金计划的成本相对较高，对于中小企业而言难以承受，从国际经验来看，集合年金计划具有相对优势。一方面，集合年金具有管理费低、流程简单等一系列特征，且集合年金可以形成规模效应，可有效降低单个企业建立企业年金计划的成本；另一方面，集合年金计划通常选择法人受托管理模式，受托机构是获得资格认定的、专门从事年金托管的专业金融机构，可以有效保障年金基金的运营收益和基金安全（见表8-3）。因此集合年金计划被认为是适合中小企业年金的一种理想选择。

表8-3　　　　单一企业年金计划和集合年金计划的特征比较

	单一企业年金计划	集合年金计划
企业加入程序	企业单独建立计划，流程相对复杂，手续烦琐，耗时长	企业可直接加入现有的集合年金计划，流程和手续相对较为简单
管理和运营成本	计划所有的管理费及其他运营成本均由单一企业承担，成本相对较高	管理费及运营成本由所有参加该集合年金计划的企业共同承担，成本相对较低
投资风险和收益	单一企业承担所有的投资风险和收益	集合年金资产规模相对较大，可灵活配置资产、分散风险，且风险和收益由所有参加该集合年金计划的企业共担

续表

	单一企业年金计划	集合年金计划
投资个性化设计	可在相关法律法规允许范围内,根据企业需求制定个性化投资目标和策略	集合年金计划由受托人统一进行投资规划,单个企业个性化要求不突出,但通常会有多个投资组合供企业自主选择
适合企业类型	适合年金资金规模大且愿意承担较高管理运营费用、风险承受能力强的企业	适合各类企业加入,尤其对于中小企业有更大的吸引力

资料来源:郑秉文:《中国养老金发展报告 2016:"第二支柱"年金制度全面深化改革》,经济管理出版社 2016 年版。

尽管近年来中国专门建立了针对中小企业的集合年金计划,但从实际来看中国中小企业参与企业年金的情况并不乐观,与其在国民经济发展中的地位极不相称。根据《全国企业年金基金业务数据摘要 2019》,截至 2019 年年底,中国企业年金集合计划共计管理资产 1620.82 亿,仅占全部企业年金资产的 9.16%,参加集合年金计划的企业数为 3.3 万家,占全部企业年金计划企业数的 34.39%,参加集合年金计划的职工数为 379.64 万人,占全部参加企业年金职工人数的 14.9%。因此,进一步完善集合年金计划是中国职业养老金扩面的关键。

(二) 中小企业集合年金计划模式选择

第一,推动行业年金发展。行业年金通常是由一个行业或有关联的几个行业联合发起设立的企业年金计划,仅对本行业及相关行业开放,无论规模大小,都可以参与。这一模式的优势在于同一行业或相关行业企业往往具有一定的同质性,在管理模式、人员结构等方面具有较强的相似性,这可以有效降低行业年金决策的冲突,降低管理成本,提高效率。在国外,行业年金的建立通常由工会和单位共同发起,由单位和雇员形成协商机制,增加决策的公平性。2005 年 OECD 理事会颁布了《OECD 企业年金治理准则》,从治理主体、责任界定等12个方面制定了企业年金的治理机制，明确了受托人作为独立治理主体需承担最终责任，同时明确了监管责任的界定。总体来看，国外很多行业年金均是在结合自己国情的基础上，参照OECD制定的企业年金治理准则建立相应的治理结构。中国也可以对该模式加以借鉴，探索建立行业年金计划：由行业协会联合相关企业和员工共同设立行业年金理事会进行受托管理。行业年金理事会应包括行业内部代表、行业协会代表和外部代表，其中，行业内部代表为核心，包括单位和雇员代表，代表行业企业和员工的利益；行业协会作为第三方机构协调相关的利益冲突并推动集体协商机制的建立；外部代表包括专业机构代表和政府部门代表，专业机构代表如投资专家、财务专家可为计划提供投资和管理等专业服务，政府机构代表则可以发挥监督作用（见图8-1）。

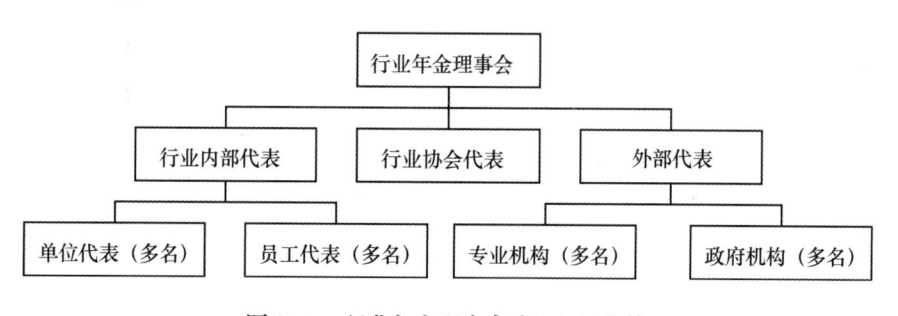

图8-1 行业年金理事会建议组织架构

第二，完善零售年金计划。零售年金是法人受托机构根据市场需求设立的标准化产品，适合于中小企业和灵活就业人员参与，中小企业和灵活就业人员可根据自己的需求选择市场上相应的集合年金计划缴费参与即可，同时，这些计划的受托人往往是具有丰富的年金管理经验的金融机构，可以提供包括投资管理和账户管理等在内的一站式的服务，可以保障企业年金投资运作的有效性，同时，集合年金计划受到严格的准入限制和监管，安全性也相对较好。从目前来看，自中国集合年金计划相关规定出台后，陆续建立了数十个集合年金计划，基本上是零售年金的形式。但总体来看，中国集合年金计划设立时间还不长,产品种类还不够丰富,还需要进一步完善。

(三) 中小企业集合年金计划的制度设计

第一,计划设立。通常为了两个目标,一是提高雇员退休生活保障,二是作为人力资源管理的一部分,提高员工的积极性。在建立中小企业集合年金计划时,首先必须明确集合年金同单一企业年金计划的区别,明确中小企业集合年金的委托人、受托人以及集合年金计划选择问题。

就中小企业集合年金的委托人而言,2008年人力资源和社会保障部出台的《企业年金集合计划管理试点办法(讨论稿)》明确提出集合年金计划由受托人发起设立,即采用前端集合模式,同美国多单位计划、澳大利亚行业年金计划一致,可借鉴这些国家的经验,按照行业或区域划分,由不同企业及员工代表、行业协会代表、专业机构代表、政府机构代表组成集合年金计划委托管理理事会,代理集合年金的计划参与者就计划的缴费、投资选择、账户管理以及待遇支付等问题与集合年金法人受托机构进行谈判,行使委托人职责。

就中小企业集合年金受托人而言,受托人由法人受托机构担任,集合年金计划委托管理理事会进行选择,选择法人受托机构必须要符合人社部认定的、具有法人受托资格的金融机构,同时要考虑选择业务水平高、信誉水平好、管理完善等方面的因素,以保障集合年金得到更好的管理。同时《企业年金管理条例》规定了受托人应履行选择、监督和更换账户管理人、托管人和投资管理人的义务,但集合年金计划委托管理理事会仍要对受托人以外的管理人资格进行确认。整个集合年金计划设立的流程和结构如图8-2所示。

除集合年金计划的基本结构组成之外,还应明确集合年金计划的产品和构成。集合年金计划产品由法人受托机构发起和设立,应采用标准化的合同、流程和费率,根据参与职工群体的年龄、收入

```
┌──────┐  ┌──────┐  ┌────────┐  ┌────────┐  ┌────────┐
│ 企业 │  │ 员工 │  │行业协会│  │专业机构│  │政府部门│
└───┬──┘  └───┬──┘  └────┬───┘  └────┬───┘  └────┬───┘
    │         │          ↓           │           │
    └─────────┴────→┌──────────────────────┐←────┘
                   │集合年金计划委托管理理事会│
                   └──────────┬───────────┘
                              ↓
                       ┌────────────┐
                       │ 法人受托机构│
                       └──┬────┬────┬┘
              ┌───────────┘    │    └───────────┐
              ↓                ↓                ↓
         ┌────────┐       ┌────────┐       ┌──────────┐
         │账户管理人│     │ 托管人 │       │投资管理人│
         └────────┘       └────────┘       └──────────┘
```

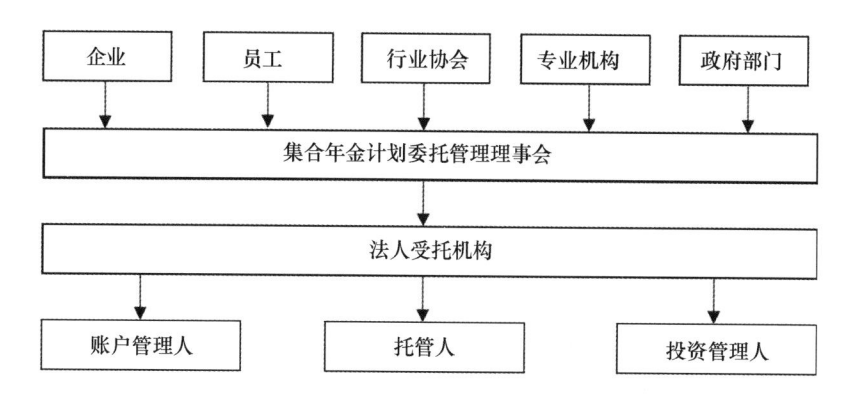

图 8-2　中国集合年金计划设立的流程和结构

结构、消费水平等因素设置不同类别的集合年金计划，并根据投资管理人的特长设置不同风险水平和类别的投资组合产品。同时，法人受托机构设立的集合年金计划产品应该配置相应的产品说明书，对集合年金各管理人的基本情况、集合年金计划当事人的权利义务、集合年金建立/变更/终止的条件和方式、集合年金投资组合、待遇领取条件和方法以及管理费用等内容予以说明，以便委托人根据需要选择相应类别的集合年金产品。

第二，缴费安排。集合年金计划的缴费需要同时兼顾实现雇员一定水平的收入替代和单位税收优惠范围内的缴费能力两个方面。在零售年金计划模式下，由于金融机构通常提供的是标准化产品，很难为各个中小企业设置专门的集合年金产品，可借鉴美国中小企业年金计划发展经验，提供适合中小企业需求的、多种类型的计划产品，同时制定相应的税收优惠享受条件（享受税收优惠缴费的上限等）。在行业年金计划模式下，由于行业年金参加企业大都具有同质性，缴费率通常由年金委托管理理事会根据行业和企业的情况加以确定。目前中国企业年金采用的缴费方式是企业和个人等额匹配缴费，企业可以根据经营绩效的好坏确定其缴费比例，同时可根据职工贡献的大小实行区别性缴费，但为防止税收优惠的马太效应，应设定企业年金的年度最高缴费额度，以保证税收优惠的公平性。

第三，账户管理。由于集合年金是多个企业共同参加一个年金计划，参与者众多，账户数量庞大，且不同企业缴费比例、权益分配等都存在差异，因此集合年金的账户管理难度比单一计划年金的大得多。除此之外，中小企业员工流动性更大，面临着更多的计划内部、计划外部以及退出计划时的账户管理问题。一方面，应该通过制定相应的规则，给予参保者计划间、计划外以及退出计划时个人账户权益保障；同时还可以利用第三支柱个人养老金计划即将落地的契机，将职业养老金个人账户与第三支柱个人账户打通，当员工发生职业流动时，可以选择将第二支柱职业养老金计划积累的资金转移到第三支柱个人账户中，以保证待遇不受损失。

第四，待遇给付。待遇给付是企业年金计划设计的关键环节，是发挥集合年金激励并留住员工"金手铐"功能的重要安排，企业可根据相应的集合年金计划中权益和待遇的设计来吸引雇员长期为企业服务。尽管中国《企业年金试行办法》明确规定了职工未达到退休年龄不得从个人账户中提取资金，但由于大多数参与集合年金计划的中小企业员工收入低，劳动关系不稳定，完全禁止提前取款会大大降低员工缴费的积极性，因此，为兼顾其特殊性，可以允许计划参与者提前支取个人账户资金，但必须满足一定条件并缴纳一定的罚金。同时，可以根据集合年金参与人紧急需求（如子女教育、自己或直系亲属发生重大疾病等），可申请提前支取，并在一定的时间范围内把支取的费用补充到个人账户可以免于罚金。除此之外，为充分发挥企业对于集合年金的积极性，可借鉴美国做法（见表8-4），通过将员工服务年限同集合年金待遇给付相挂钩的方式，即随着服务年限增加，享受集合年金待遇的比重越大，当服务到一定年限后，可以全额享受集合年金的相应待遇，实现企业对人才需求的有效激励。

表 8-4　集合年金待遇给付标准与服务年限对应时间表

服务年限 Y（年）	获得年金累计比例 P（%）
Y<2	0
2≤Y<3	20
3≤Y<4	40
4≤Y<5	60
5≤Y<6	80
Y≥6	100

资料来源：张英明：《中小企业年金制度设计与创新研究》，科学出版社 2017 年版，第 132 页。

四　中国职业养老金投资运营模式完善与优化

（一）放开个人投资选择权

从本质上来讲，由单位发起的职业养老金计划是一种工资的延期支付，在产权属性上，职业养老金个人账户理应属于个人私有财产，个人拥有完全的所有权。在职业养老金基金的管理过程中，基金投资的目标是实现资金的保值增值，使得受益人的权益最大化，基金管理人只是收取合理的管理费用。如果就职业养老金基金的委托投资过程来看，资金的所有权和投资权是分离的，则可能产生相应的代理问题，因为发起人和受益人不可能对投资方进行完全的约束，而最好的治理办法就是实现所有权和投资权的统一，由投资决策者承担相应的投资风险。因此，从世界范围来看，大多数 DC 型职业养老金计划都给予了个人投资选择权，并承担相应的投资风险。

中国目前实行的是 DC 型信托制企业年金治理结构，个人账户资金来源于企业和个人缴费以及资金的保值增值，个人对于账户具有完全的所有权，但在中国企业年金制度建立实行市场化投资运营的过程中，均未赋予个人投资选择权，而是由委托人和投资管理人等机构确定相应的投资策略进行市场化投资。究其原因，中国企业年金未放开个人投资选择权主要基于以下几个方面：一是政策相对滞后，2004年出台的《企业年金基金管理试行办法》对企业年金基金的投资运作进行了框架性描述，确立了委托人—受托人—账户管理人—托管人—投资管理人的治理结构，但对于委托人的权利并未予以明确；二是对基于中国金融市场不发达以及国民金融知识的缺乏的考虑，在职业养老金建立初期，职工个人对职业养老金的理解有限，主动参与意识也不强，为保证投资的专业性，习惯性地将投资权交给专业机构；三是由于中国建立企业年金的大多为国有大中型企业，受其传统管理模式限制，出于便捷性和安全性考虑，由年金理事会代表职工做出统一的投资决策。这一系列的因素导致中国企业年金制度建立以来迟迟没有放开个人投资选择权。

在没有个人投资选择权的背景下，职业养老金计划自然面临着一系列的现实问题。一方面，难以建立真正的DC型职业养老金计划，因为个人拥有DC型职业养老金的所有权，个人应享有收益权，也应承担风险，如果是以理事会为主导进行投资就在很大程度上使得单位承担了职业养老金计划的风险和责任，一旦投资失利，单位将不得不面临着相应的难题，从而导致单位的投资趋于保守，宁愿选择较低的投资回报承担较低风险，也不愿通过高风险投资获取高回报；另一方面，会导致职业养老金考核机制错位，职业养老金作为长期机构投资者，应通过长期投资获取超额回报，但在目前的治理结构中，委托人大多以短期绝对回报为目标，导致投资管理人追求短期回报的趋势日益明显，不利于长期稳定回报的实现。因此，配合自动计入机制的适时引入，中国职业养老金改革的一个重点内容是放开个人投资选择权，以保证企业年金基金的投资效率。具体而言，放开个人选择权还需要结合目前中国职业养老金的市场环境，开创适合中国国情的投资选择权的制度。

第一，应根据中国实际情况，采取循序渐进的策略，实行有限制的放开个人投资选择权。根据国外经验，通常在一些资本市场比较发达的国家，如英美等国家个人投资选择权的范围相对较为广泛，可供选择的产品数量和种类也相对较多，而在一些资本市场成熟度稍低的国家,如拉美等国家个人投资选择权则受到较大的限制。中国资本市场还不够完善,在基金监管上,采取的是同拉美更为接近的严格数量监管模式,在选择个人投资选择权时应选择循序渐进的策略,以智利为例,在其1981年改革初期个人只拥有选择养老金管理公司的权利,到2000年才开始放开可以选择不同类别的基金的权利,但基金设置也只是采取A、B、C、D、E五支基金风险依次递减的简单设计。中国也应借鉴该经验,在放开个人投资选择权的初期,按照高中低风险设置几组不同风险水平的投资组合,随着中国资本市场的逐步完善,再进一步增加不同风险配置的产品,并可逐步调整权益类资产比重的上限。

第二,应建立竞争性的专业养老金管理公司。目前中国已经建立了第一家银行系专业养老金管理公司——建信养老金管理有限责任公司,开启养老金专业化管理的先河。未来应该成立更多的专业养老金公司,专门从事养老金相关业务的管理,从受托、账户管理以及投资运营等各个环节为计划参与者提供全方位的服务。

第三,应加强投资者教育。目前中国大部分国民对金融知识的了解程度还不是太深,对于如何选择合适的金融产品并不清楚,从而可能会影响到个人投资选择的合理性。因此,应以放开个人投资选择权为契机,加大金融宣传力度,强化投资者教育。

(二) 建立合格默认投资工具

在投资领域,根据理性"经济人"假设,个人在承担投资风险的前提下享受相应的投资回报,其投资行为通常都是基于其本身的特质而进行的理性选择。这种假设的前提是个人都是理性的投资决策者,能够做出合理的投资决策。但行为经济学的研究结果表明,个人往往难以做出最优的投资决策,甚至可能做出系统性的投资错误,正是基于此,发达国家配合个人投资选择权的另一关键手段是建立合格默认投资工具(QDIA)。在中国国民金融知识普遍缺乏的背景下,建立合格默认投资工具是放开个人投资选择权的必由之路。

合格默认投资工具的建立在很大程度上可以简化个人投资选择决策的复杂程度，同时还可以提高资产的配置效率。从国外来看，合格默认投资工具的设立为平衡风险和收益作出了巨大贡献，其中生命周期基金和目标日期基金最受欢迎，其核心就是随着投资者年龄的增加（退休日的临近），逐步降低权益类等高风险资产配置，加大固定收益等低风险资产配置。在中国职业养老金资产长期投资属性与追求短期回报的现实矛盾的背景下，引入生命周期基金等默认投资工具具有重要的意义。目前中国已经在基金行业试行了生命周期基金产品，未来应根据职业养老金的发展特征，依托职业养老金各个环节和要素设计出相应的生命周期基金等投资默认工具的产品，从而为职业养老金个人投资选择的便利以及长期投资目标的实现提供基础。

（三）拓展投资范围和保障投资多元化

《2021年度全国企业年金基金业务数据摘要》显示，截至2021年年底中国企业年金基金累计规模已经达到2.64万亿元，庞大的基金规模的保值增值是职业养老金运作的重要保障，因此，职业养老金基金的投资尤为重要。2011年《企业年金基金管理办法》明确对企业年金的投资规则及投资范围等问题进行了明确，范围上仅限于境内投资，包括银行存款、国债、证券投资基金、股票等金融产品，2013年人社部《关于扩大企业年金基金投资范围的通知》进一步扩大了企业年金投资范围，并对货币类、固定收益类和权益类的资产投资比例进行了调整。总体来看，2007—2016年，各年度加权平均收益受到市场投资环境的影响呈现明显的波动趋势，但除2008年（-1.83%）和2011年（-0.78%）两年当年加权平均收益率为负以外，其他各年收益率均为正，年平均加权平均收益率为7.54%，收益可观，但相比投资范围更为广泛的全国社保基金2001—2020年平均8.51%的年化收益而言，相对较低。

根据具有类似性质的全国社保基金的投资实践以及现代投资组合理论，为更好地保障企业年金的保值增值，应进一步扩大企业年金的投资范围和投资领域。一方面,可以借鉴全国社保基金经验,逐步扩大企业年金的投资区域,适时开展企业年金基金的境外投资,以规避单一市场风险和系统性风险;另一方面,应逐步改变企业年金只能在二级市场获取收益、波动较大的现状,更多地进入长期投资领域,充分借鉴全国社保基金及其他发达国家的经验,进一步扩大企业年金投资范围和品种,放开股权投资和固定资产投资,分享整个经济发展带来的红利,提高企业年金的长期投资收益;同时,还应进一步优化企业年金的投资比例限制,充分借鉴相关实践经验,破除客户短期考核限制,提高权益类投资上限,鼓励权益类资产配置。

五 中国职业养老金监管体制设计

(一) 完善中国职业养老金监管体系架构

职业养老金计划具有运作周期长、关联主体多等特征,且委托人、受托人、托管人、投管人以及账管人等不同主体之间存在着复杂的委托关系、信托关系、协作关系等。在这种长周期、关系复杂的职业养老金运营管理过程中,如果仅依靠市场机制,很有可能因为市场失灵导致受益人的利益受损,也就失去了职业养老金计划的初衷。因此,为了保障职业养老金基金的安全,建立职业养老金专业、系统的监督管理体系,对职业养老金运作的整个过程进行监督,是完善职业养老金制度、保障受益人权益的必由之路。

目前中国通过《企业年金试行办法》和《企业年金基金监督管理办法(修订草案)》等一系列规章制度对职业养老金计划的监管体制进行了相应的规定。总体来看,在企业年金计划建立环节,主要由人力资源和社会保障部进行监管,主要对企业年金方案的设立与备案、计划暂停与终止和退出、基金筹集管理和待遇支付等方面进行监管;在企业年金基金运作环节,采取的是人力资源和社会保障部主导的财政部、银监会、证监会、保监会协同合作的伞式监管模式,其中人社部负责审核基金管理机构的资质水平,确定基金管理和运作的具体流程、账户管理系统的设立规范、投资组合要求，并会同银监会、证监会和保监会对遍布银行、基金、信托、保险等各行业的受托人、投管人、托管人和账管人等进行行为监管。除政府监管外，中国企业年金监管还包括外部审计、行业协会以及受益人监管和公众监督等方式。

总体来看，尽管目前中国出台了一系列关于企业年金监管的法规，但尚缺乏一个较为完善的企业年金监管法律体系，具体的规定比较分散，监管细则并不明确，缺乏统一性，使得各部门在行使监管职能时存在权责不明确的地方，导致监管盲区与监管重复的问题同时存在。此外，人社部负责企业年金监管的具体机构为养老保险司和基金监督司，缺乏独立性，而银监会、证监会和保监会因是平级的行政单位，当出现监管冲突时难以有效协调。除此之外，中国企业年金监管过程中，行业协会、受益人以及社会监督等监管作用也尚未完善。

因此，为进一步完善中国企业年金的监管体制，必须首先在分析现有监管矛盾的基础上，通过建立专门的企业年金管理机构，明确企业年金各监管部门的责任架构，加强各部门之间的统筹协调，从而保障政府监管的权威性和有效性。此外，还应加强受益人监管、行业协会监管和社会中介监管的辅助作用，从而形成责任明确、监督全面的职业养老金监管体系架构（见图8-3）。

（二）中国职业养老金计划监管模式选择

第一，融合定量监管和审慎监管模式。从国际发展经验来看，职业养老金基金的监管模式主要包括定量监管和审慎监管两种模式，从投资收益的角度来看，审慎监管的投资收益率往往要高于定量监管的投资收益率；从应用实践来看，具有发达资本市场的英美等国家通常采取审慎监管的模式，而拉美等资本市场相对落后的国家则通常采取的是定量监管的模式。具体而言，定量监管模式下政府通过作出明确的限制性规定，对市场准入进行严格限制，其优点是可以降低受托人选择投资机构的风险，且有利于保障基金投资的

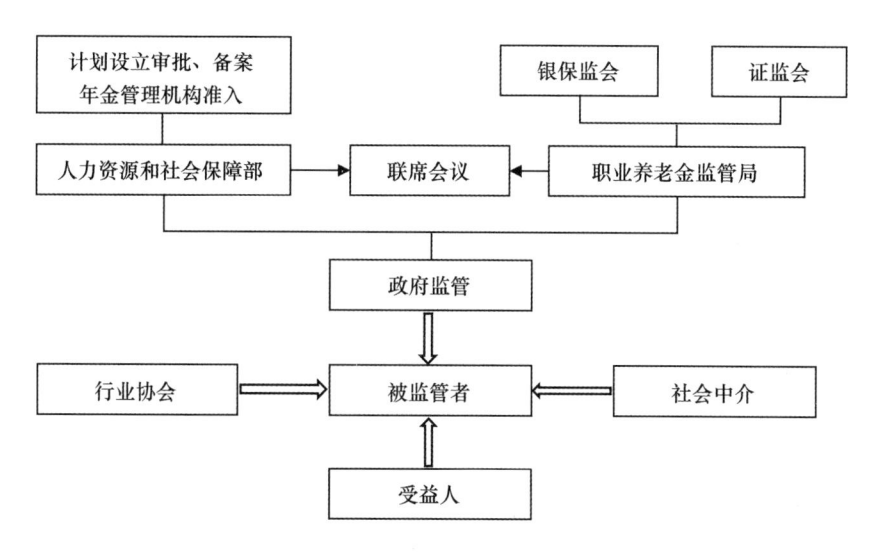

图 8-3 中国职业养老金监管体系架构

安全稳健,但不利于发挥职业养老金基金的主动性,难以通过市场经济的需求做出最有效的投资组合,影响投资效率;审慎监管模式下,投资管理人则通过立法和相关政策规定,对养老金投资机构的准入建立基本的门槛,对投资运营机构的限制较少,要求其像运作自己的财产一样运作养老金资产,这种模式适合资本市场相对完善且中介组织、法律法规比较成熟的国家,优点是投资管理机构可以根据市场发展情况及时做出最有效的投资安排,但往往难以应对金融危机等系统性风险。

目前中国职业养老金的监管模式采取的是定量监管的模式,随着中国职业养老金计划的进一步发展,可以预见中国职业养老金基金规模将不断扩大,为进一步提高投资效率,中国应逐步放弃单一的定量监管模式,渐进式地放松定量的监管限制,融合定量监管和审慎监管的优势,通过信息披露、市场竞争以及中介机构的培育等配套措施的完善,提高投资运营收益。最终,随着中国资本市场的完善,借鉴发达国家经验,过渡到完全的审慎监管模式。

第二,完善信息披露机制。中国《企业年金基金管理试行办法》等法规文件对企业年金信息披露制度建立了基本的框架，但在部分规定上还存在模糊不清等问题，必须进一步完善。一方面，明确不同企业年金运作主体和监管主体在信息披露过程中的责任和义务；另一方面，应建立完善的信息披露渠道，通过相应的法律法规充分明确企业年金基金管理人应定时通过多种渠道向社会和受益人等公开相应的信息，并明确应公开的内容；此外，还应对信息披露方面存在的重大过错或问题承担的法律责任进行明确，以保证信息披露的权威性。只有通过完善的信息披露机制，才能有效防范违法违规行为的发生，降低政府监管的成本，维护受益人的合法权益。

第三，加强中介组织的培育。中介组织不仅是职业养老金建立和运作过程中的重要监督者，而且要对年金受托人、投管人、账管人以及托管人的业务进行审核、精算和风险评估等各个环节承担责任，因此必须加强对中介组织的培育，强化中介机构从业人员的专业水平和素质，为中国职业养老金计划管理和运作的完善奠定坚实基础。

第四，强化监管的法制建设。目前中国职业养老金相关规定主要是部门规章，层级相对较低，没有建立专门的法律制度，制度运作缺乏稳定性和权威性。在职业养老金未来的发展过程中，应不断加强相关法律法规的建设，可以在《社会保险法》等法律规定中对职业养老金的相关规定作出单独的安排，或者探索建立专门的《职业养老金法》，以保证职业养老金制度的长期有效运转。

第三节 中国第二支柱职业养老金制度完善的配套建设

一 加强第二支柱职业养老金立法，创造良好的外部环境

目前关于中国第二支柱职业养老金制度安排还没有完全意义上的法律规定，《企业年金办法》《企业年金基金管理办法》《国务院办公厅关于印发机关事业单位职业年金办法的通知》等是中国职业

养老金计划最高层次的制度安排，人社部 20 号令、23 号令、24 号令、财政部〔2013〕103 号文件以及其他相关部门配套的制度安排都属于部门规章，总体来看，中国职业养老金制度的发展严重缺乏法律意义上的支撑，从而导致单位和雇员对企业年金制度的信任不足，同时，各地方政府根据自身特征制定的地方性法规差异巨大，这不利于实现地区之间的公平，同时也为未来全统一标准的实施留下了隐患。因此，中国亟须借鉴国际经验并结合中国实际，尽快制定《职业养老金法》，或者从顶层设计层面建成包括职业养老金等在内的《社会保障法》，对职业养老金设立、运作和监管等环节从法律上予以明确，从而为职业养老金制度的发展提供良好的外部环境，为职业养老金的治理和受益人权益的保护提供法律保障。

二　健全现代企业制度，营造制度发展的内部环境

企业是职业养老金计划建立的主体，企业制度的健全和完善是职业养老金计划顺利发展的有效保障。健全的现代企业制度可以为职业养老金的顺利发展提供稳定的内部环境。一方面，现代企业制度通常具备着良好的企业治理结构，这直接决定了其管理机制和福利安排，也影响着职业养老金计划的建立和运行，完善的企业治理结构可以保障企业内部行程良好的约束激励机制，可以有效保障职业养老金计划治理机制的完善；另一方面，现代企业制度通常建立了良好的人力资本的激励和约束机制，劳动力是人力资本的重要组成部分，也是企业利润的根本来源，劳动力拥有从企业获取劳动报酬和获得充分的福利保障等方面的权益作为劳动力贡献的回报，现代企业制度良好的人力资本激励机制则可以为职业养老金计划的发展提供通道。目前中国职业养老金计划发展缓慢的重要因素之一也包括广大中小企业现代企业制度尚不健全，因此，为推动中国企业的快速高效运转，必须引导广大的企业建立健全现代企业制度，通过企业治理结构的完善和人力资本管理能力的提高，促进企业业绩提升的同时，为职业养老金计划的发展营造良好的内部环境。

三 降低"五险一金"缴费成本，释放市场发展空间

一是在逐步提高统筹层次和做实缴费基数的情况下，适当降低公共养老金缴费率。中国法定公共养老金的企业缴费费率为16%，但由于中国公共养老金基金的统筹层次偏低，各地根据养老金累计结余情况或保持较高的缴费率，或大幅调低缴费率，不仅不利于地区之间的公平竞争，还容易形成马太效应，加剧地方发展不平衡。因此应进一步加快推进基础养老金全国统筹，根据中央和省级双重架构的方式统筹管理基础养老金，统一各省公共养老金缴费及待遇领取等相关政策，在省级统筹的基础上各地上缴一定比例的养老金形成全国养老统筹基金，在不同省份之间调剂余缺，最后逐步过渡到全国统筹，并以此为契机，在做实公共养老金缴费基数的基础上，适当降低职工公共养老金的缴费率。

二是进一步合并精简原有的"五险一金"制度，降低社会保险总体费率。根据第六章关于中国企业年金计划中企业缴费能力的测算结果，目前由于中国"五险一金"名义缴费率高企，光企业缴费就达到了34%，在很大程度上压缩了企业年金的缴费空间。2017年，国务院印发了生育保险和职工基本医疗保险合并实施的试点方案，未来应进一步整合工伤保险，形成以保障城乡居民健康和消除健康风险为目标的，包括原有的医疗保险、生育保险和工伤保险的综合性健康保险制度（关博，2017），通过集合风险管理，盘活存量基金，提高基金的使用效率，使得单位缴费在原有医疗、生育和工伤保险的基础上有所下降。

第四节 将职业年金和企业年金统一为职业养老金制度的初步思考

职业年金计划于2014年10月1日正式实施，是为配合机关事业单位公共养老金制度改革而设立，旨在提高机关事业单位人员退

休生活待遇的第二支柱职业养老金计划，采取的是强制性的方式，单位和员工共同缴费，其中，对于单位缴费而言，财政全额供款的单位缴费采取记账方式，非财政全额供款单位缴费采取实账积累，所有实账缴费均进入个人账户，记账缴费也在个人账户进行记录。由于职业年金计划本身的特殊性，本书没有重点阐述职业年金的发展问题，但由于职业年金和企业年金在制度建设方面具有一定的相似性，二元的制度发展不可避免又会带来新的双轨制结构，因此，本书对职业年金和企业年金合并为职业养老金制度提出了一些初步思考。

一 职业年金和企业年金具有共同的筹资结构与制度属性

总体来看，职业年金和企业年金计划都是以单位为主导的第二支柱职业养老金计划，目标也都是给雇员提供更高水平的退休保障待遇，且单位雇员的缴费均进入个人账户，二者的制度属性完全一致。除此之外，二者的筹资结构也一致，职业年金中单位缴费为本单位工资总额的8%，个人缴费比例为本人缴费工资的4%，《企业年金试行办法》明确规定了企业缴费不超过上年度职工工资总额的1/12，企业和个人缴费合计不超过上年度职工工资总额的1/6，2017年人社部、财政部联合发布《企业年金办法》调整了企业和个人缴费比例，基本形成了同职业年金相同的筹资比例，二者具备统一的制度基础。

二 职业年金和企业年金并轨有利于制度公平性的实现

职业年金的建立是在机关事业单位公共养老金制度同城镇企业职工公共养老金制度并轨的情况下，为避免机关事业单位职工退休生活水平下降而建立的私人养老金制度安排，采取的是强制性的方式。而同样作为城镇企业职工公共养老金制度补充功能的企业年金制度则采取的是自愿性的方式，在税收优惠力度不足等因素的影响下发展缓慢，在这种背景下，不可避免地再次形成制度的不公，导致新的双轨制。因此，逐步探索将具有相同制度属性和筹资结构的两种职业养老金计划进行合并，有助于养老金体系公平性目标的实现。

三 职业年金和企业年金统一为职业养老金的路径选择

尽管职业年金和企业年金计划在制度属性和筹资结构方面具有共性，但毫无疑问目前二者之间还存在相当大的差异，比如职业年金强制性和企业年金自愿性的差异、职业年金中全额拨款单位记账和企业年金的完全实账的差异等，如何通过求同存异实现制度的有效合并，必须循序渐进，分步实施。

第一，在完善企业年金制度发展的内外部环境的基础上，逐步引入自动加入机制，形成准强制性的企业年金计划。企业年金内外部环境的建设包括公共养老金费率的下调以及其他五险一金降低缴费的安排、税收优惠幅度的提升、投资运营机制的完善，等等。

第二，适时明确财政全额拨款机关事业单位缴费实账积累，避免长期虚账模式带来的系列问题，形成职业年金和企业年金真正完全积累制的制度构造。

第三，逐步将职业年金和企业年金计划的名称统一为职业养老金，在统一初期继续保持职业年金和企业年金的独立核算和运营，逐步打通二者之间转移接续的通道，形成二者自由转移接续的机制，同时逐步统一职业年金和企业年金税收优惠的标准和幅度，并设定统一的税收优惠限额标准。

第五节 本章小结

本章主要在对中国第二支柱职业养老金制度的重要功能和发展前景进行综合判定的基础上，充分借鉴国际经验，从不同的视角提出完善中国第二支柱职业养老金制度的发展方向。具体而言，完善中国第二支柱职业养老金制度必须关注四个核心要点：一是通过建立和明确税收优惠的模式、优惠幅度、优惠规则等方式强化职业养老金制度的激励机制；二是以适时探索自动加入机制和加强中小企业集合年金制度建设的方式推动职业养老金制度扩面；三是依托于放开个人投资选择权、建立合格默认投资工具和保障投资多元化优化中国职业养老金制度的投资运营模式；四是建立系统完善的职业养老金制度监管组织架构和监管模式。除此之外，本章还通过不同视角对第二支柱职业养老金制度完善的配套建设进行了分析，并探索将职业年金和企业年金统一为职业养老金以保障制度公平性进行了系统性思考。

第 九 章

拓展渠道:第三支柱个人养老金改革与完善路径

建立和完善第三支柱个人养老金制度是完善中国养老金体系架构,形成政府、雇主和个人三方责任共担的重要环节之一。在美国、加拿大、澳大利亚等经典型三支柱体系中,国家、雇主和雇员三方责任明确,三大支柱分别发挥政府、企业和个人作用,相互补充,形成合力,为退休人员提供多渠道、可靠的养老保障。

第一节 中国第三支柱个人养老金制度发展的总体判定

一 第三支柱个人养老金是形成养老金体系责任共担机制关键环节

建立和完善第三支柱个人养老金制度是完善中国养老金体系架构、形成政府、雇主和个人三方责任共担,实现整个养老金体系长期可持续发展的关键。个人养老金制度的建立和发展是发挥个人养老责任的重要体现,中国早在20世纪90年代就提出了建立政府、单位和个人责任分担的多层次养老金体系,尽管近年来在中国养老金体系改革中都不同程度地体现了政府、单位和个人责任,但总体来看,政府兜底的公共养老金制度一支独大,通过统账结合的制度设计将不同主体的责任混杂,导致个人账户空账问题日益严重,使得个人责任难以得到有效发挥，不利于整个养老金体系的发展；而单位主导的企业年金、职业年金制度虽然在不同程度上面临着各自的问题，但至少已经在制度上基本成型；第三支柱个人养老金制度仅在部分地区试点，尚未推开，在很大程度上导致个人责任的缺失，不仅不利于不同主体的责任分担，也不利于通过制度化的安排激励个人通过多元化的方式提高养老金水平。

第三支柱个人养老金的建立既是为了激励人们形成长期有效的风险防御意识，也是为了通过制度化的设计，为公民养老提供长期的规划，保障公民在年老时拥有体面的生活。从发达国家经验看，虽然个人养老金制度是个人自愿建立、自己缴费形成的完全积累型个人账户，但是，当个人面临一些特殊的情况或难题，如紧急的大额医疗支出、首套房购房支出、子女教育支出等情况下，个人可以通过申请，临时提取前期积累的养老金，用于支付这些支出，当情况扭转时再将提前支取的养老金补回原来账户，从而在满足公民长期养老规划的同时，兼顾其短期需求。

同时，在人口老龄化需求压力和养老金存量供给之间的差距日益加大的趋势下，第一、第二支柱养老金"消除贫困、提供基本养老保障"已不能满足人民对美好生活的追求。为此，有些国家居民选择储蓄养老作为补充，但储蓄收益一般很低，难以实现保值增值。通过第三支柱养老金制度的建立，可以有效集合该部分储蓄资金，将资金交给专业人士投资以实现保值增值，实现储蓄养老向投资养老的转变。

二 第三支柱个人养老金是为国民提供更高水平养老金待遇的重要补充

第三支柱个人养老金制度建立的首要目标就是作为私人养老金提高老年人的养老金待遇水平。个人养老金制度通常采取的是个人自愿参加、基金完全积累并通过市场化投资保值增值。从国际经验来看，自愿性的养老金制度的发展壮大，最有效的激励措施就是通过税收优惠。通常个人养老金计划更具有普惠性和普适性，重视对非正规企业员工的覆盖,第三支柱为他们提供了重要的养老金来源。英国个人养老金主要面对众多中小企业、大量个体工商业者、自雇人士和非常规就业者;美国个人养老金计划面向所有劳动者,特别适用于中等收入及个体经营者;德国个人养老金纳入了自雇型劳动者。中国第三支柱个人养老金制度可以借鉴国际上不同的税优方式,扩大第三支柱个人养老金的参与人群,将更多的人纳入私人养老金的范畴,提高其养老金待遇水平。

第三支柱个人养老金制度的重要功能之一是将灵活就业者和个体劳动者纳入到制度化的私人养老金体系中来。私人养老金制度包括由雇主主导的职业养老金计划和个人主导的个人养老金计划,雇主主导的职业养老金计划的一个重要局限就是无法将灵活就业人员以及个体劳动者纳入制度体系中来,这无疑会将不少群体排除在制度化的私人养老金计划之外。个人养老金计划则是个人主导,不受就业情况的制约,可以将有意愿的人群通过不同的激励手段纳入制度中来,以实现第二、第三支柱养老金制度各有侧重,从而推动中国私人养老金体系的完善。

从目前来看,中国第一支柱公共养老金转移接续已无太大障碍,由于第二支柱由雇主主导建立,雇员面临着职业转换过程中的转移接续问题,账户资金不能随着单位流动。第二支柱中企业年金是企业主导、自主建立,职业年金针对机关事业单位职工带有一定的强制性,当职工从有职业年金的单位流动到没有职业年金的单位时,其职业年金账户的基金无法随之转移积累,在很大程度上会影响参与职工的保障权益。第三支柱个人养老金则是以个人为主导自愿建立的个人账户制养老金,当第二支柱职业年金发生变动时,第三支柱个人养老金账户可以成为职业年金账户的承接账户,账户资金随个人流动,不受职业转换影响,从而保障参与者的合法权益。这样,以账户制为核心的第二支柱员工个人保留的账户资产,就可以转入同性质的第三支柱的个人养老账户,这种转换功能能够解决职工流动、离职等原因造成的第二、第三支柱个人账户重叠管理现象，既可以降低管理成本，也利于第二、第三支柱个人归属权益账户的"背包式"管理。

三 第三支柱个人养老金制度是促进资本市场完善的压舱石

长期以来，由于养老金体系不完善，国民以养老为目的的金融资产一部分用于银行存款和银行理财，无助于中国"降低间接融资，增加直接融资"的金融结构调整，金融体系将储蓄转化为实体投资的功能严重不足，同时也只能获取低于社会平均回报率的较低收益。还有一部分养老金融资产以散户形式无序流入股票市场，博取短期价差，容易发生追涨杀跌现象，不但不能发挥养老资金长期属性获取合理收益，还可能导致资本市场波动剧烈，不利于其长期健康发展。而建立第三支柱，能够将国民养老需求从个人散户投资中分离出来，通过专业资产管理机构参与资本市场获得合理收益，更有力地支持实体经济发展。

三大支柱需要用于应对不同的风险：第一支柱通过代际转移筹资来为老年人提供最低水平的长寿保险，主要应对个人短视风险、低收入风险，但典型的现收现付制容易受到老龄化和政治风险的影响；第二支柱积累资金的管理和投资以市场为基础，使个人免受政治风险的影响，但强制性年金化可能面临金融市场波动和较高交易费用的风险及长寿风险；相比而言，第三支柱形式比较灵活，可在一定程度上补偿其他支柱设计僵化的缺陷。因此，第三支柱个人养老金的建立不仅增强了养老保障体制应对风险的能力，也让养老资金成为机构投资者和资本市场更稳定的中坚力量。

第二节 中国第三支柱个人养老金的制度模式选择

一 第三支柱个人养老金产品制与账户制：两种模式的比较

（一）第三支柱个人养老金产品制与账户制的含义及其区别

当前，世界上许多国家都建立起了多支柱养老金体系，通过国家、单位和个人责任分担为老年人提供充足的养老金待遇。其中，在人口老龄化的影响下，政府提供税收激励政策引导、个人自愿参与的第三支柱个人养老金计划越来越成为国际主流。第三支柱个人养老金制度是以个人为主导自愿建立、国家提供税收优惠的养老金制度。从理论上讲，第三支柱个人养老金制度可采取两种模式：一种是产品制，即金融机构建立具有长期养老功能的养老金产品，报监管部门审批后，可由个人自愿购买，同时享受国家的税收优惠；另一种方式是账户制，即个人通过金融机构设立专门的实名制个人养老金账户，作为第三支柱载体，个人购买的合格的第三支柱养老金产品均进入到该个人税延养老金账户中，并享受税收优惠，同时投资产品选择、权益记录等活动都基于账户展开。

（二）第三支柱个人养老金产品制与账户制各自的优缺点

产品制的第三支柱个人养老金制度的优点在于操作简单，只需由监管部门对合格的养老金产品进行审批或者建立动态调整的合格的第三支柱养老金产品库，由个人选择购买，个人购买的养老金产品享受相应的税收优惠；其缺点在于，第三支柱在提高个人养老金水平目标的同时还应兼顾公平性，产品制的第三支柱养老金制度适合对某一类养老金产品进行税收优惠限制，当个人选择不同的养老金产品时可能会享受多次的税收优惠，不利于制度公平性的实现。

账户制的第三支柱个人养老金制度的优点在于个人可以通过这一具有唯一性的个人养老金账户实现税收优惠的享受、个人投资选择以及全部权益记录等功能，同时所有符合条件的第三支柱个人养老金产品都会进入到这个个人账户中，在一定金额的范围内享受税收优惠，且无论在哪个环节征税，都可以避免重复征税问题，确保了养老金制度的公平性，与此同时账户形式的第三支柱养老金可随个人工作变动随时转移；其缺点在于制度设计相对复杂，涉及的机构众多，协调困难。

(三) 第三支柱个人养老金制度模式的发展趋势

从国际经验来看，建立具有唯一账号的个人养老账户体系是第三支柱养老金制度的主流，即个人在税收优惠情况下购买符合条件的第三支柱的养老金产品，进入唯一的、实名制建立的账户中。账户集缴费、投资、待遇领取和纳税功能于一身，以保证税收征管和相关监督的顺利实施，并在此基础上实施账户积累制，以准确记录账户持有人的储蓄和投资记录，同时可以保证税源不流失。国外第三支柱较为发达的美国、澳大利亚、英国、智利等国家，无一例外都采取了账户制模式。美国、澳大利亚第三支柱的名字直接称为"个人退休账户"（Individual Retirement Account）。这些国家都是以个人养老金账户为载体，鼓励民众通过 IRA 账户、ISA 账户和基金制个人账户进行个人养老储蓄，实现个人养老金积累，同时对账户实施信托型管理，有效保证了账户的可操作性，从而建立和发展了本国养老金体系的第三支柱。

二 中国第三支柱个人养老金采取账户制的必要性

(一) 账户制可以有效提高第三支柱个人养老金制度的吸引力

第三支柱个人养老金制度通常是个人自愿参与的，政府提供税收优惠，实行完全积累的个人账户形式，个人可以参与到账户资金的投资过程中，并可以实时掌握账户资金的积累、收益情况，从而可以更好地提升制度的吸引力。同时，账户制有利于厘清各方责任，增强国民自我养老意识。第三支柱采取账户制下的信托模式治理结构，有利于厘清政府和个人养老责任，减轻国民对国家和社会养老的过度依赖，同时通过专门的个人养老金账户，能培育个人对养老责任的认知，提高个人的自我养老意识和参与度，增强国民自我养老保障能力。

(二) 账户制可以有效承接积累型养老金待遇的转移接续

账户制以个人为载体，具有独立性，可随个体进行转移、携带,甚至退出。同时,第三支柱个人养老金账户的建立无须任何条件的限制,而第二支柱职业养老金虽然通常也是积累型的账户制,但需要依托于单位,这就将无单位的群体排除在制度之外,而且当雇员由具有职业养老金的单位流动到没有职业养老金的单位时,就难以通过第二支柱的养老金账户进行衔接,这时以个人为主导的养老金账户就可以发挥账户的优势,为DC计划的转移接续提供条件,提高制度灵活性,有利于劳动力流动和劳动力资源配置,同时保障参与者的合法权益。

(三) 通过账户制可以有效保障税收优惠的公平性和效率

个人账户的设立通常要求实名制且具有唯一性,缴费、投资和待遇领取基于这一具有唯一性的账户,这就可以保证所有符合条件的第三支柱个人养老金产品最终都会进入到账户中累计计算。税收优惠指向账户,一方面,可以避免面向产品的重复税收优惠问题,同时缴费在同一个账户中积累也可以避免重复征税,从而保障税收征管和相关监督的顺利实施,并在此基础上实施账户积累制,以准确记录账户持有人的储蓄及投资记录,保障税源不流失;另一方面,有助于税务部门精准掌握参加者的真实收入情况,进一步完善个人所得税征缴机制;此外,对工资实际情况的准确了解也有利于实现社会保险缴费基数的真实化,最终促进社会保险缴费和待遇发放的准确化。

三 中国第三支柱个人养老金账户制的初步构想

(一) 设立具有唯一性的识别的个人账户

国际通行的是个人综合税制,个人一般可以在银行、共同基金、保险公司或者信托公司开设自己的个人养老金账户,账户开设机构将个人的缴纳额提供给税务部门,以便税务部门统筹核算个人在所有个人养老金账户中的免税额合计是否已超过规定的总额上限。中国可以基于居民身份证,每位参加者只能开立一个账户,以保证对缴费、投资和收益以及税收优惠的计算。

(二) 依托多方载体提高第三支柱个人养老金的覆盖面

第三支柱个人养老金账户应该让有意愿为自己的储蓄养老金的个体均有参与的条件，以扩大覆盖面，充分发挥补充养老保障的作用，特别是给尚未纳入第二支柱的社会成员提供一个带有激励性质的自我养老渠道。因此，账户设立应该具有高度便利性和灵活性，从这个角度出发，可以考虑以银行和证券公司为账户设立载体，一方面银行和证券公司业务网点众多，便于国民参与；另一方面银行和证券公司在账户管理方面经验丰富，能应对各种大数据信息。

(三) 依托社会保障卡建立第三支柱个人账户信息平台

账户制的核心之一是实现交易积累和税收征收。可以将人力资源和社会保障部发放的全国统一的社会保障卡作为第三支柱数据记录和交互的底层平台。这是因为，在社会保障卡的统一账户平台上建立个人养老金账户能够确保其唯一性，也便利与税收部门的信息管理系统进行对接。而且通过社会保障卡建立个人税延养老金账户还具备多重优势：一是社会保障卡逐步融入的金融功能有利于第三支柱个人养老金的管理和运作，且其强大的后台支持系统可以为账户的管理和运作提供良好的技术支撑，能够减少单独建立个人税延养老账户平台的成本，也利于养老账户平台稳定高效运作。二是社会保障卡的业务覆盖全国，且具有统一性，不论是个人税延养老账户试点期间还是全国范围内实施，社会保障卡都能随时提供支持，与之对接。三是社会保障卡系统可以实时掌握个人的工作和退休状态，在个人退休验证、身份校验等方面具有天然优势，而且通过社会保障卡的平台也方便进行账户监督、查询等各项工作。

第三节 中国第三支柱个人养老金制度财税激励机制

从国际经验来看，税收优惠政策模式的选择及其优惠力度的安排是激励个人自愿参与第三支柱个人养老金计划的重要激励机制，也在很大程度上决定了第三支柱个人养老金计划的发展规模。在具体实施上,则涉及税收优惠模式的选择、税收优惠力度的确定等一系列问题。中国应在借鉴国际经验的基础上,结合中国企业年金税收优惠的实践情况,探索出适合中国实际的第三支柱个人养老金税收优惠方案。除税收优惠外,不少国家还通过财政补贴的方式激励低收入人群参与到第三支柱个人养老金计划之中,在目前中国还有相当大一部分群体尚未达到个税起征点的背景下,探索财政补贴激励个人参与也是值得考虑的一种方案,其本质同税收优惠是一致的,都是通过牺牲一定的财政收入实现激励作用,在一定程度上还可以降低税收优惠带来的累退效应。

一 探索和建立 EET 和 TEE 相结合的税收优惠激励机制

(一)确定合理的第三支柱个人养老金税收优惠核心要素

税收优惠是第三支柱个人养老金制度建设和发展的重要推动力量,在建立合理的税收优惠激励机制前,必须在借鉴国际经验的前提下,充分依托中国国情,明确中国建立第三支柱个人养老金税收优惠政策应该关注的核心要素。

第一,要明确第三支柱个人养老金税收优惠政策的人群范围,即对谁优惠,也就是第三支柱个人养老金计划应覆盖哪些人群。第三支柱个人养老金计划是在公共养老金制度之外实施的制度化安排,旨在为广大国民提供更高水平的退休生活保障,采取的是自愿原则,应将全体符合条件的国民均纳入进来,尤其是应重点为灵活就业者、无工作者及其他没有被第二支柱职业养老金覆盖的群体提供参与第三支柱个人养老金计划的机会。

第二,要明确第三支柱个人养老金税收优惠政策的标的物和实施载体,即优惠什么。税收优惠的目标是激励个人参与第三支柱个人养老金计划,也就是说,税收优惠的是个人,而不是个人身上附属的其他任何内容,符合条件的计划参与者均有权利享受相应的税收优惠。上文已经分析第三支柱个人养老金应采取账户制的建制模式,个人通过购买以养老为目标的养老金融产品均可以进入到第三支柱个人账户中,通过统一的个人账户对接税收优惠的政策,以保证税收优惠的公平性,避免个人通过购买不同金融机构的产品进行避税。

第三,要明确第三支柱个人养老金税收优惠的实施模式,即如何优惠,优惠多少。由于中国目前不同人群之间在收入等方面均存在较大差异,对税收优惠模式和优惠程度的敏感性也存在不同,因此应探索多元化的税收优惠模式,满足不同人群的税收优惠需求,更好地激励个人参与第三支柱个人养老金计划。

(二) 明确建立 EET 和 TEE 相结合的税收优惠激励模式

合理的个人养老金税收优惠政策必须同时满足两个目标,一是有效激励个人参与第三支柱个人养老金计划,提高老年退休生活水平;二是不会对政府税收收入和财政支出产生太大负担。要同时实现这两个目标,选择合适的税收优惠模式就显得尤为重要。

第一,EET 递延型税收优惠模式应作为中国第三支柱个人养老金计划的主要税收优惠激励模式。EET 个税递延型的税收优惠模式是被诸多国际经验证明的第三支柱个人养老金计划的有效激励方案,目前,第三支柱个人养老金计划覆盖率位于前 8 位的国家均采用了 EET 个税递延型的税收优惠模式(张晶 2011)。其具体方案设计如下:①在缴费阶段,个人购买符合条件的第三支柱个人养老金产品均可纳入个人税收递延型个人账户,可以享受税前列支,这就意味着个人当期应税收入的下降,从而可以降低个人所得税负担。但为避免高收入人群借此进行避税影响税收的公平性,需要将个人账户的税收优惠额度进行限制,具体优惠额度将于后文进行测算。②在投资阶段,对个人账户中积累的养老金投资收益暂不征税。③在领取阶段,受益人可以选择不同的领取方式获得待遇,并根据个人所得税的要求缴纳个人所得税。EET 模式的税收优惠之所以具有较大的激励作用是由于在缴费和投资阶段,个人收入通常较高,面临着较高的税收支出负担,税前列支的个人养老金缴费以及投资阶段的免税安排可以减少个人税收支出,到待遇领取阶段,个人收入通常较低，需要缴纳的税费也相对较低。近年来，部分地区探索第三支柱个人养老金计划试点时采取的正是EET的税收递延模式，但由于同中国目前的税制存在一定冲突等问题的存在，试点模式一再搁浅。但可以看到的是，试点为中国第三支柱个人养老金计划的实施探索出了一些经验，也总结了相应的教训，随着税制改革的完善以及其他配套措施的推进，中国EET税收递延模式的个人养老金制度障碍将逐步得到清除。

第二，TEE税收优惠模式应作为中国第三支柱个人养老金计划的税收优惠激励模式的共同选择。除与目前中国税制存在一定冲突之外，EET递延型税收优惠模式的另一个局限性在于对低收入者的激励作用有限，尤其是在中国个人所得税起征点逐步提高的背景下，个人所得税纳税人规模相对不高。因此，可以在实行EET延税型个人养老金计划的同时，设立TEE型税收优惠模式，不少国家如美国、智利等也建立了EET和TEE并行的个人养老金计划的税收优惠模式。具体方案是，①在缴费阶段，个人以税后一定额度给个人账户缴费，这样在缴费阶段就不会受到现行税制的约束。②在投资运作阶段，该模式下的个人账户的投资收益享受免税待遇。③在领取阶段，受益人在领取该账户的养老金待遇时也享受免税待遇。这种税收优惠模式的激励性主要体现在对于低收入群体而言，相当于具有免税或者较低缴税的功能，即低收入者大都没有达到个人所得税的起征点或高于起征点很少的地方，这部分群体税后缴费其实享受的是免税待遇或者只需缴纳很低的税费，因此对于低收入者具有一定的吸引力。当然，在这种模式下，高收入者有可能借此逃避投资收益税，这一点可以借鉴美国相关实践经验，美国Roth IRA计划采取的是TEE的税收优惠模式，只有当收入在一定水平之下，才有资格参与Roth IRA账户，高收入者不能参加该计划，具体而言，美国针对不同类型的家庭收入水平，制定了TEE个人账户的缴费上限（见表9-1），较好地平衡了税收优惠的激励和公平性问题。中国在引入TEE税收优惠账户时，可借鉴美国经验，根据个人或家庭收入情况制定不同情况的缴费限额，并严格限制高收入人群的参与。

表9-1　　　　　　　　　2015年Roth IRA账户缴费金额

申报纳税身份	年收入水平W（美元）	可缴费金额
已婚联合申请或者符合条件的寡妇（鳏夫）	W<186000	可达到上限
	186000≤W<196000	小于上限的相应数量
	W≥196000	0
已婚单独申请而且和配偶一起生活	W<10000	小于上限的相应数量
	W≥10000	0
单身、户主、已婚单独申请而且没有和配偶一起生活	W<118000	达到每年上限
	118000≤W<133000	小于上限的相应数量
	W≥133000	0

注：目前美国Traditional和Roth IRAs税优缴费总额上限为5500美元（50岁以上为6500美元）。

资料来源：美国国税局，https://www.irs.gov/retirement-plans/amount-of-roth-ira-contributions-that-you-can-make-for-2017。

（三）设计合理的税收优惠比例或额度

个人养老金作为养老金体系的组成部分，其发展和运作过程需要兼顾激励性和公平性。在税收优惠设计方面，对于其具体的优惠需要采取相应的比例或额度限制，如果采取比例限制，则收入高者会享受更高的税收优惠，不利于公平性的实现，必须辅之以额度限制，但此时比例的限制已经没有任何意义了，因此建议中国个人养老金计划的税收优惠直接采取金额制的方式，即个人在一定的额度范围内可以任意缴费，这一方面可以带来操作层面的便利性，另一方面有利于监管。关于个人养老金计划税收优惠具体限额的确定则需要综合多方面的因素：

一是个人养老金计划的替代率。通过借鉴国际经验并依托中国实际情况，确定中国第三支柱个人养老金计划的替代率目标，然后根据工资及其增长率、利率、缴费年限、参与率等因素，测算出要实现该目标替代率应该实现的缴费额度。

二是财政的承受能力。在制定第三支柱个人养老金计划的税收优惠额度时要兼顾税收优惠政策的吸引力和财政的承受能力。一方面，通过统筹考虑中国财政可以承受的养老金体系税收优惠的总体情况，然后减去第一支柱和第二支柱养老金的税收优惠，确定第三支柱个人养老金计划所剩余的税收优惠额度；另一方面，可以通过不同额度的税收优惠对中国个人所得税收入影响的敏感性测试，确定最优的税收优惠额度。此外，还可以综合考虑第三支柱个人养老金计划产生的经济杠杆和养老金储备杠杆效应，选择相应的税收优惠额度。

三是可以借鉴国际经验，通过税收优惠额度与人均收入水平的占比情况，确定中国相应的第三支柱个人账户税收优惠额度。以美国为例，50岁以下个人IRA账户的税收优惠年度限额为5500美元，约占其年人均收入（43460美元①）的12.66%。以中国北京市为例，北京市2016年职工月平均工资为7706元，借鉴美国税收优惠比例，为便于操作，每月税收限额可以划定在1000元左右，为保证全国的一致性以及税收优惠的公平性，可以将第三支柱个人税收优惠限额确定为1000元/月②，这一限额可以根据经济发展水平和人均收入变化情况定期或不定期调整。

二　对符合条件的低收入人群可探索直接财政补贴的机制

第三支柱个人养老金计划的目标是为广大国民提供公共养老金以外的补充养老待遇，与职业养老金必须以单位为主导不同，个人养老金可以由本人自主、自愿选择建立，并享受相应的税收优惠等政策激励，其制度设计应保证全体国民均有机会参与到该制度中

---

① 社保查询网：《2017年美国平均工资多少美元？》，http://www.chashebao.com/shebaotiaoli/17770.html。

② 北京是中国平均工资相对较高的城市，这一税收优惠限额基本可以满足不同地区不同人群的需求。

来。不同模式税收优惠是对个人养老金计划的有效激励措施，但对于低收入人群而言，税收优惠的激励往往是无效的，这就会导致税收优惠只优惠了富人，与个人所得税法高收入多缴税、低收入少缴税的原则相背离，这也是目前第三支柱个人养老金计划税收优惠政策面临争议的重要因素之一，也是目前企业年金制度广受诟病的原因。

从国外经验来看，为避免税收优惠政策带来的不公平和累退效应，不少国家探索了国家财政补贴的方式，提高低收入者第三支柱个人养老金计划的参与率。以德国为例，为激励德国全体国民参与第三支柱个人养老金计划，德国建立了李斯特养老金计划，该计划享受的国家补贴分为两种，一种是国家的直接财政补贴，另一种是免税的"特别支出"。其中享受直接财政补贴的参保人，必须将收入的一定比例用来购买相应的第三支柱个人养老金产品，2008 年之后比例固定为净工资的 4%，具体额度限定在 60 欧元—500 欧元，国家据此给个人参与者及其子女相应的补贴，具体补贴情况见表 9-2。除直接财政补贴外，德国还通过税收减免的"特别支出"方式进行第三支柱个人养老金的激励，具体最高的免税额度根据具体的物价指数等标准不断调整。

表 9-2　　德国李斯特养老金计划基础财政补贴和免税"特别支出"额度变化情况

时间	直接财政补贴			免税"特别支出"
	储蓄率（%）	基础补贴（每人/欧元）	子女补贴（每名子女/欧元）	最高免税额（欧元）
2002—2003 年	1	38	46	525
2004—2005 年	2	76	92	1050
2006—2007 年	3	114	138	1575
2008 年后	4	154	185（300）	2100

资料来源：根据彭雪梅、刘海燕等《关于个税递延型养老保险的社会公平问题探讨》整理。

除德国李斯特养老金计划外,智利于 2008 年引入"TEE + 政府补贴"的自愿退休储蓄计划 (APV),相比 2008 年之前仅有的税收优惠而言,第三支柱个人养老金计划的参与率有了大幅度提升;新西兰于 2007 年引入"ETE 税收优惠 + 政府补贴"的 KiviSaver 计划,同样大大提升了第三支柱个人养老金计划的参与率。这些国家的经验表明,政府补贴可以拉动低收入者、非正规就业者和年轻人尽早加入到个人退休储蓄计划中,促进提高第三支柱个人养老金计划的参与率。

就中国实际而言,还有包括城乡居民等在内的相当大一部分群体的收入尚未达到个人所得税的起征点,因此,单纯的税收优惠很难对其产生激励作用,政府可以考虑参考城乡居民基本养老保险制度中的个人账户,给予参与第三支柱个人养老金计划的国民一定的财政补贴,鼓励其参与到该计划中来,通过制度化的安排,激励广大国民为自己积累更多的养老金储备。当然财政补贴制度的实施必须要解决两个重要问题:一是低收入人群的确定,中国政府目前尚未掌握国民的真实收入情况,存在低收入人群核实困难的问题;二是补贴的额度和财政承受能力的匹配问题需要进一步测算确定。

总体来看,激励机制的设计是第三支柱个人养老金计划建立和发展的关键环节,激励性和公平性是机制设计必须兼顾的两个因素。中国在建立第三支柱个人养老金计划激励机制时必须保障税收优惠对不同人群的激励性,又必须防止税收优惠累退性带来的负面影响,因此,通过多元化的税收优惠和财政补助的方式是中国第三支柱激励机制的重要路径。对符合一定条件的低收入人群可以采取直接财政补贴的方式,对于中等偏低收入者而言 TEE 前段征税的吸引力可能更大,而对于中高收入者来说 EET 的税延激励效应可能更大,通过不同模式的灵活设计,供计划的参与者根据自身需求进行选择,以保障不同人群均有机会参与到第三支柱个人养老金计划中来。

第四节　中国第三支柱个人养老金制度的产品供给

一　第三支柱个人养老金融产品概述

从国外实践来看，并不存在统一的第三支柱养老金的特定产品。比如美国、加拿大等国家，除了少部分限制外，允许投资者在全市场范围选择现有金融产品，包括银行理财、共同基金、商业保险、股票等。仅有一部分国家和地区专门创设了针对私人养老金的金融产品类别，倡导或者要求某类养老金定向投资于该类养老型基金产品，比如澳大利亚和智利。

总体来看，是否设立专门针对私人养老金的产品类别，主要取决于以下几方面因素：一是金融业和资本市场发展程度。以美国为例，美国股市呈现"牛长熊短"的特征，监管体系完善，长期来看共同基金等金融产品能够实现稳健良好业绩表现。而智利属于新兴国家，资本市场发展相对滞后，金融风险相对较大，个人直接参与各类产品投资面临较大风险。二是投资者教育和投资顾问发育程度。美国资产管理行业中，投资顾问体系发达，投资者教育充分，因此，尽管美国市场金融产品类型丰富，数量众多，在养老基金投资方面没有进行过多限制，也不会对个人养老金资产造成选择困难以及较大风险。相对而言，智利等国在投资教育、信息获取、投资决策以及投资顾问等方面发展相对缓慢。如果对养老金融产品不做限制，则投资者在选择时将面临较大困难。因此，需要从政府角度帮助个人实现第一层次的筛选，以帮助投资者选择与其风险收益特征匹配的产品，从而更好地实现养老资产的稳健保值增值。

（一）产品分类

从国外来看，第三支柱对接养老金融产品涵盖保险、基金、银行等多个类别，从不同维度可有不同类别划分。从产品风险与收益角度讲，可分为资管类产品、风险保障类产品和储蓄型产品。资管类产品指的是资产管理行业发行的净值型、信托模式、第三方托管模式的投资属性突出的产品，典型例子是公募基金。从中国来看，还包括商业养老保险C类产品，也包括未来银行公募理财产品。风险保障类产品指的是具备保险功能的养老金融产品，主要指商业保险。储蓄类产品指的是预期收益特征的存款类产品。

从产品功能定位来看，可以分为配置型产品和工具型产品。配置型产品指的是通过单一投资方式为投资者提供多元化的专业投资组合，从而满足其养老投资需求，本质是一种一站式养老需求解决方案。比如养老目标日期基金、养老目标风险基金等。工具型产品的自身养老属性偏弱，但是可以作为参与者进行养老财富管理和配置的底层资产和工具的金融产品，包括银行理财产品、各类基金产品、商业保险产品等。

（二）中国第三支柱产品实践

《关于开展个人税收递延型商业养老保险试点的通知》明确一年试点期内，商业养老保险参与试点；试点期满后，将公募基金等产品纳入个人商业养老账户投资范围。因此，保险和基金行业都进行了前期产品准备。

1. 养老保险产品

2018年4月，银保监会专门颁布了《个人税收递延型商业养老保险产品开发指引》（银保监发〔2018〕20号）。根据税延养老保险产品积累期养老资金的收益类型，该指引将产品分为收益确定型、收益保底型、收益浮动型，分别对应A、B、C三类产品。

A类产品，即收益确定型产品，是指在积累期提供确定收益率（年复利）的产品，每月结算一次收益。

B类产品，即收益保底型产品，是指在积累期提供保底收益率（年复利），同时可根据投资情况提供额外收益的产品，每月或每季度结算一次收益。根据结算频率不同，分为B1类产品（每月结算）和B2类产品（每季度结算）。

C类产品，即收益浮动型产品，是指在积累期按照实际投资情况进行结算的产品，至少每周结算一次。

根据第三支柱的产品职能划分，可知 A 产品和 B 产品属于风险保障类产品，C 产品属于资产管理类产品。

2. 养老目标基金

2018 年 2 月 11 日，证监会发布《养老目标证券投资基金指引（试行）》。养老目标基金是基金业参与养老金第三支柱的专门产品，是指以追求养老资产的长期稳健增值为目的，鼓励投资人长期持有，采用成熟的资产配置策略，合理控制投资组合波动风险的公开募集证券投资基金，主要分为养老目标日期基金和养老目标风险基金两类。美国、英国、中国香港等均将目标日期基金和目标风险基金作为养老金计划的默认投资产品，根据个人投资者的生命周期、风险偏好等进行动态配置，不仅减少投资者的选择困难，提高投资积极性，同时真正为投资者带来长期稳定回报，满足养老需求。从前述分类来看，养老目标基金属于典型的资产管理产品，其中养老目标日期基金属于配置型产品，养老目标风险基金属于工具型产品。

二 第三支柱个人养老金融产品发展思路

（一）产品设计原则

1. 第三支柱养老金融产品体现政府财税支持

基于前文的分析可以看出，在第三支柱养老金融产品的运作流程中，无论是 EET 模式还是 TEE 模式，中间的投资环节都是免税的。政府让渡了个人养老金投资环节的资本利得税，本质上是对第三支柱养老金融产品让渡了税收。

2. 第三支柱养老金融产品体现机构长期服务

第三支柱个人养老金对长期性、安全性和收益性的要求，在一定程度上规范了金融机构提供的养老金融产品的特性。对于机构而言，养老金融产品的提供，本质上体现了金融机构积极承担社会责任、推进多支柱养老金体系建设的重任。因此，产品在设计时要综合考虑产品的公益性与经营机构的营利性，即在产品设计时在费用收益分配方面尽量给到参与人最大实惠的同时，也一定程度上兼顾经营机构及销售团队具有较高的积极性。与其他纯商业业务不同，商业机构参与第三支柱养老金得到了政府税收激励。相应地，产品供给时要综合考虑经营机构的营利性与产品的公益性，即在产品管理费率等方面给予个人养老金参与者特殊优惠，体现公共性。

3. 第三支柱养老金融产品体现个人自愿投入

第三支柱个人养老金制度是个人自愿参加的制度安排，个人自愿参加意味着个人让渡了个人的资金近期支配和使用权，以换取年老时的退休收入保障。这就要求第三支柱养老金融产品必须以较高的投资收益率作为补偿才会对参与人产生较高的吸引力。

4. 产品设计要有针对性，瞄准养老定位

存续时间长、缴费持续稳定是第三支柱的最大特点，根据养老资金的属性，产品期限设计应以中长期限为主，保证养老资金长期保值增值的投资需要。因此，第三支柱产品应该充分考虑上述特性，充分发挥养老金长期资金优势。这就要求产品在设计理念、投资策略、费率结构等方面都能够瞄准养老定位，鼓励长期持有。

5. 产品设计要灵活友好，保障转换和赎回需求

从国外第三支柱设计来看，第三支柱投资过程长达几十年，其间参加者的风险偏好、市场欢迎、产品表现等可能发生变化，这就要求产品设计灵活简便，满足调整和转换产品的需求。另外，在支取端看，除了养老时支取外，也允许参与人在面临疾病、购房、教育等紧急需求时从第三支柱借款，这就需要第三支柱产品具有申述方便或者质押等提现功能。

6. 赋予个人充分的投资选择权

目前第一、第二支柱的管理决策权分别在国家、企业手中，在进行投资范围、投资产品选择时，很难平衡所有参加者的人群利益、行业特征。只有做到"谁的资金谁投资"，回归个人管理，才能够有效提高投资效率，匹配每个个体的风险收益。因此未来随着第三支柱个人养老金体系的逐步建立，我们应充分利用互联网技

术,搭建丰富多样的产品库平台,使个人拥有更多的选择权。丰富的产品库是智能化养老资产配置服务得以有效发展与应用的市场前提。

(二) 产品选择逻辑

在第三支柱养老金融产品的选择逻辑方面,有两种不同的产品选择逻辑方式,可简单称为固定产品模式和灵活配置模式两种,如图9-1所示。

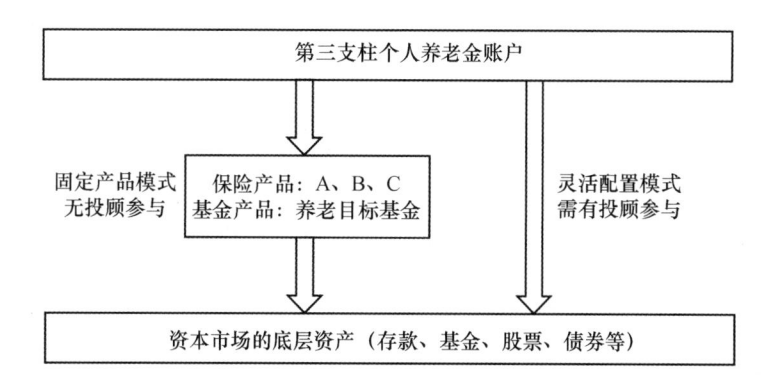

```
            ┌──────────────────────────────┐
            │      第三支柱个人养老金账户      │
            └──────────────┬───────────────┘
                           ↓
固定产品模式    ┌──────────────────────┐    灵活配置模式
无投顾参与    │ 保险产品:A、B、C     │    需有投顾参与
              │ 基金产品:养老目标基金 │
              └──────────┬───────────┘
                         ↓
            ┌──────────────────────────────────┐
            │ 资本市场的底层资产(存款、基金、股票、债券等) │
            └──────────────────────────────────┘
```

图9-1 第三支柱养老金融产品选择逻辑

固定产品模式是指,享受税延优惠政策的第三支柱个人养老金账户中的资金,可直接购买经监管部门认可的第三支柱养老金融产品,如银保监会批准的A、B、C类保险产品,证监会批准的养老目标基金产品。固定产品模式下,个人可直接购买具体产品,不需要投顾参与。该模式下的产品是在底层资产(具体存款、股票、债券、基金等)基础上,发行人在监管政策下对外公开销售的具体产品,如目前正在销售的税延商业养老保险产品A、B、C。

灵活配置模式是指,个人投资者需在投资顾问的协助和支持下,从底层资产(具体股票、债券、基金、存款等)中选择适合自己的具体底层资产产品来组合和配置个人养老金资产。这种模式的最大特点是灵活,但对个人要求较高,熟悉金融市场,了解各种底层资产产品特性,具备个人选择和配置的能力。同时,该模式下,要求市场上有较多成熟的投资顾问机构存在，随时提供业务咨询和选择经验。就目前而言，国内的养老金投资者教育工作刚刚起步，个人对养老金的认识和理解非常有限。这种灵活配置模式，在金融市场发达、个人养老金投资者教育较为成熟的国家是相对流行的，例如在美国，存在数量巨大的投资顾问市场，为个人养老金投资提供多方位的咨询建议，如美国的401（K）、IRA。

目前，中国的养老金市场处于制度建设和完善的初级阶段，第一支柱于2016年开始市场化投资运作；第二支柱的企业年金从2006年开始运作，职业年金2016年完成制度建设，2018年开始市场化运作；第三支柱的个人养老金目前还处于顶层设计和保险ABC产品试点的阶段。通过上述分析可以看出，发展中国的第三支柱养老金融产品，从产品逻辑设计的角度来看，结合中国养老金业务发展的实际情况，课题组认为初期应以发展固定产品模式为主，以灵活配置模式为辅。

（三）产品供给模式

如前所述，在世界各国第三支柱实践中，除了专营模式的智利外，其他国家并未对第三支柱产品进行专门限制，结合中国资本市场、养老金融教育以及现有第三支柱实践，建议采取类似"专设产品+一般产品"的供给模式。其中，专设产品指的是商业养老保险公司和基金公司等专门为养老设立的产品类别；一般产品指的是符合一定条件的常规的银行理财或储蓄、公募基金、商业年金保险等。

专设产品的供给模式指的是允许金融机构提供专门产品，主要针对不具备资产配置和投资能力的参加者；一般产品供给模式指的是允许机构提供符合条件的常规产品作为第三支柱个人养老金的产品库，提供给能够获得第三方投资顾问支持，或者自身具备相应能力的参加者。除了国际经验借鉴外，采取上述模式还有如下考虑。

中国老百姓长期以银行储蓄等稳健理财为主要投资方式，大部分国民金融知识欠缺，基础薄弱，采取专设产品方式，能够避免参加者不理性投资，同时能够减少信息不对称以及产品选择难度。而将符合条件的常规产品作为第三支柱个人养老金选择范围，也是基于两方面考虑：一是公募基金和保险业运营几十年，已经培育了一批经过市场检验、长期表现良好的产品，将其纳入第三支柱产品供给范围，增加了参加者选择空间。二是随着第三方投顾、智能投资的发展，普通百姓获得投资顾问支持日益方便，而一般产品数量更多、类别更为丰富，更适合作为底层养老财富规划和资产配置工具。

（四）产品准入机制

从国外来看，对第三支柱产品供给以不做限制为主，限制为辅。原因在于第三支柱本质是政府税收优惠下的个人养老储蓄安排，政府仅仅给予税收优惠。除此之外，普遍赋予个人投资选择权，更多强调个人自我养老责任。但是，从中国来看，一是市场上已有的金融产品数量和种类繁多，二是国民金融知识储备欠缺，因此有必要设立一定准入条件，筛选合适的机构和产品参与第三支柱。

综合考虑上述因素，我们认为第三支柱产品准入条件，应该遵循市场化原则，可以划定准入门槛，而不采取类似年金的机构和产品审批模式。设定门槛的内涵是：由监管部门根据第三支柱发展要求，事先明确产品发行机构和产品必须满足的条件，比如机构必须满足成立期限、人员配备、注册资本等标准；比如产品必须满足成立一定年限、达到一定规模、客户人数要求、市场评价良好等条件。核心是向参与各方设立明确可预期的准入标准，凡是满足上述条件和标准的产品，自动纳入第三支柱供给范围。必须指出的是，与准入相对应，也要设立第三支柱产品的退出机制，凡是不符合条件的产品，应该剔除出第三支柱产品池，实现动态管理、有进有出、有序发展。

（五）产品监管思路

从国外经验来看，第三支柱普遍采取审慎监管模式，较少对投资比例和范围、产品类型与数量等进行严格限定。从这个角度出发，我们认为第三支柱产品监管也应该遵循相对分散的原则。具体来说，由于银行理财、保险和基金具有明显不同属性，分别作为储蓄产品、风险保障产品和资产管理产品，其进入第三支柱的准入和退出规则由一个监管机构制定和监督实施难度很大，因此建议由银保监会负责银行理财、保险产品准入和退出机制的建立和调整，由证监会负责基金产品准入退出机制的建立与调整。人社部则从参与者权益保护、统一产品信息披露等角度对第三支柱整体进行协调监管。

（六）产品信息披露

通过公开、连续、详尽的信息披露，能使得投资者了解产品运作情况，有利于对其选择的产品进行正确评估；同时相对专业的第三方机构也会进行专业评价，而信息披露本身就会将产品运作情况纳入社会监督之下，督促产品发行机构进行更加规范的管理运作。因此，对于第三支柱产品信息披露必须全面完整，以有助于产品规范透明运作，参与人长期持有，资产稳健增值为目标，分别针对银行、基金、保险产品的不同特点，设定不同披露规则。

（七）产品配套政策

第一，投资者适当性安排。鉴于目前中国投资顾问发育尚不成熟，大部分国民的投资理念和专业知识匮乏，而第三支柱产品范围广泛。因此，有必要通过投资者适当性安排，控制投资风险，更好实现国民养老的目的。这方面可以借鉴智利的个人账户养老金制度设计，根据参加者年龄设置不同风险等级或者权益类资产比例限制，即年龄越大，越临近退休，允许配置的权益类或者风险类资产比例越小，以匹配其风险承受能力。

具体思路可表示为，将风险较大的资产管理类产品，按照权益类资产占比情况和风险程度进行分级，同时将投资者按照年龄阶段区分为40岁以下、40—50岁、51—60岁、60岁以上四类人群。40岁以下允许投资所有类型产品，40—50岁不允许投资高风险产品，

51—60岁仅允许投资中等风险以下产品，60岁以上则仅限于低风险产品。

第二，投资者教育和投资顾问培育。第三支柱养老金是个人主导、责任自担的长期储蓄计划。但是中国国民养老金融素养普遍比较薄弱，因此必须加强投资者教育，增强参加者对第三支柱产品的认知能力，以便于进行与自身风险偏好和收益特征相匹配的产品选择。专业的投资顾问一方面能够对投资者进行深入的需求挖掘和方案匹配，帮助其实现养老金的合理配置和理性化投资，另一方面能够有效消除投资者与投资管理机构的信息不对称。因此，在第三支柱产品发展过程中，必须大力培育第三方投顾发展。

第五节　中国第三支柱个人养老金制度实施路径与运作框架

一　试点先行推进，允许符合条件的产品及机构积极参与建设

尽管目前中国第三支柱个人养老金计划的建立条件已经基本具备，但具体适合中国国情的第三支柱个人养老金制度方案仍需进一步探索和论证。一方面，以怎样的税收优惠模式、比例和额度才能达到最有效的激励效果，仍需在大数据的基础上进行系统测算和实践探索；另一方面，近年来在中国公共养老金制度快速改革推进的背景下，广大国民对第三支柱个人养老金计划的认知度相对较低，且投资者教育、投资咨询体系及其他相关配套措施的完善还需要一定的时间和精力加以完善。因此，中国第三支柱个人养老金的探索和发展，应采取试点先行的方案，可以先选择一些符合条件、群众基础较好的产品如银行理财产品、基金产品、保单产品等进行试点，并逐步扩大到其他符合条件的产品和机构并扩大试点范围。通过试点运行和市场竞争持续积累经验，最终为第三支柱个人养老金计划的顶层设计与制度的全面推开打下坚实的基础。

二 以账户制为核心,完善账户设立、运作和领取三阶段制度架构

第三支柱个人养老金制度的核心是采取账户制,在计划的建立、投资运作和资金领取三个阶段都应该围绕账户为载体,完善其制度架构。

账户设立阶段:结合中国个人账户的管理需求及技术水平,充分发挥不同金融机构的作用,综合各系统优势,初期建议以公安机关颁发的居民身份证为登记识别信息,每个国民只能在托管银行或者证券公司开设一个个人账户,通过银行或证券公司可以购买不同类别的、符合第三支柱个人养老金条件的产品,账户信息汇总到社会保障卡系统进行双重备份,并完成社会保障卡系统与税务信息系统的对接,由税务部门核准缴费额度。计划参与者可以通过该账户查询通过该账户,参加者可以查询其缴费信息、产品运作信息等。

账户运作阶段:首先,可以参与第三支柱个人养老金制度的金融产品应该具有多元化的特征,凡是符合第三支柱养老金需要的产品经过评估之后都应被纳入到第三支柱合格的产品清单之中并加以公布,形成合格的产品池,供参保者自由选择,不应局限于某一类产品或某一个行业,应当为各行业建立充分竞争的平台,以提供更为合理、高效的养老金产品。其次,第三支柱个人养老金采取的是完全积累的方式,个人具有完全的产权,应赋予个人投资自我选择权,以保障投资效率的实现,同样也应该为第三支柱个人养老金投资产品提供多元化的组合,并引入默认投资工具,当投资者没有主动进行选择时,可进入默认投资产品。此外,账户内的缴费、投资收益等信息也应实时通过社会保障卡系统进行备份并对接到税务部门,以实现税收优惠环节和税收征收环节操作的有效性。

账户领取阶段:社会保障卡建立的个人账户通过与税务部门数据共享和连接,可以有效实现第三支柱个人养老金计划参与者税收优惠情况和应纳税情况。当计划参与者满足相应的领取条件后,税

务部门根据个人相应的情况进行税费的代扣代缴,个人则可以通过具有金融功能的社会保障卡实现待遇的领取。

三 强化第三支柱个人养老金制度的配套机制建设

(一)完善"互联网+"在养老金第三支柱建设中的应用

个人账户是第三支柱个人养老金计划的关键要素,基于账户个人可以进行缴费、投资选择、待遇领取并享受税收优惠,账户持有者拥有对账户完全的所有权,可以根据自己的风险偏好和收益预期等因素选择相应的投资方案,从而提高投资效率,当个人到了领取退休金年龄的时候,可以从账户中选择不同的方式领取养老金待遇。总体来看,第三支柱个人养老金账户的设立与管理、基金的投资选择以及待遇领取的各个环节对计划参与者而言都是比较复杂的过程,尤其是个人的投资选择对不少缺乏金融知识的个人来说具有相当大的挑战,而且个人账户的管理和领取在传统手段下都具有诸多的不便,这些困境也都是第三支柱个人养老金计划发展的障碍。但随着互联网技术的出现及其不断成熟,第三支柱个人养老金计划在账户设立、投资与待遇领取等各个环节的问题都开始有新的解决方案,因此,在未来发展过程中,针对第三支柱个人养老金运作需求,进一步完善互联网技术的应用。

在账户的开设和管理环节,互联网技术的出现可以省去很多传统模式的烦琐程序,一方面,通过互联网技术的完善,便捷地实现账户开设,将合格的金融产品直接投资注入个人账户中,个人账户同税务系统对接,在税收优惠限额下保障缴费的便利性;另一方面,依托社会保障卡,建立对应的手机 App,用户可以通过 App 随时随地查看个人账户的缴费情况、收益情况以及余额等。这不仅可以保障个人权益的清晰化,还能培育个人的养老储备意识,有效激励个人积累更多的养老金资产。

在账户的投资环节,在大部分普通老百姓对于资本市场和金融知识不了解的背景下,如果第三支柱个人养老金交由个人投资选择，往往具有盲目性甚至产生低效率，而随着"互联网+"的出现，可以清晰地通过大数据、云计算等方式分析客户的风险偏好，提供符合市场需求的养老金投资组合方案甚至可以提供高端的个性化服务，并针对不同的人群提供针对性的资产配置建议。未来应进一步加强互联网技术的应用，通过智能投顾的方式，将服务模式化、产品化，保障个人养老金在投资环节的针对性和有效性。

在领取环节，依托互联网 App，在账户设立和管理的基础上，可以通过相应的程序设计，当账户持有者输入自身的需求后，可以为其提供最为有效的领取方案，以保障其权益的最大化。

从长期来看，在国家大力发展第三支柱个人养老金计划的政策窗口期，不断完善"互联网+"在账户管理和运营过程中的技术开发和应用，创造出便捷高效的个人养老金账户管理工具，将互联网和养老金融有机结合，才能提供更为高效的养老金管理模式，进而推动第三支柱个人养老金计划的快速发展。

(二) 第三支柱个人养老金临时支取的功能设计

第三支柱个人养老金计划建立的目标是通过制度化的设计，以税收优惠等方式激励广大国民形成长期的风险防范意识，为退休生活进行长期的储备和投资，保障国民在退休后拥有体面的生活。但国际经验表明，第三支柱个人养老金计划还可以进行一些灵活性的制度设计，在特殊情况下，个人账户可以在退休储蓄功能的基础上进行拓展，当个人面临着一些特殊的情况或者困难时，比如出现紧急的大额医疗支出、子女教育支出、购买首套房等情况时，可以允许个人申请，临时提取个人账户中积累的资金用于这些支出，同时在规定的年限内将提前支取的资金补充回个人账户，否则，不仅需要补缴相应的所得税优惠，还需要缴纳一些惩罚性税金。

中国在进行第三支柱个人养老金计划的制度设计时，也应该关注个人账户资金的临时支取功能的安排。一方面，要明确个人在特殊情况下临时支取个人账户资金的基本条件，比如特殊情况的指向、最低缴费年限等；另一方面，要明确临时支取资金的流程安排及其监管规则,以此来保证个人临时支取资金确是用于相应的紧急情况而不是用于其他;此外,还应明确临时支取资金的归还规则,包括归还时间以及没有按时归还的惩罚机制等。通过第三支柱个人养老金账户的灵活安排,可以提高制度的吸引力,也能保证制度更加人性化。

(三)明确第二、第三支柱养老金之间的转移接续和衔接机制

第一,个人养老金账户可以作为职业养老金转移的归集账户。从目前来看,中国第一支柱公共养老金转移接续已经趋于常态化,第二支柱的职业养老金却面临着职业转换过程中的转移接续问题,其中企业年金是企业主导,自愿建立;职业年金针对机关事业单位职工带有一定的强制性。当职工从有职业养老金的单位流动到没有职业养老金的单位时,其职业养老金账户的基金无法随之转移积累,在很大程度上会影响参保职工权益。第三支柱个人养老金则是以个人为主导、自愿建立的个人账户制养老金,当参加者在工作变动或者退休时,可以将第二支柱职业养老金转移到第三支柱个人养老金账户,这也是世界各国在第三支柱制度设计中的普遍做法。将第三支柱作为私人养老金的归集账户,能够增强私人养老金制度便利性,更好地保障参加者权益。

第二,第二、第三支柱养老金的税收优惠额度实现共享。第二、第三支柱养老金计划均是在公共养老金之外,为提高广大国民退休生活保障待遇的重要补充养老机制。其中,职业养老金计划以单位为主导,国家通过税收优惠进行激励,企业参加职业养老金计划采取的是自主建立原则,其享受税收优惠的前提是单位建立了职业养老金计划;个人养老金计划则是以个人为主导,自愿参加,国家采取税收优惠或财政补贴的方式进行激励,任何个人都可以自愿参加个人养老金计划,享受相应的税收优惠。这种情况下,对于参加了职业养老金计划的个人来说,不仅可以享受职业养老金带来的税收优惠,还能参加个人养老金享受相应的税

收优惠，这在很大程度上不利于对那些没有参加职业养老金计划的个人形成激励，也不利于其为自身进行更多的养老储备。因此，从发展私人养老金制度、提高广大国民的退休储备和减轻公共养老金压力的角度出发，可以通过将第二、第三支柱税收优惠进行打通，将职业养老金和个人养老金的税收优惠额度实现共享，即对于没有参加职业养老金计划的个人可以在参加个人养老金计划时，享受职业养老金和个人养老金合计的税收优惠限额，从而保证制度的公平性的同时，增加第三支柱个人养老金的吸引力，也有利于增加个人的养老储备，提高广大国民的养老金待遇水平。

（四）探索将第三支柱个人养老金纳入个人税前扣除

近年来，在中国第三支柱个人养老金制度研究和探索过程中，逐步明确了要通过税收优惠来促进第三支柱个人养老金的发展，其中国际上最为常用的EET的税收递延模式受到了各个部门的广泛关注并初步形成了第三支柱个人养老金计划税收优惠的共识性安排，2018年开始试点的个人税收递延型商业养老保险方案中也采取了EET税收递延模式。但这种模式需要建立在国家对于个人和家庭收入掌握的基础之上，从国际来看，采取EET税收优惠模式的国家大都是采取综合税制的方案，即将同一纳税人的各项所得综合起来，对法定扣除和减免的部分统一扣除，其余部分根据累进税率进行税收征管，这种税制下，国家可以有效掌握个人的各项收入。而中国采取的是分类税制，即将不同来源、不同性质的收入进行分类，分别扣除法定减免项目，再按照不同税率课税，这种模式下，国家难以同时掌握个人的多项收入，不利于对不同环节的税收实施优惠政策。

事实上，目前世界上大多数国家都是采用综合税制，或者采用综合和分类相结合的税制，中国近年来也在不断探索由分类税制向综合税制改革的方向，2003年《关于完善社会主义市场经济体制若干问题的决定》首次提出"改进个人所得税，实行综合和分类相结合的个人所得税制"，之后，2006年《"十一五"规划纲要》、2008年国家发展和改革委员会《关于2008年深化经济体制改革工作意见的通知》等也都提出要逐步研究建立综合与分类相结合的个人所得税制度，2014年党的十八届三中全会进一步提出"逐步建立综合与分类相结合的个人所得税制"的目标要求。在2016年两会答记者问上，时任财政部部长楼继伟指出，财政部和国税总局已经一起研究了个人所得税的改革方案，提交了全国人大审议，改革是要分步建立健全个人收入和财产系统，并逐步修改相关法律，分步实施。这一系列的动向表明综合税制是中国个人所得税的改革方向。为更好地推进中国第三支柱个人养老金计划的税收优惠政策实施，应该借助中国个人所得税改革的时机，尽快建立和完善第三支柱个人税收优惠的具体方案，并以此助推中国个人所得税改革尽快走向综合税制。

第六节 本章小结

本章主要在对中国第三支柱个人养老金制度的重要功能、基础条件和发展前景进行综合判定的基础上，充分借鉴国际经验，从不同的视角提出完善中国第三支柱个人养老金制度的发展方向。通过分析和论证，中国第三支柱个人养老金制度的建立和发展需重点明确两大核心要素：第一，账户制应作为第三支柱个人养老金制度的模式选择。账户制不仅可以有效提高第三支柱个人养老金制度的吸引力，还可以有效承接积累型养老金待遇的转移接续，最重要的是，账户制还可以有效保障税收优惠的公平性和效率。本章在对账户制和产品制进行分析和比较的基础上，详细阐述了账户制对于第三支柱的重要性，并提出了中国设立第三支柱个人养老金账户制的初步构想。第二，激励机制的完善是作为自愿性的第三支柱个人养老金制度发展的关键手段。国际经验表明，税收优惠等激励机制的完善程度在很大程度上决定了第三支柱个人养老金制度的发展规模。本章在结合国际经验和中国实际的基础上，提出了"EET 和 TEE 相结合的税收优惠+财政补贴"的第三支柱个人养老金计划的激励机制。除此之外，本章还对于第三支柱个人养老金制度的实施路径和运作框架进行了系统阐述，并通过一系列体制机制设计的安排对于第三支柱个人养老金制度的配套建设进行了分析和探索。

第十章

结 语

经过数十年的改革发展，目前中国已经初步建立起了多支柱的养老金体系框架，体现了政府、单位和个人责任共担的机制。但总体来看，中国第一支柱公共养老金体系一支独大，第二、第三支柱私人养老金制度发展动力不足，同时第一支柱公共养老金制度本身也仍在缴费和待遇支付方面存在较为突出的矛盾。因此，中国的养老金体系改革不仅需要通过参量改革进一步完善中国第一支柱公共养老金制度，还需要通过结构性改革加快推动中国第二、第三支柱私人养老金制度的发展。但养老金体系改革不可能一蹴而就，需要充分考虑不同群体利益，逐步推进，同时加强配套制度建设。

一 新时期中国多支柱养老金体系面临着一系列挑战

改革开放以来，随着经济社会的不断发展，中国养老金体系有了快速发展，目前已经初步建立起了一个覆盖范围广泛、多方主体参与的规模庞大、制度复杂的多支柱养老金体系框架，在覆盖面和保障水平等方面均取得了显著成就。就第一支柱基本养老金制度而言，建立了覆盖城乡不同群体的基本养老金制度，实现了养老金制度全覆盖且保障水平不断提高，为广大国民的养老生活保障发挥了重要作用；就第二支柱职业养老金制度而言，企业年金经过十余年的发展，覆盖的职工人数和基金积累情况也在连年上升，为相当一部分群体退休生活保障待遇的提高发挥了相应的作用；就第三支柱个人养老金制度而言，2022年4月21日，国务院办公厅印发《关于推动个人养老金发展的意见》，标志着个人养老金制度的顶层设计正式落地，将为全体国民养老金待遇水平的提高提供更加多元化的路径。但是，总体来看，在一系列转型背景的影响下，中国养老金体系仍面临着一系列挑战。

一是在经济发展逐渐进入新常态的转型背景下，养老金基金积累面临着巨大挑战。一方面，国家财政收入增长速度也开始放缓，在很大程度上会弱化财政对于养老金的支付能力，而在养老金支出福利刚性的影响下，待遇水平难以下调，从而导致各级财政压力加大；另一方面，经济发展速度放缓的情况下，企业利润下降的结果不可避免，从而会降低企业的缴费能力，导致企业逃避缴费或少缴费等问题的发生，进而影响养老金的长期收支平衡；此外，在经济结构不断调整的情况下，部分落后产能企业面临破产，破产企业职工的养老金资金筹集又面临新的困境，为中国养老金资金积累带来负面影响。

二是在全面建成小康社会的社会转型背景下，养老金需求的持续增加将对于养老金基金的平衡产生重要影响。随着人民生活水平逐步向新的台阶迈进，除了基本的物质生活需求，广大居民的精神文化生活等多层次的生活需求也呈现多元化的趋势，养老金待遇需求将不再局限于保基本。然而，从总体上来看，作为老年群体主要收入来源的养老金体系还并不完善，基本养老金制度居于主体地位，私人养老金制度发展缓慢，覆盖群体极其有限，导致广大老年群体对于多元化的养老金待遇需求被仅能"保基本"的基本养老金制度所局限，因此，对于补充层次的养老金制度建设显得尤为迫切。

三是在人口老龄化程度进入加速期的转型背景下，中国养老金体系面临长期的供需矛盾，最突出的挑战是养老金体系的结构性失衡，基本养老金制度一支独大，私人养老金制度进展缓慢，不仅造成基本养老金制度长期可持续性存在困境，而且导致退休人员的养老金待遇水平充足性有限。

二 中国多支柱养老金体系需要进一步深化参量改革

目前中国多支柱养老金体系中以第一支柱公共养老金制度为主体，肩负着广大国民最基础、最核心的养老保障任务。但随着人口老龄化程度不断加深以及国民对养老金待遇诉求的提升，现行公共养老金制度仍面临着一些挑战，亟须通过参量改革进一步完善推动公共养老金制度公平性和可持续性。

在缴费端，应进一步明确和统一缴费参数、强化基金的统筹管理，从而实现公共养老金应收尽收。具体来看，一方面，要加强基本养老保险制度的征缴管理，实现缴费基数真实化足额化，并在全国范围内对缴费基数和缴费率进行统一规定，这不仅是保障基本养老保险制度应收尽收的必然要求，也是保障基本养老保险制度地区公平、人员公平的应然选择。另一方面，要进一步强化基本养老保险缴费的"少减多增"的激励机制，淡化15年的最低缴费年限提法，激励基本养老保险参保者长缴多得、多缴多得。此外，为更好地实现基本养老保险制度的地区平衡，推动基本养老保险制度的公平发展，应充分吸收省级统筹和中央调剂金制度的经验，加快推动基本养老保险制度全国统筹目标的实现。

在待遇端，应进一步完善待遇支付的常态化和动态化的机制，实现养老金待遇支付与人口老龄化进程和国民需求匹配之间的平衡。具体来看，一方面，改革基本养老保险待遇计发办法，与"当地社会平均工资"脱钩，仅与个人平均指数化工资挂钩，避免因为与各地平均工资挂钩产生的区域差异，计发时根据平均指数工资进行分段、分不同比例发放，如此，高工资者养老金替代率水平就会相对较低，而低工资者养老金替代率水平就会相对较高，实现不同收入者之间的收入再分配。另一方面，改革退休年龄为全额领取退休金年龄，不再强制要求退休，将全额领取退休金年龄逐步提高，配套建立"早减晚增"的激励机制，激励国民延迟领取退休金，但在确定全额领取年龄时不宜"一刀切",可按照行业和职业差异确定不同的全额领取基本养老金年龄,保证重体力劳动者和特别职业法定全额领取年龄的适度区间。此外,还应探索依托全国物价消费指数增长率(CPI 增长率)为主要标准的养老金待遇调整机制,保证国民能够更好地分享经济社会发展成果。

三 中国多支柱养老金体系结构性改革具有理论和实践必然性

无论从理论基础分析和论证的角度,还是从国际实践和反思的角度来看,单一公共养老金制度和私人养老金制度均无法有效应对养老风险,在中国目前公共养老金一支独大的背景下,通过养老金体系的结构性改革具有理论和实践的必然性。从理论上讲,养老金体系的目标应包括"全覆盖、充足性和可持续"三个方面,在面临不断加深的人口老龄化情况下,这三个目标不可能通过一个单一的养老金制度实现,即养老金制度面临着"全覆盖、充足性和可持续"的"不可能三角"关系,多支柱养老金体系结构性改革是破解养老金制度三元悖论的必然要求。同时,传统的生命周期理论、社会风险管理理论和福利多元主义理论等经济学理论也都为多支柱养老金体系的发展提供了理论支撑。

同时,全球养老金结构性改革经验和反思也表明了养老金体系结构性改革在实践层面具有必然性。一方面,在养老金改革趋势上,许多国际组织经过研究纷纷提出了建立多支柱养老金体系的改革方案,其核心就是通过不同模式的养老金制度实现风险分散,通过政府、单位和个人责任分担实现责任共担,这一思路逐渐被越来越多的国家认可并得以实践;另一方面,希腊和智利养老金改革的教训表明了过度公共化和过度市场化均难以防范养老金的体系风险,两个国家改革的回归与调整均反映出政府与市场责任分担是养老金体系改革的核心问题,而大多数 OECD 国家也都通过多支柱的养老金体系改革为国民提供多元化、充足的养老金待遇保障。

四 中国多支柱养老金体系结构性改革应具备综合视野

建立多支柱的养老金体系已经成为目前世界上大多数国家的共同选择，其中，第一支柱是通过政府主导的公共养老金为广大国民提供基本的退休生活保障，第二、第三支柱是养老金体系的补充层次，其功能定位是为全体国民提供制度参与机会，以实现更高水平的退休生活保障，因此，私人养老金制度在中国养老金体系建设中具有重要作用。不仅如此，本书通过一系列的理论分析和实证检验表明中国发展私人养老金制度的条件和空间已经基本具备。

从理论上而言，本书建立了一个简单的两期世代交叠模型，模型表明，资本市场投资收益率与私人养老金制度的完善程度成正相关关系，而居民的短视程度和政府基本养老金制度的保障程度则与私人养老金制度的完善程度成负相关关系。事实上，作为一个高储蓄国家，中国居民的短视程度总体较低。同时，企业年金和全国社保基金连续十余年相对较高的投资收益表明了中国资本市场具有巨大的发展潜力。此外，中国基本养老金待遇水平相对不高，这些因素表明中国私人养老金制度的发展条件已经基本具备。这些因素的存在也为中国私人养老金制度的发展提供了发展动力。

从实证分析上看，对于第二支柱职业养老金制度而言，中国员工对于职业养老金具有较大的需求，但企业的较低参与率在一定程度上反映了企业参与职业养老金意愿的不足，实际上，实证结果表明企业对于职业养老金均有一定的缴费能力，但不同性质企业的参与能力存在差异，即第二支柱职业养老金制度面临着员工参与意愿强烈、企业有一定能力但参与意愿不足。对于第三支柱个人养老金制度而言，个人有意愿也有能力参与第三支柱个人养老金计划，在一定程度上反映出第三支柱个人养老金制度可能具有较大的发展空间。

国外发展经验表明，保障水平较高、可持续发展能力较好的养老金体系均是通过多支柱养老金体系的协调发展来实现的。在养老金体系结构性改革过程中，一些典型国家积累了相当丰富的经验值得中国借鉴。一方面，通过多种方式如完善税收优惠制度、实行财政补贴等，加强单位和个人参与私人养老金制度的内生动力培育和外部激励机制是推动私人养老金制度发展的关键；另一方面，通过体制机制的推动，如探索自动加入机制等方式也是提高私人养老金制度覆盖面的重要手段；同时，通过协调私人养老金与资本市场的发展关系是保障养老金保值增值的重要手段，也可以反过来对私人养老金制度的参与形成激励；此外，私人养老金制度建设的灵活性设计和循序渐进式的发展也是制度建设需要重点关注的内容。

国际上不同国家对于私人养老金制度的探索积累了相当多的经验，但总体来看，不同国家在具体的制度安排和设计方面却存在这很大差异，这主要是基于不同国家的经济和社会发展背景。因此，中国在养老金体系结构性改革时也应在借鉴国际经验的前提下，充分结合中国国情，探索出符合中国实际的多支柱养老金体系。就第一支柱公共养老金制度而言，需要进一步通过统一并做实缴费基数、完成全国统筹目标、建立科学合理的养老金待遇调整机制以及渐进式延迟退休等参量改革的方式加以完善；就第二支柱职业养老金制度而言，中国可以探索自动加入机制并完善中小企业集合年金制度以提高制度的覆盖面；同时通过完善针对单位和个人的税收优惠进一步加强政策激励，以提高制度的吸引力；此外，还要系统完善职业养老金资金的投资运作和监管体制。就第三支柱个人养老金制度而言，首先要明确制度设计的核心思路，包括账户制的引进等；其次，要通过完善税收优惠和财政补贴机制提高制度的吸引力，同时还应通过明确制度的运作框架和完善一系列配套机制，推动第三支柱个人养老金制度的全面落地和实施。

参考文献

董克用、姚余栋:《中国养老金融发展报告2021》,社会科学文献出版社2021年版。

董克用、姚余栋等:《中国养老金融发展报告(2016)》,社会科学文献出版社2016年版。

董克用、姚余栋等:《中国养老金融发展报告(2017)》,社会科学文献出版社2017年版。

国家应对人口老龄化战略研究课题组、李军等:《人口老龄化与经济可持续发展研究》,华龄出版社2014年版。

华迎放编译:《世界社会保障报告(2010—2011)——危机期间和后危机时代的社会保障覆盖》,中国劳动社会保障出版社2011年版。

李扬、张晓晶、常欣等:《中国国家资产负债表2015——杠杆调整与风险管理》,中国社会科学出版社2015年版。

李珍:《基本养老保险制度分析与评估——基于养老金水平的视角》,人民出版社2013年版。

刘昌平:《养老金制度变迁的经济学分析》,中国社会科学出版社2008年版。

[英]尼古拉斯·巴尔著:《福利国家经济学》,郑秉文、穆怀中译,中国劳动社会保障出版社2003年版。

[美]罗伯特·霍尔茨曼、[美]理查德·欣茨等著:《21世纪的老年收入保障——养老金制度改革国际比较》,郑秉文等译,中国

劳动保障出版社 2006 年版。

张英明：《中小企业年金制度设计与创新研究》，科学出版社 2017 年版。

艾慧、张阳、杨长昱等：《中国养老保险统筹账户的财务可持续性研究——基于开放系统的测算》，《财经研究》2012 年第 2 期。

巴曙松、方堉豪、朱伟豪：《中国人口老龄化背景下的养老金缺口与对策》，《经济与管理》2018 年第 6 期。

曹信邦：《中国养老金制度创新的价值取向与风险化解》，《中国行政管理》2017 年第 7 期。

曹阳、徐升、黄冠：《人口老龄化、延迟退休与养老金财政负担》，《西安交通大学学报》（社会科学版）2019 年第 6 期。

陈康济：《个人税延型养老保险实行对中国保险业发展的影响——以上海地区为例》，《江淮论坛》2013 年第 4 期。

陈赛权：《中国养老模式研究综述》，《人口学刊》2000 年第 3 期。

陈曦：《养老保险降费率、基金收入与长期收支平衡》，《中国人口科学》2017 年第 3 期。

陈友华：《出生高峰与出生低谷：概念、测度及其在中国的应用》，《学海》2008 年第 1 期。

谌伟：《由私向公的乐与忧——智利养老金 2008 年改革的原因及成效分析》，《人才资源开发》2015 年第 5 期。

程永宏：《现收现付制与人口老龄化关系定量分析》，《经济研究》2005 年第 3 期。

成志刚、文敏：《新中国成立 70 周年养老金制度的历史演变与发展图景》，《湘潭大学学报》（哲学社会科学版）2019 年第 5 期。

党俊武：《中国应对老龄社会的战略思路》，《中央民族大学学报》2005 年第 4 期。

邓大松、程欣、汪佳龙：《基础养老金全国统筹的制度性改革——基于国际经验的借鉴》，《当代经济管理》2019 年第 3 期。

丁亮：《退休年龄与养老金年龄关系之辨与变》，《学习与探索》

2019 年第 4 期。

董登新：《中美两国社会保障负担比较》，《中国社会保障》2012 年第 12 期。

董登新、邓先凤：《中国企业年金的发展机遇与对策——基于税收优惠政策和养老金并轨改革》，《财会月刊》2015 年第 17 期。

董登新：《正确理解美国个人退休账户的双重功能》，《中国社会保障》2016 年第 9 期。

董登新：《世界养老金体系重构的动因与动向》，《人才资源开发》2017 年第 5 期。

董克用、孙博：《从多层次到多支柱：养老保障体系改革再思考》，《公共管理学报》2011 年第 1 期。

董克用、孙博：《社会保障概念再思考》，《社会保障研究》2011 年第 5 期。

董克用：《建立明晰的多支柱养老体系》，《行政管理改革》2013 年第 10 期。

董克用、孙博、张栋：《"名义账户制"是我国养老金改革的方向吗——瑞典"名义账户制"改革评估与借鉴》，《社会保障研究》2016 年第 4 期。

董克用、张栋：《中国养老金体系改革变迁：成就与挑战》，《清华金融评论》2017 年第 S1 期。

董克用、张栋：《公共养老金和私人养老金：制度分野、国际经验与启示》，《清华金融评论》2017 年第 S1 期。

董克用、张栋：《高峰还是高原？——中国人口老龄化形态及其对养老金体系影响的再思考》，《人口与经济》2017 年第 4 期。

董克用、张栋：《中国养老金融：现实困境、国际经验与应对策略》，《行政管理改革》2017 年第 8 期。

董克用、张栋：《人口老龄化高原背景下加快我国养老金体系结构化改革的思考》，《新疆师范大学学报》（哲学社会科学版）2018 年第 6 期。

董克用:《养老金发展现状、挑战与趋势研判——以城镇职工基本养老保险制度为例》,《人民论坛》2019年第26期。

范琛:《中国经济增长率与CPI关系的实证检验》,《统计与决策》2017年第2期。

范维强、刘俊霞、杨华磊:《城镇职工基础养老金可持续:缴费模式调整与政策选择》,《上海经济研究》2019年第12期。

房连泉:《企业年金投资管理改革:放开个人选择权的重要性》,《开发研究》2017年第5期。

房连泉:《全面建成多层次养老保障体系的路径探讨——基于公共、私人养老金混合发展的国际经验借鉴》,《经济纵横》2018年第3期。

冯明:《农民工与中国高储蓄率之谜——基于搜寻匹配模型的分析》,《管理世界》2017年第4期。

高建伟、邱菀华:《现收现付制与部分积累制的缴费率模型》,《中国管理科学》2002年第4期。

高连欢:《"福利刚性"条件下养老保险制度可持续发展路径探析》,《理论与现代化》2015年第1期。

高培勇、汪德华:《中国养老保障体系资金缺口分析与对策建议》,《比较》2011年第2期。

[日]高山宪之、王新梅:《再评世界银行1994年〈应对老龄化危机〉:客观质疑与理性启示》,《社会保障评论》2017年第4期。

[日]高山宪之、王新梅:《论公共养老金待遇水平的适当性》,《社会保障评论》2021年第2期。

古钺:《养老金调待三议》,《中国社会保障》2018年第5期。

古钺:《构建合理机制——养老金"10连调"的经验和启迪》,《中国社会保障》2017年第5期。

关博:《大力发展补充保险 构建多层次养老保障体系》,《宏观经济管理》2017年第3期。

郭林:《拉美国家养老金制度的私营化改革与再改革》,《甘肃社会科学》2013 年第 4 期。

郭秀云、于丽平：《从中央调剂到全国统筹的实现路径研究——来自养老金省级统筹的启示》，《兰州学刊》2020 年第 5 期。

郭瑜、田墨：《企业年金参与的影响因素分析——基于雇主—雇员匹配数据的实证研究》，《中国人民大学学报》2016 年第 1 期。

国家发展和改革委员会：《人口和社会发展报告 2014——人口变动与公共服务》，2015 年。

韩克庆：《养老保险中的市场力量：中国企业年金的发展》，《中国人民大学学报》2016 年第 1 期。

何文炯：《基本养老保险深化改革与补充性养老保险发展》，《中国保险》2015 年第 10 期。

赫国胜、柳如眉：《少子老龄化、养老金均衡与公共债务危机——PIIGS 五国的经验与教训》，《中央财经大学学报》2016 年第 1 期。

洪小东：《养老保险中的政府责任解析——以基本养老金的二元"构成"为视角》，《现代经济探讨》2018 年第 7 期。

胡继晔：《美国社保基金分类监管的法律体系及其对中国的启示》，《国际经济评论》2007 年第 5 期。

胡继晔：《养老金体系在富裕国家的变化——以英国为例》，《国际经济评论》2011 年第 6 期。

胡继晔：《美国养老金保值增值的法律保障及其经验借鉴》，《保险研究》2012 年第 5 期。

胡继晔：《养老金如何持续》，《中国经济报告》2016 年第 5 期。

华迎放：《澳大利亚低收入人群的社会保障》，《中国劳动》2013 年第 6 期。

黄匡时：《社会保障"全覆盖"研究》，《西部论坛》2013 年第 6 期。

雷震、张安全：《预防性储蓄的重要性研究：基于中国的经验分析》，《世界经济》2013 年第 6 期。

李建新:《国际比较中的中国人口老龄化变动特征》,《学海》2005年第6期。

李军:《现行养老金制度系统性缺陷亟需纠偏——建立基于全要素贡献的养老金来源机制》,《探索与争鸣》2018年第3期。

李军:《破解养老金困境亟待建立全要素贡献型养老金制度——兼回复相关质疑》,《探索与争鸣》2020年第6期。

李连芬、刘德伟:《我国养老金"多支柱"模式存在的问题及改革方向》,《财经科学》2011年第3期。

李清宜:《养老金政策的演变历程:国际劳工组织和世界银行观点的对立与共识》,《社会保障评论》2019年第4期。

李向红:《澳大利亚养老金改革对我国的启示》,《改革与战略》2012年第7期。

李珍:《关于社会养老保险私有化的反思》,《中国人民大学学报》2010年第2期。

李珍:《建立多层次多支柱老年收入保障体制的若干思考》,《行政管理改革》2014年第1期。

林义、骞滨徽:《OECD国家公共养老金待遇自动调整机制的经验及启示》,《探索》2019年第2期。

刘昌平:《发展中小企业集合年金计划的政策障碍与出路》,《证券市场导报》2008年第4期。

刘洪伟、刘一蓓:《基础养老金全国统筹的主要障碍与对策研究》,《中州学刊》2020年第2期。

刘伟兵、尹玉业:《养老金制度变迁的一个新解释——基于博弈论的视角》,《社会保障研究》2014年第2期。

刘玉萍、杨翠迎、王凯:《降费背景下经济增长与养老金待遇不降低能同步实现吗——基于OLG模型的研究》,《社会保障研究》2021年第2期。

刘元花:《对我国个税递延型养老保险试点的探讨》,《财政监督》2015年第4期。

鲁全：《改革开放以来的中国养老金制度：演变逻辑与理论思考》，《社会保障评论》2018 年第 4 期。

鲁於、吴忠、代明甫：《目标替代率下企业年金缴费率测算——基于个人、企业负担能力的实证分析》，《科学决策》2014 年第 7 期。

路锦非、杨燕绥：《第三支柱养老金：理论源流、保障力度和发展路径》，《财经问题研究》2019 年第 10 期。

马洪范、范秋萍：《澳大利亚养老保障制度的经验与启示》，《经济研究参考》2017 年第 33 期。

孟庆平：《中国补充养老保险的发展空间分析与制度环境设计》，《南方金融》2010 年第 1 期。

莫龙：《中国的人口老龄化经济压力及其调控》，《人口研究》2011 年第 6 期。

穆怀中、范璐璐、陈曦：《人口预期寿命延长、养老金保障风险与政策回应》，《人口研究》2021 年第 1 期。

聂志毅、张璐：《金融危机背景下对企业年金投资与监管的再思考》，《商业时代》2009 年第 20 期。

牛海、汤建光：《我国企业年金发展面临的难题探究》，《经济问题探索》2011 年第 2 期。

彭华民、黄叶青：《福利多元主义：福利提供从国家到多元部门的转型》，《南开学报》2006 年第 6 期。

彭雪梅、刘海燕、孙静：《关于个税递延型养老保险的社会公平问题探讨》，《西南金融》2014 年第 11 期。

邱牧远、王天宇、梁润：《延迟退休、人力资本投资与养老金财政平衡》，《经济研究》2020 年第 9 期。

邱薇：《我国企业年金税收优惠政策的效果评估》，《武汉金融》2015 年第 10 期。

屈满学、贾婧：《希腊债务危机与养老制度改革》，《科学决策》2012 年第 6 期。

石晨曦、曾益:《破解养老金支付困境:中央调剂制度的效应分析》,《财贸经济》2019年第2期。

石晨曦、曾益:《养老金全国统筹"第一步":实施中央调剂制度能改善区域间的不均衡吗?》,《统计与信息论坛》2020年第2期。

苏中兴:《基本养老保险费率:国际比较、现实困境与改革方向》,《中国人民大学学报》2016年第1期。

孙博、公淑玉:《OECD国家养老金体系改革成效分析——基于世界银行的评价框架》,《新疆农垦经济》2014年第3期。

孙祁祥、朱南军:《中国人口老龄化分析》,《中国金融》2015年第24期。

孙守纪、赖梦君:《英国工党政府养老金制度改革述评:公平和效率的视角》,《社会保障研究》2012年第4期。

孙守纪:《认知、协商与共识:英国养老金制度改革的经验借鉴》,《探索》2018年第5期。

孙树菡、闫蕊:《2008年金融危机下智利养老金三支柱改革——政府责任的回归》,《兰州学刊》2010年第1期。

孙永勇、李娓涵:《从费率看城镇职工基本养老保险制度改革》,《中国人口科学》2014年第5期。

孙永勇、李洋:《企业年金自动加入制度:美英经验借鉴》,《开发研究》2017年第5期。

汤益诚:《社会和谐的制度设计与政策选择:自瑞典经验生发》,《改革》2009年第7期。

庹国柱、段家喜:《我国发展税优个人养老金的关键问题、总体框架及政策建议》,《陕西师范大学学报》(哲学社会科学版)2018年第5期。

妥宏武、杨燕绥:《养老金制度及其改革——基于不同福利模式的分析》,《经济体制改革》2020年第2期。

汪然:《人口老龄化背景下的养老金危机——基于四维的视角》,

《西北人口》2016年第2期。

王平：《养老金制度变迁的分析框架构建——比较理论研究的视角》，《广西社会科学》2019年第4期。

王雯、李珍：《2012年英国强制性第二支柱养老金改革及其对中国的启示》，《社会保障研究》2013年第4期。

王雯、黄万丁：《加拿大多支柱老年收入保障体系的评价及启示》，《中州学刊》2017年第12期。

王晓军、任文东：《中国养老保险的财务可持续性研究》，《保险研究》2013年第4期。

王新梅：《全球性公共养老保障制度改革与中国的选择——与GDP相连的空账比与资本市场相连的实账更可靠更可取》，《世界经济文汇》2005年第6期。

王新梅：《公共养老金"系统改革"的国际实践与反思》，《社会保障评论》2018年第2期。

王新梅：《论养老金全国统筹的基本理念》，《社会保障评论》2019年第4期。

王一：《福利视角争论与福利制度改革路径探索》，《社会科学战线》2017年第11期。

王云多：《欧美国家典型养老金代际公平程度研究及其对中国的借鉴》，《统计与信息论坛》2020年第2期。

席恒、任行：《养老金制度责任分担模式的分野与选择：实践模式与价值取向》，《陕西师范大学学报》（哲学社会科学版）2018年第1期。

项曼君、孟琛、汤哲：《从我国老年人医疗保健现状谈老有所医》，《人口研究》1998年第5期。

杨钒：《延迟退休对养老金可持续性影响研究》，《宏观经济研究》2020年第5期。

杨华：《完善我国多支柱养老保障体系的思考——基于我国养老资产充足性的分析》，《新疆财经》2016年第3期。

杨俊：《职工养老保险社会统筹制度计发方式研究》，《社会保障评论》2020年第1期。

银监会大型银行部课题组、邢桂君、张琦：《澳大利亚超级年金监管框架及对我国养老金管理公司监管的启示》，《金融监管研究》2016年第7期。

于文广、李冰、卢舒、宋可：《基础养老金统筹层次的收入再分配效应》，《财经理论与实践》2019年第6期。

于文广、任文昌、王琦、黄玉娟、崔超然：《职工视角下基于养老金财富衡量标准的我国最优退休年龄》，《中国软科学》2021年第3期。

袁妙彧：《养老保障"三支柱"制度的平衡与衔接——以英国养老金协议退出制度为例》，《郑州大学学报》（哲学社会科学版）2010年第6期。

袁中美、郭金龙：《个税递延型商业养老保险的政策效应与优化策略——个人养老金计划的国际比较和上海案例的模拟测算》，《西部论坛》2018年第6期。

袁中美、郭金龙：《后金融危机时代智利养老金制度改革创新及其效果评价》，《兰州学刊》2019年第12期。

翟永会：《企业年金缴费率和替代率测算——基于不同类型企业缴费能力的实证分析》，《中南财经政法大学学报》2014年第2期。

翟永会：《供给视角下不同类型企业的年金缴费能力分析》，《云南社会科学》2014年第5期。

张晶：《中国个人养老年金税收优惠政策研究》，博士学位论文，武汉大学，2011年。

张绍白：《关于个人税延型养老保险试点工作的思考》，《中国财政》2016年第8期。

张松彪、刘长庚、邓明君：《全国统筹有利于化解基础养老金缺口吗》，《科学决策》2021年第1期。

张苏、李泊宁：《人口老龄化与养老金可持续性研究进展》，《经济学动态》2021 年第 2 期。

张小云：《补充养老保险税收政策的国际比较分析及其借鉴》，《财政研究》2003 年第 9 期。

张兴：《完善我国养老金待遇确定机制研究》，《行政管理改革》2019 年第 1 期。

张熠、张书博、汪润泉：《中国养老金改革的逻辑和福利效果：基于人口"数量—质量"转换的视角》，《经济研究》2020 年第 8 期。

张英明：《中小企业年金制度的国际经验借鉴》，《金融与经济》2014 年第 2 期。

赵青：《智利养老金制度再改革：制度内容与效果评价》，《拉丁美洲研究》2014 年第 3 期。

赵青、李珍：《后危机时代养老金制度的收益与风险评估》，《社会保障研究》2014 年第 5 期。

赵仁杰、范子英：《养老金统筹改革、征管激励与企业缴费率》，《中国工业经济》2020 年第 9 期。

郑秉文：《经济理论中的福利国家》，《中国社会科学》2003 年第 1 期。

郑秉文：《中国企业年金发展滞后的政策因素分析——兼论"部分 TEE"税优模式的选择》，《中国人口科学》2010 年第 2 期。

郑秉文：《第三支柱商业养老保险顶层设计：税收的作用及其深远意义》，《中国人民大学学报》2016 年第 1 期。

郑秉文：《扩大参与率：企业年金改革的抉择》，《中国人口科学》2017 年第 1 期。

郑秉文：《加拿大养老金"DB 型部分积累制"新范式 20 年回望与评估——降低养老保险费率的一个创举》，《经济社会体制比较》2017 年第 6 期。

郑功成：《中国养老金：制度变革、问题清单与高质量发展》，《社会保障评论》2020 年第 1 期。

中国社会保险学会课题组：《我国城镇职工基本养老保险缴费基数研究》，中国社会保险学会内部报告，2018年。

中国社会保险学会课题组：《建立中国特色第三支柱个人养老金制度研究》，中国社会保险学会内部报告，2019年。

中国社会保险学会课题组：《我国职工基本养老保险养老金待遇确定机制研究》，中国社会保险学会内部报告，2020年。

周文、赵果庆：《中国GDP增长与CPI：关系、均衡与十二五预期目标调控》，《经济研究》2012年第5期。

周心怡、邓龙真、龚锋：《人口老龄化、养老保险缴费率与基本养老金目标替代率》，《财贸研究》2020年第2期。

朱铭来、陈佳：《中国企业年金税收优惠政策的比较与选择》，《当代财经》2007年第4期。

朱青：《当前养老保险筹资模式不宜转向基金式》，《经济理论与经济管理》2001年第12期。

全国老龄工作委员会办公室：《中国人口老龄化发展趋势预测研究报告》，2006年。

夏海勇、杨帆：《试论企业职工退休金应与CPI同步增长——通货膨胀背景下中国企业职工养老金计发制度的弊端及其改革设想》，人口老龄化与当代社会发展高端论坛论文，广州，2008年11月。

白学良：《中国个人养老金计划的发展探析》，博士学位论文，西南财经大学，2013年。

付莉敏：《从养老保险的国际发展趋势看我国的养老保险改革》，博士学位论文，河北大学，2004年。

胡淼：《美国"三支柱"模式对中国养老保障制度的启示》，硕士学位论文，河南大学，2013年。

孟庆平：《养老保险市场化改革：国际经验与中国政策选择》，博士学位论文，山东大学，2008年。

赵雨田：《中国个人储蓄型养老保险税收优惠政策探讨》，硕士学位论文，西南财经大学，2010年。

Alan Budd and Nigel Campbell, "The roles of the Public and Private Sectors in the UK Pension System", *Nber Chapters*, Vol. 36, No. 2, 2009.

Allan Borowski, "Risky by Design: The Mandatory Private Pillar of Australia's Retirement Income system", *Social Policy & Administration*, Vol. 47, No. 6, 2013.

Ambrogio Rinaldi, *Major Trends in Pension Reforms*, 6th Global Pension & Savings Conference, the World Bank, 2014.

Arno Tausch ed, *Three Pillars of Wisdom? A Reader on Globalization, World Bank Pension Models & Welfare Society*, Nova Science Publishers, 2003.

ArtemLukyanets, Igor Okhrimenko and Maria Egorova, "Population Aging and Its Impact on the Country's Economy", *Social Science Quarterly*, Vol. 102, No. 2, 2021.

Asghar Zaidi, "Population Aging and Financial and Social Sustainability Challenges of Pension Systems in Europe", *The Future of Multi-Pillar Pensions*, UK: Cambridge Press, 2011.

Association of Superannuation Funds of Australia, "Superannuation Statistics", March 2017, https://www.superannuation.asn.au/.

Barbara J. McGeoch, "The American Voluntary Pension System: Can It Thrive Under a No-Reversion Rule?", *Tax Lawyer*, Vol. 43, No. 3, 1990.

BenedettaFrassi, Giorgio Gnecco, Fabio Pammolli, et al., "Intragenerational Redistribution in a Funded Pension System", *Journal of Pension Economics and Finance*, Vol. 18, No. 2, 2018.

Bruce D. Schobel, "Social Security's Automatic Adjustments", *Journal Of Financial Service Professionals*, March 2017.

Chiara Ardito, Angelo D'Errico, Roberto Leombruni, et al., "Life Expectancy Inequalities and their Evolution in Italy. How these Impact on the Equity of the Pension System?", *The European Journal of Public*

Health, Vol. 30, 2020.

Daniel Duque, David P. Morton and Bernardo K. Pagnoncelli, "How Good are Default Investment Policies in Defined Contribution Pension Plans?", *Journal of Pension Economics and Finance*, Vol. 20, No. 2, 2020.

David Blake, "Pension Schemes as Options on Pension Fund Assets: Implications for Pension Fund Management", *Insurance Mathematics & Economics*, Vol. 23 No. 3, 1998.

David Blake, *Pension Economics*, John Wiley& Sons Ltd, 2006.

David Natali, "Lessons from the UK: When Multi-Pillar Pension Systems Meet Flexible Labour Markets", *Labour Market Flexibility and Pension Reforms*, UK: Palgrave Macmillan, 2012.

DavideBazzana, "Ageing Population and Pension System Sustainability: Reforms and Redistributive Implications", *Economia Politica*, No. 3, 2020.

Department for work & Pensions, *Automatic Enrolment Evaluation Report*, 2016.

Department for Work & Pensions, *Workplace Pension Participation and Savings Trends of Eligible Savers Official Statistics: 2006 to 2016*, 2017.

Edward Palmer, Pier Marco Ferraresi, John Piggott, et al., "Pension Reform and the Development of Pension Systems: An Evaluation of World Bank Assistance (Arabic)", World Bank Publications, 2006.

Estelle James, "New Models for Old Age Security-And How Can They Be Applied in China?", *Social Security Reform: Options for China*, 2015.

Fiona Stewart and JuanYermo, "Pension Fund Governance: Challenges and Potential Solutions", *OECD Working Papers on Insurance and Private Pensions*, No. 18, OECD Publishing, 2008.

Gao, *Retirement Savings: Automatic Enrollment Shows Promise for Some Workers, but Proposals to Broaden Retirement Savings for Other Workers*

Could Face Challenges, Gao – 10 – 31, Washington, D. C.: October 23, 2009.

Gerard Strange, Depoliticisation, the Management of Money and the Renewal of Social Democracy: New Labour's Keynesianism and the Political Economy of "Discretionary Constraint", *New Political Economy*, Vol. 19, No. 1, 2014.

Government Accountability Office, *Retirement Savings: Automatic Enrollment Shows Promise for Some Workers, but Proposals to Broaden Retirement Savings for Other Workers Could Face Challenges*, Gao – 10 – 31, Oct 23, 2009.

Hazel Bateman and John Piggott, "Australia's Mandatory Retirement, Saving Policy: A View from the New Millennium", *Social Protection & Labor Policy & Technical Notes*, 2001.

Hazel Bateman and John Piggott, *The Australian Approach to Retirement Income Provision*, Presentation at the International Seminar on Social Security Pensions, 2001.

Hazel Bateman, Jeanette Deetlefs, Loretti I. Dobrescu, et al., "Just Interested or Getting Involved? An Analysis of Superannuation Attitudes and Actions", *Economic Record*, Vol. 90, No. 289, 2014.

Hazel Bateman, Jordan Louviere, Susan Thorp, et al., "Investment Decisions for Retirement Savings", *Journal of Consumer Affairs*, Vol. 44, No. 3, 2010.

HM Revenue & Customs, "Personal Pensions Statistics", Feb 2017.

Hu Anning and Wang Yihong, "Multi-track pension system and life satisfaction of urban elders in China", *Ageing and Society*, Vol. 40, No. 9, 2019.

Joelle H. Fong and Markus Leibrecht, "Determinants of second pillar pension reforms: Economic crisis and globalization", *Journal of Pension Economics and Finance*, Vol. 19, No. 3, 2020

John A. Turner, Averting the Old Age Crisis: Policies to Protect the Old and Promote Growth, New York: Oxford University Press, 1995.

John Scott, "The Transformation of the American Pension System: Was It Beneficial for Workers?", *Contemporary Sociology A Journal of Reviews*, Vol. 42, No. 3, 2013.

Jukka Lassila and Tarmo Valkonen, "Ageing, Demographic Risks and Pension Reform", Discussion Papers, 2001.

Julie R. Agnew, Hazel Bateman and Susan Thorp, "Financial Literacy and Retirement Planning in Australia", *Numeracy*, Vol. 6, No. 3, 2013.

Julie R. Agnew, Hazel Bateman and Susan Thorp, "Superannuation Knowledge and Plan Behavior", *Social Science Electronic Publishing*, No. 1, 2013.

KatjaHujo and Mariana Rulli, *Reforming Pensions in Developing and Transition Countries*, UK: Palgrave Macmillan, 2014.

KeithAmbachtsheer, "The Canada Supplementary Pension Plan (CSPP): Towards an Adequate, Affordable Pension for All Canadians", *C. d. howe Institute Commentary*, 2008.

KeithAmbachtsheer, "Why We Need a Pension Revolution", *Financial Analysts Journal*, Vol. 63, No. 1, 2007.

Laurence J. Kotlikoff, "Privatization of Social Security: How It Works and Why It Matters", *Tax Policy & the Economy*, Vol. 10, 1996.

Liao Pu, Su Hui and Pamuč ar Dragan, "Will Ending the One-Child Policy and Raising the Retirement Age Enhance the Sustainability of China's Basic Pension System?", *Sustainability*, Vol. 12, No. 19, 2020.

Liu Yuzhen, "Establishing a Multi-Pillar Pension System in China: Aspirations and Implications of Canadian Experiences", *Social Construction*, Vol. 3, No. 2, 2016.

María del Carmen Boado-Penas, Steven Haberman and Poontavika Naka, "Fairness and annuity divisors for notional defined contribution pension schemes", *Journal of Pension Economics and Finance*, 2020.

Mariangela Bonasia and Oreste Napolitano, "The Impact of Privatisation of Pension System on National Saving: The Case of Australia and Iceland", *Discussion Papers*, 2006.

Martin Feldstein, "Do private pensions increase national savings?", *Journal of Public Economics*, Vol. 10, No. 3, 1980

Martin Feldstein, "Social Security, Induced Retirement and Aggregate Capital Accumulation", *Journal of Political Economy*, Vol. 82, No. 5, 1974.

Martin Feldstein, *Privatizing Social Security*, The University of Chicago Press, 1998.

Mercer, *Melbourne Mercer Global Pension Index*, Australian Centre for Financial Studies, Melbourne, 2017.

NEST, *Evolving for the Future*, Department for work & Pensions, March 2, 2017.

NEST, *Quarterly Investment Report (End of October 2016 to end of December 2016)*, NEST Corporation, 2016.

Ole Beier Sørensen, Assia Billig, Marcel Lever, et al., "The interaction of pillars in multi-pillar pension systems: A comparison of Canada, Denmark, Netherlands and Sweden", *International Social Security Review*, Vol. 69, No. 2, 2016.

Olli Kangas, Ilpo Airio, Karoliina Koskenvuo, et al., "Information and legitimacy: results from an experimental survey on attitudes to the 2017 pension reform in Finland", *Journal of Pension Economics and Finance*, 2021.

Panha Heng, Scott J. Niblock and Jennifer L. Harrison, "Retirement Policy: A Review of the Role, Characteristics and Contribution of the Australian Superannuation System", *Asian Pacific Economics Literature*, 2015.

Paul A. Samuelson, "An Exact Consumption-Loan Model of Interest with or without the Social Contrivance of Money", *Journal of Political Economy*, Vol. 66, No. 6, 1958.

Philip Booth andKristian Niemietz, "Changes in the Pension System: Lessons for Privatisation in the UK", *Estudios De Economía Aplicada*, Vol. 33, 2015.

Raimond Maurer and Olivia S. Mitchell, "Older peoples' willingness to delay social security claiming", *Journal of Pension Economics and Finance*, Vol. 20, No. S3, 2021.

Robert Holzmann, Mitchell Orenstein and Michal Rutkowski, *Pension Reform in Europe: Process and Progress*, The World Bank, 2003.

Robert Pozen, "An American Perspective on the Chinese Pension System", *Social Science Electronic Publishing*, Vol. 27, No. 8, 2006.

Ron Martin and Richard Minns, "Undermining the Financial Basis of Regions: The Spatial Structure and Implications of the UK Pension Fund System", *Regional Studies*, Vol. 29, No. 2, 1995

Shinichi Nishiyama, "The joint labor supply decision of married couples and the U.S. Social Security pension system", *Review of Economic Dynamics*, Vol. 31, 2018.

Sue Lewis and Flore-Anne Messy, "Financial Education, Savings and Investments: An Overview", *OECD Working Papers on Finance, Insurance and Private Pensions*, No. 22, OECD Publishing, 2012.

The World Bank, *Averting Old Age Crises*, Oxford Press, 1994.

Thomas Davoine, "The long run influence of pension systems on the current account", *Journal of Pension Economics and Finance*, Vol. 20, No. 1, 2021.

Thomas R. Klassen, "Social Consensus in the Process of Pension Reform in Canada", *Pogon Sahoe Yongu*, Vol. 28, No. 1, 2008.

United Kingdom Debt ManagementOffice (DMO), *National Insurance*

Fund Investment Account 2016 – 2017, Report and Accounts for the year ended 31 March 2017.

Vanguard, *How America Saves 2016*, Vanguard Group. Inc. , 2016.

VincenzaGianfredi, A Patti, Andrea Amerio, et al. , "Impact of Retirement on Depression, A Systematic Review", *The European Journal of Public Health*, Vol. 30, 2020.

Waldo Tapia and JuanYermo, "Implications of Behavioural Economics for Mandatory Individual Account Pension Systems", *OECD Working Papers on Insurance and Private Pensions*, No. 11, 2007.

Wiki, "Superannuation in Australia", https: //en. wikipedia. org/.

Wiki, "Tax Contribution On Superannuation", ttps: //en. wikipedia. org/.

Zepharovich Elena, Ceddia M. Graziano and Rist Stephan, "Social Multi-Criteria Evaluation of Land-Use Scenarios in the Chaco Salteo: Complementing the Three-Pillar Sustainability Approach with Environmental Justice", *Land Use Policy*, 2020.

Zhao Qing, Li Zhen and Wang Yihuan, "Adequacy Analysis of the Basic Old-Age Pension System Based on Local Administrative Data in China", *Sustainability*, Vol. 11, No. 24, 2019.

Zheng Bingwen, SunShouji, "Mandatory Occupational Pension System and its Impact on Financial Development——Case Study of Australia, Iceland and Switzerland ", *Journal of Public Management*, No. 2, 2008.

Zvi Bodie, E. Philip Davis, *The Foundations of Pension Finance*, Edward Elgar Publishing Limited, 2000.

索 引

C

财政补贴 30, 49, 59, 60, 94, 98, 169, 256, 260–262, 275, 278, 284

参量改革 4, 5, 8, 16, 44, 182, 204–206, 215, 279, 281, 284

产品制 251, 252, 277

D

待遇调整机制 6, 109, 121, 128, 206, 215, 282, 284

多支柱 2, 3, 5–12, 14–18, 22, 31, 34, 35, 39, 43, 44, 46, 51, 56, 57, 62, 82, 123, 124, 155, 166, 167, 173, 174, 177, 180, 202, 204, 251, 265, 279, 281–284

T

EET 78, 134, 135, 139, 147, 150, 151, 159, 161–165, 171, 219, 221, 223, 224, 228, 256–258, 262, 265, 276, 278

G

个人投资选择权 154, 165, 171, 228, 235–237, 247, 269

个人养老金 6, 7, 10, 13, 16, 19, 26, 44, 46, 47, 51, 55, 56, 59, 61, 72–75, 77, 79, 80, 98, 99, 117–122, 124, 125, 145, 148, 156, 157, 159–167, 169, 170, 173, 174, 177, 180–183, 188, 197–200, 202, 203, 217, 225, 234, 248–263, 265–269, 271–278, 280, 283, 284

个人账户 6, 19, 47, 49–51, 59–61, 63, 66, 75, 82, 96, 97, 115, 140, 145–147, 149, 152, 154, 161, 164, 165, 181, 204, 205, 209, 217, 219, 223, 234, 235, 245, 248–250, 253–255, 257, 258, 260, 262, 270, 272–274

公共养老金 1–7, 9–14, 17, 22, 25, 31, 34, 41–44, 46–49, 51–54, 56, 57, 59, 61, 73, 74, 86, 87, 89, 90, 94, 98–100, 104, 120, 121, 124, 125, 128, 130, 131, 134, 137, 145, 156, 157, 166, 168, 170, 172–174, 176–

185，187－189，203－207，209，215－217，220，225，227，244－246，248，250，256，260，271，275，276，279，281－284

H

合格默认投资工具 143，237，238，247

J

基金积累制 8，9，19－22，39，60，204
集合年金 170，228－235，247，284
缴费基数 64，87，100，102，105，106，121，125－128，157，158，205，206，209，215，218，222，224，227，243，244，254，281，284
缴费率 2，5，12，19－21，29，30，44，85－87，100，105，106，113，121，138，159，170，181，184，191，193，195－197，209，225，227，228，233，244，281
缴费年限 44，94，97，100－104，106，107，111，121，205，207，208，212，259，274，281
结构性改革 2－5，7－10，12－16，123，166，279，282，284

L

老年抚养系数 93

Q

企业年金 9，10，12，13，46，49，59－73，78，82，99，112－117，121，130－132，138－141，155，156，166，168－170，182，188，190，191，193，196，197，202，217－236，238－247，249，250，256，261，268，275，279，283
全国统筹 97，104－106，208，209，215，244，281，284

R

人均预期寿命 42，94，109，158
人口老龄化 2－4，7，8，13，14，20，22，27－31，39，42，43，49，52，56，57，60，62，73，81，90－96，98，104－106，117，120，121，123，131，137，145，158，166，169，175，179，181，204，205，213，217，225，249，252，280－282

S

赡养率 20，29，30，86，93，104
社会统筹 59－61，82，97，204，205，209，210
世代交叠模型 183，202，283
税收优惠 6，7，10，12－14，51，61，63，64，72，73，76－78，113，115－119，121，124，130，131，133－137，139，145－147，149－152，159－165，169，171，174，177－179，182，197，203，217－225，228，233，245－247，249，252－262，269，271－278，284
私人养老金 1－3，5－7，9－14，16，

17, 24, 31, 33, 41, 42, 44, 46, 47, 50-58, 60, 89, 90, 115, 120, 122, 124, 125, 132, 138, 157, 159, 164, 166-174, 176-178, 180, 182-189, 197, 202, 203, 205, 225, 245, 249, 250, 263, 275, 276, 279, 280, 282-284

T

TEE 134-136, 149-151, 162-165, 171, 256-258, 262, 265, 278

替代率 3, 26, 29, 44, 54, 86, 98, 99, 102-104, 129, 157, 181, 182, 189, 210, 220, 225, 227, 259, 260, 281

统账结合 73, 112, 166, 181, 209, 248

投资者教育 237, 263

退休年龄 7, 20, 21, 44, 48, 49, 76, 103, 106-109, 121, 206, 208, 210-212, 215, 234, 281

X

现收现付制 4-6, 8-11, 18-22, 27, 28, 30, 31, 35, 38, 39, 44, 49, 56, 57, 60, 81, 96, 97, 155, 156, 176, 182, 184, 204, 205, 251

Y

养老保险 2-4, 8, 10-12, 19, 27, 41, 49, 56, 59-63, 66-68, 72-83, 85-87, 93-100, 102-106, 108-113, 115, 117, 118, 121, 125, 168, 173, 175, 178, 183, 184, 190, 196, 199, 205-211, 215, 217, 225, 227, 261, 262, 264, 267, 268, 276, 281

养老保障 3, 4, 6, 13, 18, 41, 45-47, 57, 80, 98, 123, 124, 167, 199, 248, 249, 251, 253, 255, 281

养老金 1-31, 33-62, 72-75, 77-87, 89, 90, 93-100, 102-112, 115, 117-125, 128, 130-143, 145-148, 152, 153, 155-189, 191, 196-200, 202-220, 224-228, 230, 234-284

隐性债务 112

Z

账户制 152, 164, 250-256, 272, 275, 277, 284

职业年金 11, 59-62, 64, 82, 115, 151, 217-219, 242, 244-247, 249, 250, 268, 275

职业养老金 6, 7, 12, 14, 16, 44, 46, 47, 55, 56, 59, 60, 62, 74, 82, 98, 99, 112, 117, 121, 122, 124, 125, 130, 131, 134-141, 145, 152, 157, 159, 167-171, 173, 174, 177-183, 189, 191, 196, 197, 203, 216-218, 224-228, 230, 234-236, 238-247, 250, 254, 256, 260, 275, 276, 279, 283, 284

自动加入机制 13, 133, 137, 138, 171, 224, 226-228, 246, 247, 284

致　　谢

转眼间，博士毕业已近四年，我也从一名懵懂书生成长为一名高校教师。其间，中国的养老金体系在不断改革和完善，我的博士论文也几经修改，但因各种因素叠加，一直未能付梓出版。2021年一次偶然机会，看到中国社会科学出版社关于《中国社会科学博士论文文库》的征稿函，带着尝试的心态修改完稿后正式递出了本书的初稿，有幸获批收录。

本书得以出版，首先得益于我的博士生导师董克用教授，恩师的言传身教，深深影响了我在此期间的学习、工作和做人，也终将影响我一生。入学时正值恩师卸任公共管理学院院长，少了繁杂的行政工作，我便有更多的机会接受恩师的指导，这是我一生难得的福气。在学术上，恩师严谨的态度和高屋建瓴的学术认知，时常让我燃起对知识的渴望，从复杂的事物中迅速抓住问题的本质，从繁乱的知识素材中梳理出清晰的脉络，从缺失的框架思路中准确定位待续的逻辑，这是恩师最为擅长也是我最为钦佩的地方。从本书的选题、结构安排、写作直至最后定稿过程中无不凝聚着恩师的悉心指导，无论在素材收集、思路梳理、逻辑构建等任何方面遇到困难，都能在恩师敏锐的洞察力和缜密的思维方式指导下得以解决。在工作上，恩师卸任院长后，除了继续坚持不懈指导学生、完成教学工作，还紧抓今后中国老龄化社会这一痛点，发起建立了中国首个养老金融的非营利性组织——中国养老金融50人论坛，我也非常荣幸从最初就参与到相关的筹备以及之后的运作中，恩师拥有长期高校行政工作的经验，秉持高效的工作方式，让论坛在6年多的时间内得到各界的广泛认可，在此过程中我个人的工作方式和能力也得到了极大的提升。在生活上，恩师为人谦和、大度，时刻谅解我们的不足、鼓励我们向上，从未有过半句怨言，让我备受感动，而更值得我们年青一代学习的是，恩师与师母数十年如一日初恋般的相互扶持，永远是我们的榜样。有师如此，此生足矣。

感谢中国人民大学公共管理学院社会保障研究所的李珍教授，李老师缜密的思维和清晰的逻辑为我顺利完成博士学位论文提供了重要帮助，同时李老师的理性批判性思维也深深改变了我对世间万物的表性认知。感谢社会保障研究所王虎峰教授、程永宏教授、杨开峰教授，他们在课堂上、讲座上对一个个社会保障问题抽丝剥茧般的分析对我的思维方式产生了重要影响。感谢杨宜勇研究员、金维刚研究员，两位兼职导师在繁忙的工作中几乎没有缺席我们博士学位论文的每一个重要环节，为我们的顺利毕业提供了诸多指导。感谢武汉科技大学金融证券研究所所长董登新教授和中国政法大学商学院资本金融系主任胡继晔教授，读博期间有幸跟两位教授一起参与课题研究，他们在金融和社会保障跨界方面具有渊博的学识和丰富的知识积累，为我国社会保障事业注入了新鲜的血液，也指导我对社会保障有了全新的认知。感谢清华大学五道口金融学院朱俊生教授、对外经贸大学保险学院孙洁教授在我进行博士学位论文答辩时给予的肯定和指导。此外，在本书的写作期间，我的师兄孙博博士、黄万丁博士、袁涛博士、王赓宇博士等在逻辑框架和整体构思方面给予了我诸多帮助，师弟施文凯博士、王振振博士等在资料收集等方面给予了大量的支持，在此一并表示感谢。

还要感谢中国农业大学新进教师配套科研经费对本书出版的资助，感谢中国社会科学出版社《中国社会科学博士论文文库》的支持，感谢中国社会科学出版社黄晗老师在本书出版过程中专业和细致的编校工作。

此外，千言万语汇聚成一句话：感谢我的家人一直以来的支持让我坚持走到现在。

由于才学所限，本书还存在相当多的疏漏与遗憾，希望各位读者朋友批评指正。

张栋

2022年1月于北京